CB034691

SEGURANÇA DA INFORMAÇÃO E MEIOS DE PAGAMENTO ELETRÔNICOS

Patricia Peck Pinheiro

SEGURANÇA DA INFORMAÇÃO E MEIOS DE PAGAMENTO ELETRÔNICOS

inter saberes

Rua Clara Vendramin, 58 :: Mossunguê
CEP 81200-170 :: Curitiba :: PR :: Brasil
Fone: (41) 2106-4170
www.intersaberes.com
editora@intersaberes.com

Conselho editorial
Dr. Alexandre Coutinho Pagliarini
Dr.ª Elena Godoy
Dr. Neri dos Santos
Dr. Ulf Gregor Baranow

Editora-chefe
Lindsay Azambuja

Gerente editorial
Ariadne Nunes Wenger

Assistente editorial
Daniela Viroli Pereira Pinto

Preparação de originais
Palavra Arteira Edição e Revisão
de Textos

Edição de texto
Letra & Língua,
Millefoglie Serviços de Edição,
Tiago Krelling Marinaska

Capa
Charles L. da Silva (design)
TatiVovchenko/Shutterstock (imagem)

Projeto gráfico
Bruno Palma e Silva

Diagramação
Jakline Dall Pozzo dos Santos

Designer responsável
Luana Machado Amaro

Iconografia
Regina Claudia Cruz Prestes,
Maria Elisa Sonda

Dados Internacionais de Catalogação na Publicação (CIP)
(Câmara Brasileira do Livro, SP, Brasil)

Pinheiro, Patrícia Peck
    Segurança da informação e meios de pagamento
eletrônicos/Patricia Peck Pinheiro. Curitiba: InterSaberes,
2022.

    Bibliografia.
    ISBN 978-65-5517-285-0

    1. Cartões de crédito 2. Crime por computador
3. Hackers de computadores 4. Internet – Medidas de
segurança 5. Redes de computadores – Medidas de
segurança 6. Segurança de computadores 7. Vírus de
computador I. Título.

21-90164   CDD-005.8

Índices para catálogo sistemático:
1. Pagamentos eletrônicos: Segurança da informação:
Computadores   005.8

    Cibele Maria Dias – Bibliotecária – CRB-8/9427

1ª edição, 2022.

Foi feito o depósito legal.

Informamos que é de inteira responsabilidade da autora a
emissão de conceitos.

Nenhuma parte desta publicação poderá ser reproduzida
por qualquer meio ou forma sem a prévia autorização da
Editora InterSaberes.

A violação dos direitos autorais é crime estabelecido na Lei
n. 9.610/1998 e punido pelo art. 184 do Código Penal.

sumário

agradecimentos 7

apresentação 9

Capítulo 1
Segurança da informação e meios de pagamento eletrônicos
1.1 Evolução tecnológico-computacional 13
1.2 Evolução das telecomunicações 15
1.3 História e evolução da internet 16
1.4 O início de uma nova era? 18
1.5 Era da informação: a velocidade da transformação 19
1.6 Conceito de segurança da informação 21
1.7 Aspectos da segurança da informação 26

Capítulo 2
Segurança digital
2.1 Ameaças à segurança da informação 32
2.2 *Hackers*, *crackers* e ciberataques: história e evolução 33
2.3 *Malware* 36

2.4 Vulnerabilidades como principal elemento de risco   48

2.5 Ataques digitais   56

2.6 Salvaguardas, contramedidas ou medidas de segurança   66

Capítulo 3
Crimes digitais

3.1 Como surgiram os crimes digitais?   69

3.2 O que são crimes digitais?   71

3.3 Classificação conceitual dos crimes digitais   74

3.4 Contexto internacional dos crimes digitais   77

3.5 Legislação de crimes digitais no Brasil   87

3.6 Futuro e tendências da criminalização de condutas digitais   119

Capítulo 4
Moeda eletônica

4.1 Conceito de moeda   123

4.2 Sistemas de pagamento   136

4.3 Teoria quantitativa da moeda   155

4.4 Tipos de moeda eletrônica   160

4.5 Kriptacoin   184

4.6 *Cryptocurrency wash*   192

Capítulo 5
Pagamentos eletrônicos

5.1 Princípios de pagamentos eletrônicos   209

5.2 Tecnologias de pagamentos eletrônicos   223

5.3 Operações bancárias   243

5.4 Cartões de pagamento   247

5.5 Segurança dos cartões de pagamento   269

5.6 *Mobile cash* e a Geração Z   273

considerações finais   289

referências   291

sobre a autora   321

agradecimentos

Esta obra é fruto de um dedicado trabalho de estudo com vistas a compilar as informações mais atualizadas sobre temas relacionados a: segurança da informação, crimes digitais, meios de pagamento, moeda eletrônica e tendências de transformação digital vivenciadas atualmente no ecossistema de negócios.

Agradeço o apoio da minha querida equipe de pesquisadores, cujas trocas de ideias enriqueceram a elaboração deste material: Beatriz Gazoli, Bruno Oliveira, Fábio Abrahão e Vivianne Prota. Também agradeço especialmente à minha amiga jornalista, sempre muito perspicaz, Priscilla Haikal.

A revolução digital, a partir dos anos 1990, desencadeou um novo movimento conhecido como *shadow banking*, ou seja, um sistema financeiro paralelo, não regulamentado, que permitiu não apenas a ampliação do acesso ao crédito, mas também o desenvolvimento de novos fluxos de recursos. Contudo, ao mesmo tempo que a inovação tecnológica propicia muitos benefícios, pode gerar novos riscos, com desfechos catastróficos, como o que acarretou a crise de 2008.

Nesse contexto, cresceu em importância o estudo sobre os impactos desses novos modelos de negócios, bem como a compreensão dos novos riscos operacionais, pois vivemos em uma sociedade de risco informacional, relacionado a questões como cibersegurança e privacidade.

Se, de um lado, os ativos estão mais intangíveis, registrados eletronicamente, de outro, os criminosos também evoluíram no sentido de elaborar novas táticas e abordagens, o que forjou uma geração de cibercriminosos mais sofisticada. Com ela, formaram-se operações que envolvem lavagem de dinheiro por meio de criptomoedas, além de ataques digitais envolvendo fraude eletrônica, que vão do boleto falso a sequestro de dados com pedido de resgate.

A análise de todo esse panorama atual — englobando o aprofundamento dos principais conceitos e das melhores práticas em torno do tema, além do entendimento das lições aprendidas e da percepção das tendências atuais — torna-se muito relevante, uma vez que estamos diante do uso crescente de soluções de inteligência artificial, de reconhecimento facial e de biometria, bem como do aumento do uso de *application programming interface* (API), em português, "interface de programação de aplicativos", em um cenário de *open banking*.

Boa leitura!

Segurança da informação e meios de pagamento eletrônicos

Neste capítulo que principia nossa abordagem sobre a segurança em meio virtual, explicaremos como as tecnologias computacionais e de comunicação evoluíram até que se formasse o cenário atual em que são compartilhadas tantas informações, num volume inimaginável, e em que se fazem diferentes operações financeiras.

Ainda, conceituaremos a segurança da informação, especificando, antes, o que é informação e quais critérios são aplicados para sua salvaguarda.

1.1 Evolução tecnológico-computacional

Ao longo do século XX, os filmes ou desenhos animados que brincavam de "prever o futuro" sempre apresentaram dois cenários muito distintos: um retratava um mundo futurista, em que carros voavam, robôs cuidavam dos serviços de casa e conceitos como *fronteiras* haviam se diluído; outro, um mundo apocalíptico, no qual a escassez de recursos naturais desencadeava infindáveis guerras e catástrofes naturais e, por conseguinte, a quase extinção da humanidade.

Se, por um lado, nenhuma das previsões se concretizou, por outro, em muito acertaram: os recursos naturais de fato estão ameaçados e os robôs (talvez não tão inteligentes quanto os do desenho animado *Os Jetsons*) já auxiliam nas tarefas domésticas.

Apesar de Alan Turing (1912-1954) ser considerado o pai da computação, a primeira teoria evolucionista da tecnologia, mais acertada, foi a do americano Gordon Earle Moore (1929-): em 1965, o PhD em Física e então presidente da Intel constatou que a quantidade de transitores passível de inserção em uma mesma área dobrava, em média, a cada

18 meses, mantido o custo de produção – prevendo, portanto, um crescimento exponencial da complexidade de sistemas eletrônicos (Mendonça, 2022).

Cinco anos depois, um professor do Instituto de Tecnologia da Califórnia (Caltech) – localizado em Pasadena e reconhecidamente um dos principais institutos de tecnologia do mundo – relembrou o discurso de Moore e atribuiu à previsão o *status* de lei, que, rotineiramente, é citada por gigantes do mercado de *hardware* como Apple, AMD e a própria Intel.

Moore estava correto e acertou muito mais do que imaginava: em que pese tenha afirmado, na época, que o futuro era imprevisível em relação à sua projeção, a lei de Moore ainda vigora.

Na transição do século XX para o XXI, pulularam os maiores indicadores disso: em 1946, entrou em funcionamento o primeiro computador eletrônico, o Eniac (Eletronic Numerical Integrator and Computer), que pesava 30 toneladas, ocupava uma área de 270 m^2 e tinha uma capacidade de processar 5 mil operações (adições ou subtrações) por segundo, com uma capacidade de armazenamento de 20 números de dez dígitos (Musardo, 2013; Algo Sobre, 2006).

Figura 1.1 – Eniac na sala que o abrigava

PJF Military Collection/Alamy Stock Photo/Fotoarena

Cinquenta anos depois, por volta de 1995, computadores com uma capacidade de processamento inimaginavelmente maior e 99,5% menores já eram realidade em diversas residências do Brasil.

Desde então, os computadores diminuíram de tamanho proporcionalmente ao aumento de sua capacidade de processamento e armazenamento. Vinte anos depois da popularização (no Brasil) de computadores pessoais, aparelhos de telefonia móvel com menos de 100 gramas, e muito mais potentes que seus precursores, tomaram uma importância sem comparação.

1.2 Evolução das telecomunicações

Da mesma maneira que a surpreendente evolução tecnológica, a comunicação experimentou uma vertiginosa curva de crescimento no último século.

Com a primeira ligação telefônica efetuada por Alexander Graham Bell (1847-1922) a seu assistente, Thomas Watson (1854-1934), em 1876, ficou claro que aquela invenção mudaria radicalmente o modo como as pessoas se comunicavam (Maffei, 2022).

Tal qual as raízes de uma árvore, a estrutura de sustentação das linhas telefônicas, desde a concepção comercial do aparelho, foi crescendo: primeiro, localmente, nas cidades; depois, regionalmente, entre cidades, tomando estados e conectando-os a outros estados.

As ligações internacionais se "popularizariam" (empregamos as aspas porque não eram nada populares, já que eram caríssimas) em 1956, com a instalação do primeiro cabo telefônico submarino transatlântico, conectando a Escócia ao Canadá (Heinisch, 2019).

Pouco tempo depois e em meio à corrida espacial e à Guerra Fria, os primeiros satélites foram lançados e, em pouco tempo, passaram a ser utilizados para facilitar a comunicação telefônica internacional (Algo Sobre, 2006).

A primeira ligação telefônica feita por um aparelho desconectado da rede fixa ocorreu em 1973, e já em 1978 (pouco mais de 100 anos depois da invenção do telefone) oficializava-se no Japão a comercialização das primeiras linhas telefônicas móveis (Silva, 2010).

Figura 1.2 – Ciclo de funcionamento da telefonia móvel

Você usa o celular

A ligação é captada pela antena de transmissão

Enviada à central de telefonia celular

Até chegar ao telefone com o qual você deseja falar, seja ele celular ou convencional

Da central segue diferentes caminhos passando por outras antenas, centrais, ou até mesmo pela rede fixa convencional

linear_design e Zaur Rahimov/Shutterstock

Fonte: Maffei, 2022.

No Brasil, a comercialização de tais linhas móveis passou a ser praticada em meados dos anos 1990 e, com a mesma velocidade que as linhas móveis tomaram o mundo, se difundiram nas terras tupiniquins: com a implementação das linhas pré-pagas (as linhas móveis de conta eram caríssimas), já no início dos anos 2000 os celulares se popularizaram no Brasil (Silva, 2010).

1.3 História e evolução da internet

É impossível falar sobre a história da internet sem citar Marshal McLuhan (1911-1980) que, nos idos de 1964, afirmou categoricamente que a humanidade rumava a uma "aldeia global" e que os meios de comunicação, em um futuro próximo, seriam semelhantes ao sistema nervoso humano e tomariam espaço e tempo (Cazavechia, 2017).

A internet dava seus primeiros passos em meio à Guerra Fria e paralelamente ao desenvolvimento dos computadores: na busca por uma forma segura de comunicação que não pudesse ser interceptada pelos soviéticos, o Departamento de Defesa dos Estados Unidos idealizou e passou a estudar formas de estruturar uma rede que permitisse que somente terminais a ela conectados e autenticados se comunicassem entre si.

Em 1958, essa rede foi chamada inicialmente de ArpaNet (Advanced Research Projects Angency Network, algo como "Rede da Agência de Projetos e Pesquisa Avançada") (Algo Sobre, 2006). O sucesso em âmbito local estimulou o governo americano a expandir as conexões com o propósito de integrar as diversas redes estabelecidas, criando o conceito de *internetworking*. Aos poucos, as redes da ArpaNet, a exemplo do que que acontecera com as redes telefônicas, foram se expandindo e incorporando mais interconexões, desencadeando a necessidade de um protocolo padrão de autenticação para os diversos terminais conectados. Surgiu, assim, em 1974, o Transmission Control Protocol (TCP) e, na sequência, o Internetworking Protocol (IP) – que, juntos, compõem o padrão de autenticação utilizado até hoje na internet (TCP/IP) (Algo Sobre, 2006).

Em paralelo ao uso militar, o conceito idealizado passou a ser estudado também para fins civis, ensejando o surgimento, em 1978, do BBS (Bulletin Board System), um software que possibilitava se conectar a outros sistemas de mesma natureza mediante uma ligação telefônica e deixar mensagens ou lê-las (Algo Sobre, 2006).

Data de 1980 o primeiro compartilhamento não militar de arquivos, partindo de um laboratório no Cern (Organização Europeia para a Pesquisa Nuclear), na Suíça – o que definiu como a comunicação na rede aconteceria para que um terminal entendesse o outro: um *hypertext transfer protocol*, ou HTTP. O BBS, então, já permitia compartilhar arquivos, facilitando a interação dos usuários.

Em 1991, foi lançado o sistema de hipermídia WWW (World Wide Web), que se refere a páginas disponíveis na internet (Algo Sobre, 2006).

Todavia, o grande marco da internet ocorreu em 1993, quando, em um acordo multilateral global, ficou decidido que a rede mundial de computadores que se constituía seria livre de patentes, ou seja, nenhum civil ou governo poderia cobrar por seu uso.

A adoção de padrões de comunicação e de endereçamento (como os citados WWW e TCP/IP), bem como a constituição de comitês gestores da internet em todo o mundo, lograram êxito em articular o desenvolvimento independente e controlado (mas não regulamentado) da internet e, por conseguinte, permitir sua constante melhoria.

Em uma época de crescimento tecnológico exponencial nunca antes visto, foram poucos anos até que as grandes redes se estruturassem, os cabos submarinos se multiplicassem e a internet se popularizasse.

No final dos anos 1990, a internet, assim como os aparelhos de telefonia móvel, se difundiu pelo país como reflexo do que já mundialmente ocorrera.

1.4 O início de uma nova era?

Se o acesso à internet dependia de uma conexão telefônica e a telefonia móvel já era uma realidade no mundo, a junção das duas tecnologias não levaria muito tempo. Em pouco mais de um ano desde sua concepção, o Wireless Application Protocol (WAP) passou a ser um recurso presente em quase todos os aparelhos de telefonia móvel. Aplicando conceitos da então popular internet à telefonia móvel, o serviço oferecia a possibilidade de transmissão de dados (muito limitada) via aparelhos celulares, em sua maioria, a partir da operadora de telefonia.

Logo, as fabricantes de aparelhos computacionais tiveram a genial ideia de unir dois aparelhos bastante populares à época: os telefones celulares e os PDA (Personal Digital Assistant). Com isso, seria possível possibilitar o uso de recursos dos PDA por intermédio de uma rede de telefonia, permitindo, por exemplo, o envio de *e-mails* sem a necessidade de conexão física. No início de 2000, concretizou-se a conversão do WAP limitado que se conhecia para a internet móvel, acompanhado do lançamento do primeiro aparelho de telefonia móvel da marca BlackBerry (5810).

A partir de então, compartilhar conteúdo pela internet com outras pessoas foi se tornando cada vez mais fácil. Ademais, à medida que os aparelhos (tanto os móveis quanto os computadores) se tornavam mais potentes e as redes mais rápidas (tanto as físicas quanto as móveis), os atos de comunicação pela internet se popularizaram.

Com isso, as fronteiras foram diminuindo, e a comunicação se tornou cada vez mais global e rápida – não é exagero dizer *instantânea* – e, de fato, o mundo mudou tanto que não soa desarrazoado afirmar que uma nova era emergiu: a era da informação.

1.5 Era da informação: a velocidade da transformação

A popularização dos computadores, da telefonia móvel e dos *smartphones* não foi um fenômeno local, mas sim global.

Segundo pesquisa realizada pela Fundação Getulio Vargas de São Paulo (FGV/SP) em 2019 (Wolf, 2019), o Brasil então contabilizava dois dispositivos digitais em uso por habitante, totalizando, portanto, entre os 210,1 milhões de habitantes 230 milhões de *smartphones* (Brasil atinge..., 2019).

Considerando a média mundial diária, cada pessoa passa 5 horas e 42 minutos na internet (Silva, 2019): 52% do tempo de acesso é efetivado em aparelhos móveis (Bennet, 2020) e grande parte é dedicado às redes sociais, como Facebook, Instagram e Twitter.

A consequência não poderia ser outra: a quantidade de dados produzida a partir da virada de século é surpreendente.

O Youtube, maior plataforma de vídeos da internet, conta com 1,325 bilhões de usuários (aproximadamente 1/6 da população mundial), recebe 300 horas de vídeo por minuto e reproduz, em média, 3,25 bilhões de horas de conteúdo por mês (Borges; Oliveira; Pedroso, 2016). E esses números se referem apenas a uma das maiores plataformas (entre as milhões existentes) da internet que, em 2020, segundo o Archive.org (órgão sem fins lucrativos que faz *backup* de todo o conteúdo da internet para gerações futuras), atingiu a marca de 10 *petabytes* (ou 10 milhões de *gigabytes*) de conteúdo, o equivalente a mais de 2 milhões de DVDs (Digital Versatile Disc).

Entretanto, o fluxo digital de dados é ainda mais assustador, pois esses números dizem respeito apenas à chamada *surface web* (também dita *clearnet* ou *visible web*), "região" de conteúdo indexado em buscadores como Google ou Bing (Chopra; Williams, 2019). A maior parte dos dados é produzida, principalmente, na *deep web*, conforme ilustra a Figura 1.3.

Figura 1.3 – Imagem popular utilizada para demonstrar graficamente as dimensões das camadas da internet

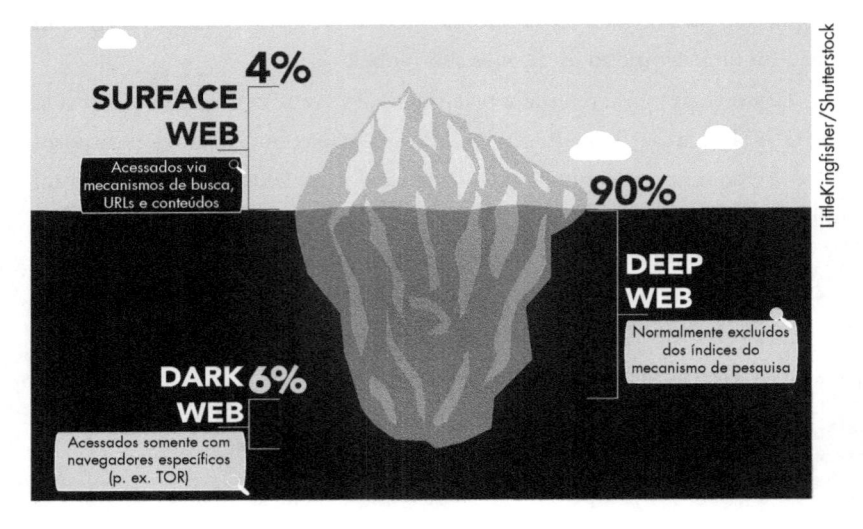

Fonte: Chopra; Williams, 2019, traduzido.

Como a *deep web* e a *dark web* são zonas não indexadas, de fato, é difícil dimensionar com alguma exatidão todo o conteúdo disponível *on-line*. A despeito disso, é inegável que, consideradas as estatísticas apenas da *surface web*, a quantidade de dados existente na rede – que vai de nomes, fotos e telefones a livros, vídeos e movimentações financeiras – é impressionante.

Nesse contexto, Clive Humby (1955-), um cientista de dados inglês, afirmou: "Data is the new oil" ("Dados são o novo petróleo", em tradução livre). E Ajay Bang (1959-), CEO da Mastercard, em 2019, complementou o referido discurso afirmando: "A diferença é que o petróleo um dia vai acabar" (ABF, 2020).

Diante de operações cada vez mais globais (e *on-line*), o *e-commerce* brasileiro movimentou 75,1 bilhões de reais em 2019 (ECBR, 2020) – o equivalente a mais de 1% do produto interno bruto (PIB) nacional (IBGE, 2022) –, ao passo que o país ocupou o terceiro lugar entre as nações em que mais cometidas fraudes eletrônicas (Lobo, 2019).

É inegável, portanto, que, paralelamente ao desenvolvimento tecnológico e à inclusão digital, a segurança torna-se cada vez mais importante – seja para o usuário, seja para o provedor, seja para as grandes corporações.

E isso diz respeito não apenas à segurança física de seus usuários – uma grande, presente e persistente preocupação no Brasil. Se há uma quantidade inimaginável de informação por aí, e se ela pode ter valor, há pessoas que a buscam ilicitamente.

Logo, não é demasiado falar em segurança da informação – e sua importância, hoje, é imensurável.

1.6 Conceito de segurança da informação

E o que é segurança da informação? É importante, antes de conceituá-la, compreender o conceito de *informação* que, segundo Torres (2015, p. 9), corresponde a "um conjunto de dados tratados e organizados de tal maneira que tragam algum significado ou sentido dentro de um dado contexto".

Assim, a palavra *informação* refere-se não somente aos dados constantes de um sistema em si, mas ao sistema como um todo, a suas funcionalidades e, claro, a sua base de dados, considerados um ativo digno de proteção, conforme mostra a figura a seguir.

Figura 1.4 – Ativos de informação

Fonte: Torres, 2015, p. 12.

Por conseguinte, a expressão *segurança da informação* diz respeito às medidas que visam garantir à informação níveis adequados de proteção. Sêmola (2003), com maestria, conceitua a segurança da informação como "uma área do conhecimento dedicada à proteção de ativos da informação contra acessos não autorizados, alterações indevidas ou sua indisponibilidade".

Segundo a International Organization for Standardization (ISO), organização mundial sediada em Genebra (Suíça) cujo objetivo é desenvolver e publicar estudos sobre padronizações técnicas, em sua norma ISO/IEC 27002:2013 (ABNT, 2013)*, *segurança da informação* é definida como "a proteção da informação de vários tipos de ameaças para garantir a continuidade do negócio, minimizar o risco ao negócio, maximizar o retorno sobre os investimentos e as oportunidades de negócio".

De modo mais abrangente, segurança da informação é o conjunto de medidas técnicas e organizacionais, ações e ferramentas que visa prevenir, de maneira física e lógica, ameaças à confidencialidade, à disponibilidade e à integridade de informações; essa estratégia é implementada por meio de políticas de gestão e padronização de procedimentos, minimizando as vulnerabilidades a fim de mitigar os riscos aos quais estiver exposta a informação. Em suma, o objetivo da segurança da informação é evitar que as ameaças (riscos) se concretizem, configurando incidentes.

Uma ameaça é "uma causa potencial de um incidente indesejado, que pode resultar em dano para um sistema ou organização" (ISO/IEC, 2004, tradução nossa). As ameaças são, portanto, potenciais atos prejudiciais à informação perpetrados por um agente ameaçador que, explorando vulnerabilidades, possam resultar em dano a um sistema ou à organização como um todo. São atos ainda não concretizados, contra os quais a segurança da informação se impõe.

Por *vulnerabilidade* entende-se "uma fragilidade de um ativo ou grupo de ativos que pode ser explorada por uma ou mais ameaças" (ISO/IEC, 2004, tradução nossa). Noutras palavras, trata-se da fraqueza de um sistema passível de ser explorada por terceiros, seja por sua deficiência protetiva, seja pela ausência de uma proteção. A utilização de um antivírus desatualizado, por exemplo, consiste em uma vulnerabilidade de um sistema.

A ISO/IEC 27002:2013 conta com um capítulo inteiro dedicado à avaliação do risco, o qual é definido como "a probabilidade da consumação

---

* A ISO/IEC 27002: 2013 é a numeração atualizada da ISO/IEC 17799. No Brasil, é revista e disponibilizada pela Associação Brasileira de Normas e Técnicas (ABNT).

de uma ameaça à informação, estimada com base nas ameaças a tal matriz confrontada com a sua vulnerabilidade" (ABNT, 2013).

Barros (2015) simplifica a compreensão do conceito de risco adotando a seguinte fórmula:

$$\text{Risco} = \text{probabilidade de ocorrência} \times \text{impacto}$$

Mais adiante, trataremos com maior profundidade desse assunto; mas é interessante mencionar que, em complemento, Fonseca (2015) aduz que *probabilidade de ocorrência* significa "algumas coisas $\times$ vulnerabilidade" e que *impacto* pode ser definido por "severidade $\times$ relevância".

É seguro dizer, portanto, que um sistema vulnerável e que contenha informações críticas, como informações de cartões de crédito, está exposto a maiores riscos do que uma base de dados que, privada de acesso à internet, contenha apenas dados sobre o estoque de uma loja.

Observados tais conceitos, é necessário compreender melhor no que se baseia a segurança da informação como processo protetivo. Seus três pilares são a confidencialidade, a disponibilidade e a integridade, conhecidos como *triângulo CID*, ou *The CIA triad*, em inglês, para *confidentiality*, *integrity* e *availability*.

1.6.1 Triângulo CID (*The CIA triad*)

Os princípios que regem a segurança da informação são a confidencialidade, a integridade e a disponibilidade, que compõem o triângulo CID, conforme esquematizado na Figura 1.5.

Figura 1.5 – Triângulo CID

A **confidencialidade**, também chamada de *sigilo*, nada mais é do que a garantia de que as informações sejam acessadas somente por quem tem permissão para tanto, impedindo o acesso, o conhecimento e/ou a divulgação não autorizada das informações. É a limitação de acesso às informações. São exemplos práticos de medidas que asseguram a confidencialidade da informação a criptografia de dados (sobre a qual trataremos adiante) e, em um ambiente corporativo uma política de "mesa limpa" (que obriga a guarda à tranca de documentos que, por qualquer motivo, não devam ser vistos por outros).

O conceito de **integridade** pode facilmente ser verificado em dicionários: "estado ou característica daquilo que se revela intato" (Michaelis, 2022). A integridade se refere, portanto, ao estado da informação, à informação estar completa (com base em como estava antes), perfeita (não necessariamente correta), inalterada. É a garantia de que a informação não será alterada sem autorização, seja em seu armazenamento, seja durante seu trânsito.

Em termos práticos, a cópia autenticada, produzida em cartórios, é uma forma de assegurar a integridade da xerocópia em relação a seu original, tal qual, em sistemas, a dupla verificação de alterações de um arquivo (um usuário altera, outro deve validar) ou o emprego de trilhas auditáveis (*logs* de alteração) com capacidade reversível (em caso de alteração indevida, é possível o retorno ao estado anterior).

Por fim, **disponibilidade** corresponde à garantia de que a informação estará ao alcance no momento necessário (oportunidade) e no tempo esperado (robustez), assegurada a não interrupção de acesso (continuidade).

Entre medidas que contribuem para assegurar a disponibilidade de informações estão o uso de redundância (salvamento de arquivo no disco rígido replicado em "nuvem") e o uso de *backups* (cópias de segurança) seguros e facilmente recuperáveis.

Vale ressaltar que, ao empregarmos o termo *informações* nos conceitos citados, utilizamos a expressão em sentido amplo, podendo significar, até mesmo, um sistema como um todo.

1.6.2 Hexagrama parkeriano (*The parkerian hexad*)

O pesquisador em segurança da informação Donn B. Parker (1929-), em 1998, vislumbrou três requisitos adicionais ao triângulo CID – controle, autenticidade e utilidade –, criando o que posteriormente veio a ser denominado como *hexagrama parkeriano* (Parker, 1998).

Figura 1.6 – Hexagrama parkeriano

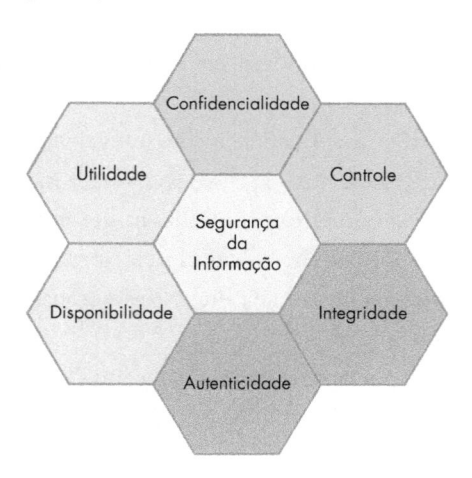

Para Parker, a informação somente pode ser considerada segura, entre outras condições, se o gestor tiver plenas condições de **controle**.

Uma informação subtraída, como o desvio de uma comunicação entre sistemas, bastaria para inviabilizar seu uso – e, por conseguinte, significaria uma violação de segurança, da mesma forma que a subtração de um bem (por exemplo, de um aparelho celular) inviabiliza seu uso por seu proprietário.

Ainda, a fim de garantir a segurança da informação, é importante que seja certificada a **autenticidade**, que nada mais é do que assegurar a veracidade da autoria ou a origem da informação – o sistema deve ser capaz de verificar a identidade do usuário, e o usuário, a do sistema.

A autenticidade pode ser assegurada com base em algo que *se saiba* (como uma senha), que *se seja* (como a biometria) ou que *se tenha* (como uma chave digital) – e não há exemplos melhores para fazer referência à autenticidade do que o uso de *login* e senha para acesso ao *e-mail*, de impressão digital para desbloqueio do celular ou de certificado digital para acesso a serviços do governo.

Por fim, é necessário que a informação tenha uma **utilidade**: um arquivo protegido por uma senha desconhecida nada mais é do que uma soma de *bits* ocupando espaço, assim como um cofre sem a respectiva chave.

1.6.3 Conceitos secundários

Algumas definições distintas podem ser encontradas para os pilares da segurança da informação.

Variantes como CIDA (confidencialidade, integridade, disponibilidade e autenticidade) ou CIDAL (as expressões anteriores, com inclusão de legalidade) são esporadicamente encontradas na literatura específica. Não se trata de conceituações melhores ou piores, apenas que adotam uma perspectiva diferente conforme cada autor. Neste trabalho, limitamo-nos a colacionar as mais clássicas.

De toda forma, é importante ressaltar o conceito de *não repúdio*, tido por diversos doutrinadores como um pilar secundário de segurança da informação. Trata-se da garantia de que a informação seja atrelada a sua origem e/ou a seu autor, de modo tal que não se possa rechaçar tal vínculo ante a prova de sua existência. É a conjunção dos requisitos de autenticidade e integridade da informação, caracterizando-se como o requisito à validade jurídica de uma informação.

1.7 Aspectos da segurança da informação

As práticas de segurança da informação, amparadas nos pilares outrora comentados, envolvem três aspectos principais à sua consumação:

1. **Pessoas** – Como usuários do sistema e gestores da informação que se pretende proteger, as pessoas são parte essencial da segurança da informação e representam, ao mesmo tempo, um dos pontos de vulnerabilidade dela.

2. **Processos** – A definição de metodologias, que incluem orientações, regras e consequências em caso de desvios, é de suma importância para assegurar o uso adequado e direcionado de sistemas e, por conseguinte, a segurança da informação.

3. **Tecnologia** – A implementação de ferramentas tecnológicas, como antivírus, *firewalls* e criptografia, potencializa a segurança da informação por meio da prevenção às ameaças.

Segurança digital

Os conceitos trabalhados no capítulo anterior, além de aplicáveis a ambientes corporativos e a situações particulares dos indivíduos, incidem independentemente do meio em que são empregados.

Com base em tal premissa, assumimos que a segurança digital é uma pequena parte do universo da segurança da informação. Ela visa à proteção de informações especificamente no ambiente virtual, estando abrangidos aí desde uma máquina local, isolada de uma rede, passando por uma rede corporativa fechada, até o ambiente *on-line* (internet).

E, como citamos anteriormente, da mesma forma que o dinamismo das comunicações digitais é estimulado pelo exponencial avanço tecnológico, também o são os atos maliciosos e prejudiciais.

A importância da segurança digital, portanto, é corolário da percepção de que dados são o novo petróleo; protegê-los é essencial – e existem inúmeros interessados em, de modo ilegítimo, apoderar-se do "petróleo" alheio.

Antes de discorrermos sobre conceitos, técnicas e ferramentas de segurança digital, é importante ficar claro o "outro lado": as ameaças a que as informações se submetem no meio não físico, à mercê de predadores virtuais à espreita, aguardando a vulnerabilidade certa no momento adequado para "darem o bote".

2.1 Ameaças à segurança da informação

Reiterando o conceito anterior, as ameaças a um sistema e às informações dele constantes são uma potencial violação de qualquer um dos pilares de segurança da informação, sendo denominada *incidente* a sua consumação. Tal abordagem facilmente se enquadra em qualquer situação do cotidiano para apurar ameaças às informações.

Uma namorada que acessa o celular do namorado para visualizar mensagens estaria a causar um incidente relativo à confidencialidade das informações ali presentes. Uma mãe que, acidentalmente, joga o trabalho escolar do filho em uma lixeira, ocasionaria um incidente de violação da disponibilidade dos dados do material. E um colega de trabalho que, em um momento de distração, derrama café sobre a via original e única de um contrato, tornando-o ilegível, estaria a ocasionar um incidente de violação da integridade dos dados.

Entretanto, quando se trata de ambiente virtual, em que há milhões de dados de clientes em uma base ou, ainda, dados pessoais sensíveis passíveis de utilização com fins danosos ou para fins ilícitos, os aspectos específicos de segurança têm sua importância ressaltada.

Enquanto houver tecnologia e meios de comunicação, existirão vulnerabilidades a serem exploradas por pessoas mal-intencionadas, haverá riscos à segurança das informações e, portanto, será necessário implementar medidas de segurança adequadas.

Quando se trata de meios eletrônicos, as principais ameaças à segurança da informação, ou seja, capazes de comprometer os pilares sobre os quais anteriormente tratamos, são as seguintes:

- **Falhas de *hardware*** – Falhas, defeitos ou problemas na estrutura física de um sistema computacional. Um servidor que pega fogo compromete as informações ali armazenadas, atingindo sua integridade (pois, sem um *backup*, essas informações podem ter se perdido) e sua disponibilidade (visto que se tornam inacessíveis), ou seja, gerando um incidente.

- **Vulnerabilidades** – Falhas na estruturação de uma rede ou na programação de um sistema podem ocasionar a violação dos pilares da segurança da informação, permitindo, por exemplo, a violação de sua confidencialidade ante acesso de um terceiro.

- **Ataques** – Em uma era em que informações são as mais valiosas *commodities*, pessoas mal-intencionadas estarão dispostas a, de forma ilícita, se apropriarem delas. Ataques, como veremos adiante, não são só uma das principais ameaças à segurança da informação – talvez sejam a principal, pois são capazes de subverter todos os valores de segurança estudados. Ataques, comumente, exploram vulnerabilidades, conhecidas ou geradas.

2.2 *Hackers, crackers* e ciberataques: história e evolução

É importante contextualizar: *hacker* não é a palavra adequada para se referir a uma pessoa que, de má-fé, busca invadir sistemas, apoderar-se de informações e fazer mau uso (inclusive ilícito) delas. Etimologicamente, *hacker* vem do inglês *to hack*, que significava, originalmente, "cortar grosseiramente ou em fortes pancadas".

Associa-se a atribuição do neologismo *hacker* aos alunos do Massachusets Institute of Technology (MIT) dos anos 1950 e 1960, que programavam aplicando sua inteligência para conseguir resultados mais avançados que os demais, atingindo seus objetivos de maneira rápida, esperta e eficiente – entre os *hackers* mais famosos da época, merece menção Kee Tompson, inventor do Unix, e Dennis Ritchie, inventor da linguagem de programação "C". O termo, até então, seguia sendo empregado para se referir aos então considerados "gurus" da computação (Spyd3r, 2002).

Entre as décadas de 1970 e 1980, apareceram os primeiros registros de atividades ilícitas por parte de tais cidadãos: John Thomas Draper descobriu um meio de fazer ligações de longa distância em telefones públicos utilizando um apito que vinha de brinde em uma caixa de cereais (o que lhe rendeu o apelido de Captain Crunch – a marca do cereal) (Spyd3r, 2002).

Pouco tempo depois, consolidaram-se os primeiros grupos de "gênios do mal", como The 414s, Legion of Doom (EUA) e Chaos Computer Club (Alemanha), mas foi no início dos anos 1990 que o mundo efetivamente tomou ciência do lado obscuro da então crescente computação residencial, quando Kevin Mitnick, famoso por ter invadido o Departamento de Defesa dos Estados Unidos na década de 1980, foi preso e condenado em razão de invasões e danos a sistemas e furto de *softwares* (Spyd3r, 2002).

Em meio a esse caos, os membros do Tech Model Railroad Club (TMRC), do MIT, iniciavam sua luta para que o termo *hacker* não fosse associado a tais figuras, orientando que fossem chamados então de *crackers** (uma junção das palavras *criminal* e *hackers*).

Em que pese os esforços do TMRC, a ignorância (no sentido de ausência de conhecimento) da população em geral acabou mantendo a associação entre a denominação *hacker* e os já então chamados *criminosos virtuais.* Isso foi reforçado, posteriormente, com o filme hollywoodiano *Hackers*, dirigido por Iain Softley (1956-), que contava a história de um *cracker* que havia atacado Wall Street.

Tal retrospecto é importante para orientar quanto ao emprego da nomenclatura correta: um *hacker* é alguém que tem um conhecimento avançado sobre programação e sistemas – atualmente, em especial, sobre segurança da informação e vulnerabilidades; já um *cracker* é aquele que se dedica à exploração de tais vulnerabilidades, à invasão de sistemas, a fraudes eletrônicas e afins.

Fato é que, se ao final do século XX os cibercriminosos apresentavam um perfil mais recluso, isolado, mais voltado ao caos e ao proveito próprio, as duas primeiras décadas do século XXI revelaram uma notável mudança

---

* A expressão *cracker* é utilizada de pejorativamente nos Estados Unidos desde o século XVIII, tendo sido empregada com diversas definições desde então.

nesse perfil. Os *crackers* passaram a atuar de modo mais profissional, centrado, organizado, com propósitos (ilícitos) mais alinhados. Entre seus propósitos estão obter benefício próprio ou se insurgir contra governos e o sistema, ou simplesmente promover o caos. Por vezes, contam com financiamentos de outros criminosos, radicais políticos e até mesmo de nações "adversárias".

Exemplos não faltam. O *Anonymous* é um grupo conhecido por seu *hacktivism* (conjunção das palavras *ativismo* e *hacker*), famoso por lançar ataques contra instituições e governos que, na opinião do grupo, tomam atitudes antidemocráticas e de censura (como o bloqueio de *sites*).

Os Shadow Brokers ficaram mundialmente famosos em 2017, quando o *ransomware* (trataremos mais sobre isso adiante) WannaCry debilitou infraestruturas em todo o globo, travando seus sistemas operacionais e exigindo resgate para a liberação com a ameaça de destruição dos dados em caso de negativa. Diversos órgãos públicos brasileiros tiveram máquinas afetadas, entre eles o Tribunal de Justiça do Estado de São Paulo.

O Equation Group foi creditado pela empresa de segurança digital Kaspersky como "a sombria Unidade de Operações de Acesso sob Medida da NSA*" (Magee, 2018) e é famoso por interceptações e invasões relacionadas a interesses governamentais, supostamente sob autoridade do governo norte-americano.

Recentemente, os governos do Reino Unido, do Canadá e dos Estados Unidos acusaram a Rússia de estar envolvida em ataques cibernéticos que visaram ao roubo de dados sobre o desenvolvimento de uma vacina para a Covid-19 (causada pelo coronavírus), evidenciando mais um episódio da chamada *guerra 4.0* (RFI, 2020).

Ainda assim, não raro são noticiados ataques desenvolvidos por um indivíduo ou um grupo de indivíduos bem menos organizados e com propósitos mais individualistas, como o lucro, a autopromoção e/ou o vandalismo puro e simples.

---

*   National Security Agency, órgão de inteligência e segurança do governo dos Estados Unidos da América.

Todavia, invariavelmente, tais ataques fazem uso de **ferramentas** e **técnicas** comuns entre si, sobre as quais, sem o intuito de abrangê-las em sua totalidade, trataremos adiante.

2.3 Malware

O termo *malware* (contração das expressões *malicious*, malicioso, e *software*, programa de computador) significa, segundo Xiang e Cesare (2010, p. 1, tradução nossa), "uma variedade de formas de programa de computador ou código de programa de computador hostil, intrusiva ou incômoda".

O Comitê Gestor da Internet no Brasil (CGI.BR), em trabalho de conscientização da população, desenvolveu a *Cartilha de segurança para internet*, da qual se infere o conceito de *malware* (códigos maliciosos): "programas especificamente desenvolvidos para executar ações danosas e atividades maliciosas em um computador" (CGI.BR, 2012, p. 23).

Conforme Diorio et al. (2018), um *malware* pode ser definido como "um programa que é inserido em um sistema, normalmente de forma encoberta, com a intenção de comprometer a confidencialidade, integridade ou disponibilidade dos dados da vítima, de seus aplicativos ou do próprio sistema operacional". Note que dessa definição de *malware* tecida pelos autores depreende-se a afronta aos pilares básicos da segurança da informação.

Em síntese, *malware* é qualquer parte de um programa de computador que vise danificar dispositivos ou informações, roubar informações ou adulterar sistemas.

Malgrado muitas vezes a expressão seja utilizada como sinônimo de *outros*, em uma analogia à taxonomia biológica, *malware* seria a família na qual se enquadram vários gêneros (vírus, *backdoors*, cavalos de Troia), os quais apresentam, cada qual, suas espécies. Assim, o WannaCry seria uma espécie do gênero *ransomware* pertencente à família dos *malwares*.

Os gêneros mais comuns de *malware* são os vírus de computador, os *trojans* (ou cavalos de troia), os *spywares*, os *worms*, os *bots* e *botnets*, os *backdoors*, mas a lista é infindável.

2.3.1 Vírus de computador

No Brasil, a expressão *vírus de computador* (ou pura e simplesmente *vírus*) costumeiramente é utilizada como sinônimo de *malware*, se referindo aos códigos maliciosos em geral.

Todavia, se trata, na verdade, de um gênero de *malware* assim denominado em razão de sua funcionalidade, comparada à dos vírus biológicos comuns, já que suas principais características são: (1) se reproduzir sozinho; e (2) depender de um hospedeiro (no caso dos vírus computacionais, um arquivo).

Em suma, um vírus, ao infectar um dispositivo, além de performar a ação para a qual foi programado (ou seja, destruir determinado conjunto de arquivos), se espalha, infectando outros arquivos e até mesmo outros computadores da mesma rede.

O arquivo contaminado, por sua vez, se enviado a outra pessoa – como um anexo em um *e-mail* ou gravado em uma mídia física, como um *pen drive* – passa a infectar também a máquina do receptor, propagando-se nela (e em sua rede).

O conceito de vírus de computador baseia-se em um estudo teórico datado de 1966 – época em que o fenômeno computacional era o Eniac (Eletronic Numerical Integrator and Computer) –, atribuído a John von Neumann (1966) e intitulado *Theory of Self-Reproducing Automata* (ou "teoria dos autômatos que se autoreproduzem"). Nesse estudo, o autor, considerando a então comum comparação entre computadores e o sistema nervoso, que seria "milhões de vezes mais complexo do que aquelas enormes máquinas de computação", e estas, por sua vez, "200 mil vezes menos eficientes" (Neumann, 1966, p. 65, tradução nossa), ponderou sobre a possibilidade de "organismos mecânicos" criarem, danificarem, reproduzirem-se e infectarem novos "organismos" – exatamente como um vírus biológico.

O primeiro vírus de computador registrado, batizado "Brain", data de 1986 e foi criado por dois irmãos paquistaneses que comercializavam *softwares* para danificar o setor de inicialização do computador de pessoas que, ilegalmente, copiassem os disquetes e instalassem seus programas sem adquiri-los (ou seja, o vírus "atacava" quem pirateasse o programa de computador) (Neumann, 1966).

Note que os *malwares* categorizados como vírus o são em razão de sua capacidade de reprodução e proliferação de contaminação; mas sua funcionalidade danosa pode variar dentre diversas outras modalidades de *malware* – do que se infere sua popularização como sinônimo da expressão inglesa.

Nem todo vírus, todavia, executa de imediato as funções para a qual foi programado (além da de contágio); alguns permanecem dormentes por dias, meses, e até anos, ou apenas são ativados se o usuário performar certa ação ou combinação de ações.

Outros somente são "ativados" depois de certo tempo ou em uma data específica (os chamados *timebombs*), como o histórico Jerusalém, de 1987, que somente executava seus comandos nos dias 13 que caíssem em uma sexta-feira (em alusão ao clássico de terror dos cinemas).

O Jerusalém infectava os arquivos de computador com extensões .exe e .com, acrescendo seu tamanho (cerca de 2 Kb), o que tornava o processamento lento a cada nova infecção até o ponto de impedir o uso do computador. Essa é mais uma razão para a comparação com o vírus biológico, já que vírus de computador normalmente são arquivos bem pequenos.

Se, antigamente (como mencionado no exemplo dos irmãos paquistaneses ou do Jerusalém), os vírus eram propagados em especial por meio de mídias físicas, com o advento e a popularização da internet, o principal meio de propagação de vírus de computador passou a ser a rede mundial.

As principais formas atuais de contágio por vírus são:

- **E-mail** – Talvez a forma mais popular de contágio, trata-se do envio de um arquivo contaminado ou mesmo do próprio vírus em si como um anexo. Ao abrir tal arquivo, o usuário infecta sua máquina, o que inicia um processo de proliferação pelos arquivos dela constantes; o arquivo, quando enviado a outra pessoa, infecta a máquina desse outro usuário.

- **Scripts** – São vírus constantes da programação de *sites* (geralmente em programação Java) que são executados no acesso a tais *sites* ou posteriormente por uma ação específica do usuário. Podem também ser incluídos no corpo de um *e-mail* (escondido na programação HTML). O exemplo mais comum é o de *sites* que, acessados pelo usuário, utilizam a capacidade de programação e de comunicação *on-line* de seu computador para mineração de criptomoedas em favor de seu autor.

- **Macros** – Pouca gente sabe, mas existem diversas ferramentas que permitem uma programação de funcionalidades específicas dentro de um arquivo – os chamados *macros*. O exemplo mais comum é o pacote Microsoft Office, que oferece tal funcionalidade em alguns de seus programas (especificamente o Excel, o Word e o PowerPoint) com o objetivo de permitir ao usuário programar rotinas específicas dentro de um arquivo. Alguns vírus se utilizam de tal abertura e, uma vez que contaminam a máquina do usuário, se proliferam entre os arquivos suportados, inserindo neles a programação especificada – e se proliferando aos destinatários de tais arquivos quando enviados.
- **Celular** – Sim, os vírus *mobile* são uma realidade. Inicialmente propagados por meio de MMS (Multimedia Message Service), depois por *bluetooth* e, recentemente, em especial, por WhatsApp, tais vírus infectam o aparelho móvel do usuário e se propagam pela mesma forma de contágio – normalmente pelo envio de um *link* ou uma imagem à lista de contatos. Normalmente, são utilizados para captar informações do aparelho, enviando-as ao autor, e, em alguns casos, para destruir ou sobrescrever arquivos, mas podem até mesmo ser utilizados para redirecionar chamadas do aparelho.

A principal forma de prevenção ao contágio por vírus de computador é a informação: geralmente, os códigos maliciosos estão contidos em arquivos disponibilizados em *sites* pouco confiáveis ou em substituição a arquivos que visam ao cometimento de ilícitos (como programas de computador *crackeados*, ou seja, disponibilizados de graça por meio de uma adulteração, quando o usuário deveria pagar por sua aquisição), ou ainda por fontes não identificadas ou não reconhecidas de *e-mail*.

Por fim, o uso de um antivírus é um excelente aliado na prevenção ao contágio (trataremos adiante sobre tais *softwares*).

2.3.2 Worms

Considerados uma evolução dos vírus de computador, os *worms*, além de terem a capacidade de se autorreplicar, conseguem se autopropagar – mas, diferentemente dos vírus, não dependem de um hospedeiro.

Assim, em vez de infectarem arquivos dentro de um terminal, apenas infectando o próximo caso um arquivo enviado lhe seja enviado, os *worms* exploram vulnerabilidades do terminal infectado e/ou da rede e se enviam, de forma automática e sem a ciência do usuário, para outros terminais vulneráveis.

E se os vírus podem tornar um arquivo inexecutável ou até mesmo afetar um sistema todo em razão do contágio de vários arquivos, um *worm* impacta um sistema de maneira muito mais agressiva em razão de sua autoexecução, em especial com seu intuito de propagação, que ocorre após o contágio. Esse tipo de vírus se propaga em quatro etapas, a seguir comentadas.

1. **Mapeamento** – O *worm* identifica, na rede do terminal infectado, outros terminais cuja vulnerabilidade pode ser explorada, ou ainda uma lista de contatos no terminal infectado para o qual possa se enviar (exemplo: lista de *e-mails*, contatos do WhatsApp).

2. **Envio** – Após o mapeamento, uma vez identificados os terminais passíveis de contágio, o *worm* executa suas funções de propagação, enviando-se a tais terminais ou incluindo-se em pastas compartilhadas.

3. **Ativação** – Estando presente no terminal-alvo, o *worm* precisa ser ativado no novo terminal, o que pode ocorrer automaticamente (a depender de sua programação) ou em razão de interação do usuário.

4. **Reinício** – Ao contaminar o novo terminal, o processo se reinicia, mantendo o ritmo de propagação.

Um dos casos mais famosos de *worm* foi o Happy99. O usuário recebia um *e-mail* de "Feliz 1999" que continha, como anexo, um executável animado, que disparava uma mensagem de "Feliz Ano Novo" e alguns fogos de artifício na tela. Embutido na programação da animação, estava o *worm* que, uma vez executado, se disparava à lista de contatos do terminal, remetendo uma cópia para todos os destinatários registrados no cliente de *e-mail* do usuário (apesar de não ter sido constatado qualquer dano adicional à máquina das vítimas).

A exemplo do que se aplica aos vírus de computador, a melhor forma de prevenção de *worm* é evitar o *download* de arquivos de fontes não confiáveis e, em especial, a abertura de anexos em *e-mails* não solicitados.

Há, também, a necessidade de ser verificada a origem das informações e dos recursos que estão sendo oferecidos ao usuário. No caso do WhatsApp Gold (*worm* recente que foi propagado pela plataforma de mensagem instantânea), eram oferecidas funções adicionais (inexistentes) ao usuário que clicasse no *link* – o que, por sua vez, infectava o celular, propagando a mensagem aos contatos da agenda e, além disso, exportava os diversos dados ao criador do *worm*.

2.3.3 Trojans (*trojan horses* ou cavalos de Troia)

Se, por um lado, o substantivo *presente* significa algo bom, como um "objeto que se oferece a alguém" na forma de um "brinde, lembrança, mimo, oferta, regalo" (Michaelis, 2022), um "presente de grego" é causador de angústia e aflição por representar um "presente ou oferta que traz dano a quem o recebe ou aceita" (Priberam, 2022).

A expressão *presente de grego*, bastante popular no Brasil, tem sua origem na clássica história da guerra entre gregos e troianos, retratada por Homero em suas obras *Ilíada* e *Odisseia*.

De breve forma, do registro histórico consta que os gregos, incapazes de invadir Troia, partiram em retirada, deixando para trás um enorme cavalo de madeira como presente aos troianos, reconhecendo sua derrota na guerra.

Ocorre que o cavalo era oco e estava repleto de soldados gregos de elite. Sem saber disso, os troianos, após muita discussão, decidiram manter o cavalo no interior de seus intransponíveis muros como forma de ostentar a vitória sobre seus inimigos. E, ao cair da noite, os mencionados soldados invasores saíram do interior do cavalo, abriram os portões de Troia e permitiram, assim, a entrada de toda a tropa grega na cidade, causando a ruína dos troianos.

Daí se extrai o nome atribuído a esse *malware*: um *trojan* (inglês para "troiano") é um programa ou código malicioso embutido em outro (este, por sua vez, inofensivo e útil) cujo objetivo é permitir que um terceiro não usuário (no caso, o *cracker*) tenha acesso e/ou controle sobre o sistema contaminado os dados dele constantes.

Geralmente, *trojans* são anexados a um arquivo que desperte o interesse do usuário, mesmo sendo de fonte desconhecida; ou ainda são inseridos em códigos de *softwares* desenvolvidos com objetivos escusos – como os já mencionados *cracks* de programas, cujo objetivo é possibilitar ao usuário a utilização de programas pelos quais não pagou.

Os *trojans* são disfarçados, portanto, de programas legítimos e cujo uso interessa ao usuário; diferentemente dos vírus, não têm capacidade de se replicar, mas basta uma única execução para que se efetue o contágio.

Entre outras possíveis funcionalidades, *trojans* permitem ao *cracker* ações como remover arquivos do terminal, registrar tudo que é digitado pelo usuário, renomear arquivos, ativar ou desativar funcionalidades ou periféricos, executar programas e até mesmo desativar o antivírus.

Os *trojans* podem ser categorizados de acordo com sua funcionalidade conforme segue:

- **Backdoor trojan** – Talvez o mais popular, possibilita ao *cracker* acesso remoto ao terminal do usuário.
- **Clicker trojan** – Outro exemplo bastante popular, visa redirecionar a navegação do usuário, levando-o a *sites* específicos, que pode ter diversas funções, desde aumentar o número de acessos a tais *sites* (e acesso associado a propaganda é renda) até direcionar a *sites* falsos.
- **Proxy trojan** – Permite ao *cracker* utilizar o terminal do usuário para sua própria navegação. Nesse caso, se as atividades do *cracker* na internet forem rastreadas, levam ao terminal do usuário (e não ao terminal do *cracker*), dificultando ou impedindo a identificação do real autor.
- **Dropper trojan** – Descompila e executa códigos maliciosos outrora ocultos em seu interior (e, por isso, talvez indetectáveis anteriormente).

- **Downloader trojan** – Tem por objetivo, em segundo plano e sem a ciência do usuário, fazer o *download* de outros programas e/ou códigos, por vezes outorgando a si mesmo permissões específicas para fazer um *by-pass* a métodos de prevenção de infecção (como *antimalwares*).
- **Destructive trojan** – Deixa o terminal fora de operação, destruindo arquivos e pastas de sistema.
- **Spy trojan** – Coleta informações de usabilidade do usuário (como, por exemplo, o conteúdo por ele digitado) e as deixa à disposição do *cracker*.
- **Data-sending trojan** – Envia ao *cracker* informações predeterminadas constantes do terminal infectado, como dados bancários, nomes de usuário e senhas de acesso a *sites* ou produtos, listas de contatos etc.
- **Banker trojan** – Coleta dados específicos do terminal do usuário relacionados a operações bancárias (como acesso ao *site* do banco) ou de pagamento (como informações do cartão de crédito) e as remete ao *cracker*.

Pela descrição das funcionalidades de um *trojan*, fica evidente o potencial lesivo de tais ameaças.

Assim como os vírus, a melhor forma de prevenção a *trojans* é o conhecimento: não utilizar programas *crackeados*; evitar o *download* de conteúdos de fontes não conhecidas; evitar o uso de *sites* que oferecem funcionalidades gratuitas que, em sua maioria, são disponibilizadas apenas no formato pago; e fazer uso de um antivírus mantendo-o atualizado.

2.3.4 Backdoors

Backdoors são "programas executados em computadores com o objetivo de prover acesso aos mesmos sem que haja a necessidade de exploração de alguma vulnerabilidade" (Chaves; Montes, 2005, p. 1).

Eles se prestam a burlar a necessidade de autenticação ou mesmo a criptografia de um sistema, produto ou dispositivo (os quais, para simplificar a leitura, denominaremos conjuntamente como *sistema*), após o comprometimento, sem que seja necessário novo esforço invasivo por parte do atacante.

Em termos práticos, são uma "porta secreta" que permite a quem a conhece entrar em um sistema e nele executar ações sem depender da autorização de um administrador ou outro usuário.

Em verdade, *backdoors* não são maliciosos por si. São ferramentas utilizadas para acesso remoto a um sistema ou terminal, por vezes instalados previamente por desenvolvedores/administradores de sistema em um programa ou computador com um intuito legítimo ou, até mesmo, esquecido. Em que pese, muitas vezes, o fato de os *backdoors* estarem embutidos em *trojans* (como mencionado anteriormente), o alto índice de detecção por *softwares* defensores faz os *backdoors* serem mais temidos do que aqueles.

Eles podem existir como parte de um programa, como um programa autônomo ou como parte do código básico de um *hardware* (uma peça de computador ou periférico), e sua gama de usos é a mais variada possível: o mais concebível (e talvez mais factível para a população em geral) é a manipulação do terminal alheio e o furto de informações, mas até mesmo espionagem internacional pode ocorrer com o uso de *backdoors*.

Um fato notório envolvendo *backdoors* aconteceu em 2017, quando uma empresa de segurança digital informou que milhares de computadores estariam infectados com um *backdoor* chamado DoublePulsar, desenvolvido pela NSA e cujo objetivo era monitorar o comportamento e as comunicações da população em geral (Payão, 2017).

2.3.5 Spywares

Spyware (conjunção das palavras *spy*, ou "espião", e *ware*, de *software*) é um programa "projetado para monitorar as atividades de um sistema e enviar as informações coletadas para terceiros" (Diorio et al., 2018, p. 4).

Assim como *backdoors*, seu uso pode ser legítimo, quando instalado pelo usuário que interage com o sistema para o monitoramento de seu terminal. Também há casos de *spywares* instalados em terminais de colaboradores de empresas com o fito de monitorar o desempenho do colaborador e a utilização do terminal.

Contudo, quando a instalação de um *spyware* é ilegítima, há preocupação. Nesses casos, esses *malwares* são utilizados para roubar informações do usuário, desde endereços de *e-mails* enviados até às informações de *login* e senha.

Os principais tipos de *spywares* são os *keyloggers*, que registram tudo o que foi digitado no terminal infectado (possibilitando, assim, a obtenção de informações confidenciais, de dados de *login* em contas e até mesmo de senhas bancárias), e os *screenloggers*, que capturam a tela do usuário e informações sobre cliques (conseguindo, assim, burlar sistemas de validação *online* de bancos que, em razão dos *keyloggers*, pararam de utilizar senhas digitadas para *login*).

Em que pese a coleta não autorizada de informações seja costumeiramente detectada por *softwares* de proteção, tal qual outros *malwares*, os *keyloggers*, via de regra, precisam enviar as informações coletadas ao atacante e é graças a tal comunicação que são, na maioria das vezes, detectados.

Um caso famoso envolvendo *spywares* foi a rede DarkHotel, que se acredita ter tido início na Ásia em 2007 (Drozhzhin, 2014). Para um melhor entendimento do funcionamento desse *spyware*, faremos uma breve contextualização: uma vez presentes em um hotel, é permitido aos hóspedes que usufruam (gratuitamente ou não) da rede *wi-fi* (Wireless Fidelity, ou "internet sem fio") disponibilizada.

Os responsáveis pela DarkHotel identificavam vulnerabilidades nas redes de hotéis e implantavam um *spyware* disfarçadà rede como "atualização" do processo de autenticação e que, uma vez executado, infectava o terminal de acesso, permitindo aos atacantes a obtenção de informações do terminal (Drozhzhin, 2014).

Figura 2.1 – Dinâmica simplificada do ataque DarkHotel

Tendo a posse das informações coletadas, os usos eram os mais variados possíveis – de fraudes à venda de segredos industriais.

O DarkHotel, além de um procedimento sofisticado, tinha uma característica singular: um "período de dormência" de 180 dias, o que tornou muito mais difícil rastreá-lo e combatê-lo (Drozhzhin, 2014).

2.3.6 Bots

Bot é um programa de computador que, dispondo de mecanismos de comunicação com o atacante, permite "que ele [o terminal atacado] seja controlado remotamente, tais como para a realização de ataques específicos, para a propagação de *malwares* (incluindo o próprio *bot*) ou para o envio de *spams*, dentre outros" (Diorio et al., 2018, p. 4).

Em suma, um *bot* permite ao atacante (denominado *botmaster*) determinar que o computador infectado (chamado então de *zombie computer*) execute diversas funções e atividades (em sua maioria, ilícitas) sem o conhecimento do usuário do terminal infectado.

Ao infectar mais de um terminal, o *botmaster* pode fazer os *zombie computers* operarem conjuntamente, com um objetivo comum, constituindo o que se chama de *botnet*.

Esse controle se dá por meio de um centro de comando e controle, que serve não só para processar e distribuir as ordens oriundas do *botmaster*, mas, em especial, para camuflar o real autor das determinações.

Figura 2.2 – Esquema de constituição e funcionamento de uma *botnet*

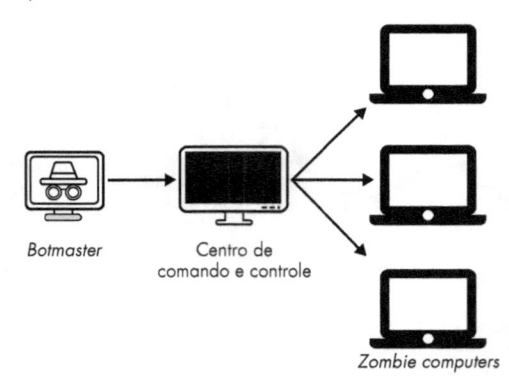

Uma das mais famosas *botnets* de que se tem conhecimento é a Rustock, que se acredita que era integrada por mais de 1 milhão de *zombies* quando foi desligada, sendo utilizada primordialmente para o envio de *spams* – pelos cálculos da Symantec, empresa de segurança, na época, as *botnets* representavam 40% de todos os *spams* identificados (Veloso, 2011). Confira a declaração do advogado Richard Boscovich (citado por Veloso, 2011), responsável pela Divisão de Crimes Digitais da Microsoft:

> *Botnets são conhecidas por serem a ferramenta de escolha dos cibercriminosos para cometer uma variedade de ataques on-line, usando o poder de milhares de computadores infectados com malware ao redor do mundo para enviar* spam, *operar DDoS contra websites, disseminar malware, facilitar fraudes de cliques em propaganda on-line e muito mais. Essa botnet não é uma exceção.*

A Rustock foi derrubada em 2011 graças a uma ação conjunta entre as autoridades americanas e a Microsoft, em uma operação intitulada *Operação b107*, a qual conseguiu identificar os mantenedores da rede (Veloso, 2011).

2.3.7 Rootkits

Os *rootkits* têm uma relação intrínseca com o sistema operacional Linux/ Unix, *open source* (ou seja, um *software* livre de licença, que pode sofrer derivações livremente, pertencendo tais derivações a seu desenvolvedor).

A conta *root* em um Linux confere ao usuário acesso total, ilimitado e irrestrito a todas as funcionalidades e a todos os arquivos do sistema, permitindo ao usuário que a acessa sobrepujar restrições do próprio sistema operacional ou de outros *softwares* para executar comandos e funções irrestritamente.

Ela também está presente no ambiente Windows, embora fique inacessível ao usuário (ainda que este consiga atribuir a si perfil de administrador).

Ocorre que, com base em sua experiência com o Linux, os desenvolvedores passaram a experimentar e buscar formas de executar aplicações em um ambiente Windows a partir do *root* (ou seja, sem as amarras impostas pelo próprio sistema operacional ou por outros *softwares*).

Tais aplicações, assim como uma variada gama inerente ao sistema operacional, seriam, portanto, quase indetectáveis, sendo executadas como parte do sistema operacional – e o potencial malicioso de pronto foi percebido pelos desenvolvedores.

Surgiram, então, os *rootkits*: linhas de programação incluídas em *malware* ou codificadas como anexos que, uma vez executadas, ficam camufladas ao usuário, ao sistema operacional e a *softwares* de monitoramento mediante uma função ou recurso, impedindo sua detecção.

Para isso, eles interceptam uma tentativa de leitura do arquivo oculto, impedindo que o sistema operacional ou mesmo um antivírus localizem, identifiquem ou acessem o arquivo bloqueado – e, por conseguinte, uma ação corretiva no terminal infectado.

Em algumas situações, *rootkits* são utilizados para infectar arquivos essenciais ao funcionamento de *softwares* (ou do sistema operacional) e, assim, impedir o sistema de executar algumas funcionalidades, já que "não encontra" o arquivo (que na verdade está lá, mas inacessível). Noutras, são utilizados para camuflar outros *malwares* – em especial *trojans* –, mantendo um ataque indetectado.

2.4 Vulnerabilidades como principal elemento de risco

Relembrando, conforme Fonseca (2015), a segurança da informação como processo visa mitigar o risco às informações que, em sua "versão expandida", pode ser representado pela fórmula: risco = probabilidade de ocorrência × impacto, ou:

$$R = P \times I$$

em que:

P = "algumas coisas" × vulnerabilidade

I = severidade × relevância

Em sua maioria, tais conceitos são subjetivos e intrínsecos à natureza da informação que se pretende proteger:

- **Relevância** – Guarda relação direta com o conteúdo da informação, tomando por base sua importância para a empresa e, eventualmente, seus clientes. Logo, para uma grande indústria farmacêutica, a lista de clientes (as farmácias que compram seus remédios) tem menos relevância como informação a ser protegida do que, por exemplo, as fórmulas sob pesquisa e desenvolvimento, que eventualmente podem se submeter a patentes (segredos industriais); já para uma consultoria em segurança da informação, a identidade dos clientes talvez seja o mais valioso ativo, podendo prevalecer até mesmo sobre dados financeiros.

- **Severidade** – Refere-se às consequências da violação da confidencialidade, da integridade ou da disponibilidade das informações, e geralmente se relaciona com aspectos legais e regulatórios ou, ainda, reputacionais. Um incidente relacionado a uma base de dados que contenha dados pessoais de clientes pode ferir disposições legais, como a Lei Geral de Proteção de Dados no Brasil[*]; e o vazamento de informações comerciais de uma grande indústria com seus clientes, pessoas jurídicas, em que pese não constitua uma violação da lei, de certo teria impacto sobre a reputação da empresa, que poderia ser considerada incapaz de gerir a própria segurança.

---

[*] A Lei nº 13.709, de 14 de agosto de 2018 (Brasil, 2018a), conhecida como *Lei Geral de Proteção de Dados* (LGPD), dispõe sobre as operações de tratamento de dados pessoais com o objetivo de proteger os direitos fundamentais de privacidade e liberdade das pessoas naturais. Estava inicialmente previsto que a lei entraria em vigor dois anos após sua promulgação. Muitas movimentações legislativas aconteceram e, até poucos dias antes da promulgação da lei, ainda não havia certeza sobre sua entrada em vigor. Apesar disso, organizações não governamentais (ONGs) e órgãos como o Procon (Programa de Proteção e Defesa do Consumidor) e o Ministério Público já vinham promovendo ações baseadas em princípios ou mesmo em obrigações previstas na lei, considerando justamente que a privacidade e a liberdade, seus elementos essenciais, são direitos fundamentais previstos na Constituição brasileira (Brasil, 1988). O principal caso foi o de uma ação promovida pelo Instituto Brasileiro de Defesa do Consumidor, com base em pedido do coletivo Intervozes e da ONG Artigo 19, contra o Metrô de São Paulo em razão da instalação de um sistema de reconhecimento facial (Ortega, 2020), tendo o Judiciário imposto ao Metrô obrigações existentes na lei (ainda não vigente), como a emissão de um relatório de impacto à proteção dos dados pessoais.

- **Algumas coisas** – Ao indicar "algumas coisas" como o elemento-base do quesito probabilidade, Fonseca (2015) reforça justamente a existência de elementos intrínsecos à operação que podem impactar diretamente sobre a probabilidade de um incidente. São fatores dos mais variados tipos, como o perfil do atacante, a tecnologia disponível etc. A expressão, na verdade, é empregada para sinalizar que, apesar de acurada, a fórmula não prevê todos os elementos constitutivos do risco.

- **Vulnerabilidade** – Constitui o principal elemento não só da probabilidade de consumação do risco, mas, talvez, do próprio risco. Afinal, como é representativa da exposição da informação (novamente, considerando-se o conceito amplo da expressão, que abrange dados, sistemas etc.), eis que é definida como toda e qualquer fragilidade que exponha a informação a uma ou mais ameaças.

E, dada sua relevância à segurança da informação, é justamente sobre a vulnerabilidade que a seguir discorreremos.

A norma da ISO/IEC 27005:2018 (ABNT, 2018) contém, em seu bojo, uma lista de tipos de vulnerabilidade à segurança da informação, quais sejam:

- vulnerabilidades de *hardware*;
- vulnerabilidades de *software*;
- vulnerabilidades de rede;
- vulnerabilidades de instalações;
- vulnerabilidades da estrutura organizacional; e
- vulnerabilidades de pessoal.

Nas subseções seguintes, pormenorizaremos cada um desses tipos, fornecendo exemplos e prestando informações complementares.

2.4.1 Vulnerabilidades de *hardware*

Em tecnologia da informação, *hardware* é todo componente físico que ampara um sistema e permite seu uso. *Hardwares* podem ser internos, como os componentes de dispositivos em geral (processador, placa-mãe, unidades de armazenamento – HD, SSD, etc. –, memória RAM etc.), ou externos, também chamados de *periféricos* (como teclado, *mouse*, fone de ouvido etc.).

Uma ótima referência para compreender o que é *hardware* vem de uma antiga piada da área de TI (tecnologia da informação): *"Software* é o que você xinga; *hardware* é o que você chuta".

Em um primeiro momento, é seguro dizer que as principais vulnerabilidades que envolvem *hardware* estão relacionadas à obsolescência dos componentes, que limitam a capacidade de implementação de recursos de segurança, mas também são constituídas pela ausência, em componentes mais antigos, de controles de segurança disponíveis atualmente.

Um exemplo de vulnerabilidade de *hardware* clássico ocorreu em 2015, quando o Project Zero da Google identificou, nas então novas memórias RAM DDR3 (padrão ainda amplamente utilizado), uma falha que pode causar a modificação indesejada de informações ou mesmo sua perda e, acredita-se, até mesmo o acesso externo por meio da manipulação de informações da peça (Rocha, 2015).

Tais vulnerabilidades podem não ser intrínsecas aos componentes internos, mas causadas por má instalação de componentes – o que pode ocasionar a perda das informações constantes dos dispositivos (reiteramos, um incidente de segurança).

Pode ser difícil de acreditar, mas é possível até mesmo que *malwares* sejam inseridos em componentes internos ou externos e, acionados ante conexão a um terminal, ocasionem a abertura do sistema a um atacante ou mesmo danos ao sistema.

O exemplo hollywoodiano de um inocente *pen drive* que dá acesso de administrador do sistema a um terceiro nada mais é do que a representação de uma vulnerabilidade de *hardware* que, por permitir uma conexão externa, admitiu um *rootkit*.

2.4.2 Vulnerabilidades de *software*

Vulnerabilidades de aplicações talvez estejam entre as mais comuns a ameaçar a segurança da informação.

Como exemplos podemos destacar os *bugs* e *glitches*, que nada mais são do que uma falha na programação do *software* – mas, diferentemente destes, que apenas causam uma experiência desagradável ao usuário, as vulnerabilidades permitem que atacantes tomem ações positivas contra o sistema, vulnerando-o.

A Microsoft (citada por Gomes, 2019), nos documentos que regulam o uso de seus produtos, enuncia a seguinte definição: "uma vulnerabilidade de segurança é um ponto fraco em um produto que pode permitir que um atacante comprometa a integridade, a disponibilidade ou a confidencialidade desse produto".

Inicialmente, acreditava-se que vulnerabilidades em sistemas operacionais (que são *softwares*) estariam presentes apenas em sistemas Linux/Unix, dada sua natureza *open source*; porém, desde a primeira versão do Windows, vulnerabilidades foram encontradas e utilizadas por terceiros mal-intencionados.

Tal qual nos sistemas operacionais, vulnerabilidades podem decorrer de programas específicos que são executados em tais ambientes operacionais. Elas podem se revestir das mais variadas formas: uma porta de comunicação que é deixada aberta e categorizada como segura; uma falha na autenticação de acessos etc.

No início de 2020, a Microsoft publicou a correção de uma vulnerabilidade para seu recente Windows 10 que fora descoberta pela NSA. Tal falha afetava o reconhecimento pelo sistema operacional de assinaturas digitais de instaladores, permitindo que um *software* malicioso se disfarçasse de legítimo e, assim, contaminasse o terminal atacado sem ser importunado (Junqueira, 2020).

Apesar da fácil compreensão do conceito, a identificação de uma vulnerabilidade de *software* não é tarefa simples e, por vezes, decorre de certas coincidências ou de notório esforço por parte de técnicos de segurança ou mesmo de atacantes.

É inconcebível que, quando da programação de um *software*, que por vezes conta com bilhões de linhas de comando, toda e qualquer vulnerabilidade seja pensada e eliminada – ainda que o conceito de *security by design* (segurança desde a concepção do produto) seja inerente à profissão. Por isso, não é exagerado afirmarmos que, enquanto existirem sistemas, existirão vulnerabilidades.

2.4.3 Vulnerabilidades de rede

Uma rede nada mais é do que a interconexão entre diversos computadores em um ambiente lógico (não necessariamente físico), fechado (que exige autenticação), com o fim de comunicarem-se entre si. Existem diversos tipos de redes estabelecidas, por sua natureza, com objetivos específicos; entre elas destacamos:

- **LAN** (Local Area Network) – É o formato mais habitual. Reúne dispositivos próximos presentes em um mesmo ambiente, como uma residência. Sua versão sem fio é chamada de WLAN (com o acréscimo do termo *Wireless*) e está presente na maioria das residências de todo o globo*.
- **WAN** (Wide Area Network) – É uma rede de longo alcance, podendo ser, até mesmo, intercontinental. É o formato adotado por empresas de grande porte espalhadas pelo país ou mesmo internacionalmente**. Quando estruturada por redes sem fio, também pode receber o acréscimo do prefixo W.
- **PAN** (Personal Area Network) – É uma rede de curtíssimo alcance, considerada, por isso, pessoal. É o padrão de rede, por exemplo, das conexões *bluetooth*.

Tais redes, uma vez constituídas fisicamente, devem ser configuradas (logicamente) não só para garantir seu funcionamento, isso é, a adequada comunicação entre os terminais a elas conectados, mas em especial para garantir a segurança de tal comunicação.

---

* Em algumas doutrinas, a CAN (Campus Area Network) aparece desmembrada da LAN como um tipo autônomo. Essas redes costumam ser constituídas em regiões universitárias para acesso exclusivo dos alunos.

** Entre a abrangência das LAN e das WAN, existem, ainda, as MAN (Metropolitan Area Network) e as RAN (Regional Area Network), cujos alcances são, como os nomes referenciam, regiões metropolitanas (MAN) e estados/distritos ou regiões pouco maiores (RAN). Um exemplo clássico de RAN é a conexão entre escritórios em diferentes cidades de uma mesma região de um país (por exemplo, São Paulo e Belo Horizonte) através de uma fibra ótica apagada (uma fibra ótica não conectada à internet), o que permite uma conexão de altíssima velocidade entre tais escritórios como se estivessem conectados localmente, lado a lado.

Assim, a vulnerabilidade de uma rede é, invariavelmente, uma falha em sua constituição ou a ausência de adoção de um elemento de proteção que ocasiona uma abertura explorável por um terceiro de má-fé. Pode ser caracterizada, por exemplo, por uma falha no processo de autenticação dos terminais – uma rede *wi-fi* sem senha, por exemplo, permite a conexão de qualquer terminal, expondo os demais à visualização por um "estranho". Pode, ainda, decorrer da vulnerabilidade de um recurso de segurança da própria rede, como a vulnerabilidade dos protocolos de segurança WPA1 e WPA2*, utilizados em redes *wi-fi* residenciais e corporativas, descoberta em 2017 (Ostec, 2017); essa falha permitia a terceiros ao alcance da rede (e não necessariamente conectados a ela) a interceptação de informações trocadas ente os terminais e o roteador.

Por fim, redes podem ser atacadas em razão da vulneração de um dos terminais a ela conectados, o qual, sem monitoramento, pode servir como porta de entrada para um atacante, expondo todos os demais terminais.

2.4.4 Vulnerabilidades de instalações

Também conceituadas como *vulnerabilidades físicas*, as vulnerabilidades de instalações se referem à ausência de elementos de segurança nas dependências físicas da informação.

Tal qual se exige do ambiente lógico, o ambiente físico demanda, a fim de proteger as informações, elementos de segurança aptos.

No acesso a um edifício com portaria, é comum adotar-se o seguinte protocolo: os profissionais da recepção consultam se o destinatário de fato está aguardando um visitante, fazendo a identificação e, ante autorização, o registro do visitante, para somente então atribuir-lhe um cartão de entrada. Ocorre também o controle de acesso às dependências do local visitado e, muitas vezes, a limitação de acesso a determinados setores. Não que tais elementos sejam o bastante para garantir a segurança da informação; mas, ao permitir a rastreabilidade dos visitantes, atribuem maior segurança ao ambiente físico.

---

* Os protocolos WPA são uma forma de encriptação das comunicações em uma rede *wi-fi*. A criptografia como elemento de segurança será abordada mais adiante.

Todavia, a ausência de tais elementos, ou seja, o livre acesso às dependências físicas onde se encontra a informação, expõe a informação à ação não monitorada de um terceiro.

2.4.5 Vulnerabilidades da estrutura organizacional

Aplicável estritamente a ambientes colegiados (ou seja, onde há mais de uma pessoa atuando em *performance* voltada a um objetivo comum), a estrutura organizacional nada mais é do que o desmembramento de competências e a atribuição de funções específicas a determinadas pessoas ou um grupo de pessoas.

Deficiências na estrutura organizacional que podem afetar a segurança da informação incluem, por exemplo: a ausência de um responsável por segurança da informação; a ausência de limitação de acesso às informações ao pessoal por quem os dados podem ser utilizados; ou mesmo a ausência de validação, pelo departamento responsável, de determinada operação. Nesse último caso, refere-se, por exemplo, ao compartilhamento de dados pessoais com um cliente ou fornecedor sem a validação do setor jurídico ou de um comitê de proteção de dados devidamente constituído; ou à implementação de uma ferramenta informática sem a validação da equipe de TI.

Vulnerabilidades da estrutura organizacional são mais delicadas de serem tratadas, pois, para serem sanadas, dependem de uma alteração de pensamento *top-down*, ou seja, que tem de partir do corpo diretivo da organização.

Via de regra, tais vulnerabilidades são mitigadas por meio da implementação de normas internas e políticas adequadas, como normas sobre compartilhamento de dados, políticas de segurança da informação etc.

2.4.6 Vulnerabilidades de pessoal

De todos os elementos de vulnerabilidade apresentados, o mais crítico, indubitavelmente, é o elemento humano.

De nada adiantam um *hardware* seguro, um *software* atualizado, uma rede bem-constituída, instalações seguras e normas e políticas rígidas sobre segurança da informação se um usuário não estiver integralmente aderente a tais elementos.

Como a vulnerabilidade de pessoal é o elemento mais crítico, por ser o mais imprevisível e incontrolável entre as vulnerabilidades, o livre arbítrio basta para causar um incidente de segurança – e nem sempre (ou não na maioria das vezes) por vontade pessoal.

O descuido é o maior causador de incidentes dessa natureza, sendo exemplos de situações que podem expor uma rede corporativa: o acesso à rede da empresa por um computador pessoal que, por sua característica, não conta com elementos rígidos de proteção e, assim, é contaminado por um *malware*, expondo suas credenciais de acesso; o uso não autorizado de informações corporativas consideradas sigilosas em uma publicação; o uso de um periférico não homologado, adquirido de fontes duvidosas.

Quando o assunto são ataques, é perceptível que o elemento humano é o ponto focal. E, em se tratando das salvaguardas, nota-se que, sem a completa aderência do elemento humano, a mitigação dos riscos que elas proporcionam fica limitada ou até prejudicada.

2.5 Ataques digitais

Se no início da internet e das atividades *crackers* os ataques eram desorganizados, não direcionados, e primordialmente buscavam causar destruição e caos, em períodos mais recentes – em especial em que o ativo mais valioso é a informação –, os ataques se tornaram mais organizados, estruturados e direcionados, tendo hoje como primordial intuito o lucro.

E o que seria um **ataque digital**? Chamando-os de "fraudes informatizadas", Gil (2000, p. 114) os define como:

> *a ação intencional e prejudicial a um ativo intangível causada por procedimentos e informações (software e bancos de dados), de propriedade de pessoa física, ou jurídica, com o objetivo de alcançar benefício, ou satisfação psicológica, financeira e material.*

De modo mais simplista, um ataque digital é uma violação (ou a tentativa de violação) de um terminal com o intuito de danificá-lo, dele extrair informações ou, ainda, utilizá-lo ilegítima e remotamente para fins escusos.

Em especial, visando contextualizar as ameaças (ataques iminentes não perpetrados) para que, a posterior, possamos falar em medidas de segurança, é importante tecer alguns aspectos inerentes aos ataques cibernéticos e as suas mais comuns modalidades.

2.5.1 Contaminação por *malware*

A contaminação por um *malware* pode ser considerada a mais simples e comum forma de ataque a um sistema informático porque tem sua sistemática restrita a pouquíssimos elementos: um atacante, um *malware* adequado ao objetivo pretendido, um terminal-alvo e uma forma de contágio.

O elemento de menor controle do atacante, nesse caso, é a forma do contágio, que depende, direta ou indiretamente, de uma interação do operador do terminal-alvo – a depender, também, do tipo de *malware* empregado.

Ataques dessa natureza têm as mais distintas finalidades e, com base nelas, várias formas de ocorrência, como a disseminação de um *worm*, cujo único objetivo é causar danos aos terminais contaminados ao envio direcionado, ou de um *trojan*, que visa permitir ao atacante acesso a informações presentes no terminal atacado.

Com a evolução das técnicas de programação e o aprimoramento dos programadores, hoje, dificilmente, um *malware* é puro em sua essência, como anteriormente descrito.

A maioria dos *malwares* empregados em ataques ou disseminados na rede apresentam perfil híbrido, combinando características de dois ou mais *malwares* em sua funcionalidade com o objetivo de tornar mais eficaz o ataque.

Estima-se que hoje menos de 10% (dez por cento) dos vírus de computador são, pura e simplesmente, vírus. Sua combinação com *trojans*, por exemplo, permite ao atacante escalonar, de maneira aleatória (ou até mesmo direcionada, como explicaremos adiante), o acesso a diversos terminais.

2.5.2 *Brute force*

Brute force é um tipo de invasão na qual o atacante literalmente força seu acesso a um sistema ou a determinadas informações protegidas, que se consuma pela realização de inúmeras e sucessivas tentativas sequenciais de inserção de senhas até que se adivinhe a correta.

Ataques dessa natureza podem ser feitos manualmente, quando o atacante tenta inserir, uma a uma, combinações de *login* e senha que tenha identificado como possíveis e/ou viáveis, podendo, para tanto, se utilizar de elementos pré-identificados (como informações pessoais sobre a vítima ou constantes de arquivos do terminal atacado). Podem, também, ocorrer de modo automatizado (o que é mais comum), ante utilização de um *software* que execute a rotina de tentativa de adivinhação – e, em modelos mais aprimorados, são utilizadas rotinas algorítmicas para, com base em elementos mapeados ou inseridos pelo atacante, buscar as combinações mais estatisticamente viáveis para as senhas.

Ataques *brute force* são a principal razão para a exigência cada vez maior de senhas mais robustas em diversas plataformas e, em especial, da constituição do chamado *duplo fator de autenticação* (sistema no qual, além da senha – *algo que se sabe* –, o usuário precisa confirmar seu acesso por um segundo meio, como uma chave de acesso – *algo que se tem*).

Nos primórdios da internet, as exigências para senha eram mínimas (isto é, que existissem) e não havia controle de seu teor. Logo, era possível que a senha de um *e-mail* "email@dominio.com.br" fosse *"e-mail"* – tal qual as senhas-padrão para roteadores, que utilizavam "admin" tanto no campo *login* quanto no campo senha (alguns fabricantes ainda adotam tal padrão e, surpreendentemente, não é incomum encontrar lares que ainda o mantenham).

Com o passar dos anos (e a recorrência de ataques *brute force*), tais requisitos foram sendo aprimorados: hoje, a maioria dos sistemas exige senhas mais complexas para aprimorar seu nível de segurança (trataremos mais adiante sobre a implementação de senhas robustas como elemento de segurança).

O objetivo de tais ataques, usualmente, é a obtenção de informações, sejam elas de caráter confidencial (como segredos industriais), pessoal (como acesso a *e-mails* com o intuito de usá-los como chantagem), sejam elas de caráter financeiro (como dados bancários, de cartões de crédito e afins).

2.5.3 *Phishing* e *spear phishing*

Em um ataque *phishing*, o atacante "utiliza a internet para, de forma fraudulenta, extrair informações sensíveis de negócios e pessoas, normalmente se passando por *sites* legítimos [...] explorando a inabilidade do usuário para distinguir *sites* legítimos de *sites* falsos" (Parno; Kuo; Perrig, 2006, p. 1, tradução nossa).

Em termos práticos, o atacante, simulando ser um *site* ou portal legítimo, ou ainda, através da constituição de um *e-mail* falso com *template/layout* (aparência) semelhante ao real, induz o usuário a fornecer informações críticas, como dados bancários, senhas de acesso etc.

O nome vem de *fishing*, que significa "pesca", do que se denota sua principal característica: trata-se de uma tentativa aleatória de captar dados e/ou informações e/ou recursos pela rede, aleatoriamente, pela adesão voluntária dos alvos ao golpe (tal qual o peixe que morde a isca).

O *phishing* costuma beneficiar-se do desconhecimento ou da inexperiência de seu alvo, que, familiarizado com a aparência do contato ou do *site*, não se preocupa em (ou não consegue) buscar por outros sinais identificadores da entidade emissora.

A principal característica *phishing* é ser um ataque não direcionado, ou seja, que é disseminado independentemente de seu alvo se enquadrar ou não nas condições determinadas.

No Brasil, os principais ataques envolvem entidades bancárias: em alguns casos um *e-mail* é disparado ao usuário, solicitando-lhe a "atualização de seus dados". Como o *layout* do *e-mail* é similar ao adotado pelo banco, existem *links* (efetivamente funcionais) que redirecionam à legítima página do banco e o endereço é, via de regra, parecido com o do emissor, sendo o usuário levado a acreditar que está diante de uma solicitação legítima e, induzido em erro, acaba por fornecer os dados ao atacante.

Em alguns casos, apenas pelo endereço de emissão do *e-mail* incorreto é possível identificar o ataque; mas em casos mais avançados, o terminal do usuário, em um primeiro momento, é infectado por um *malware*, que, ante o acionamento do *site* do banco, redireciona a vítima para outro endereço, que dispõe de um *site* com o mesmo *layout* do originário, porém com um destino totalmente diferente para as informações inseridas pelo usuário – nesses casos, apesar de o *site* ser visualmente idêntico ao mantido pelo banco, o endereço acessado também não é o da empresa.

Muitas pessoas foram alvo de ataques como os mencionados, ainda que não fossem correntistas dos citados bancos – a tendência é que se ignore o contato quando não se é cliente, mas há boas chances de que o ataque seja bem-sucedido quando o alvo, se identificando com a situação (ou seja, sendo cliente do banco), não identifique a fraude.

Tais modalidades de *phishing* ainda são muito praticadas, pois, como informamos, valem-se da ingenuidade do usuário – e, com o exponencial crescimento da inclusão digital no país, seu "público-alvo" segue em expansão.

Recentemente, com o advento dos *instant messagers*, como o WhatsApp, outras modalidades de *phishing* passaram a circular pelas redes móveis.

Um caso bastante citado é o que envolveu uma marca mundialmente famosa em 2019 e teve como palco justamente a plataforma de comunicação móvel do Facebook. Os atacantes (também chamados de *scammers*) divulgaram um *link* que, supostamente, continha um cupom de 50 reais de desconto para benefício na rede. Para obtê-lo, o usuário, após acessar o *link*, deveria apenas responder a algumas perguntas e compartilhar o *link* com a sua rede de contatos – o que ocorria através de acionamento direto pelo próprio *site*.

No caso, o *site* não era mantido pela controladora da empresa, mas sim pelos atacantes. O uso da marca deixou os usuários mais suscetíveis de acreditar que se tratava de uma ação promocional, levando-os a compartilhar seus dados. Estima-se que, em menos de cinco dias, os atacantes obtiveram os dados de mais de 10 mil usuários antes que o golpe fosse identificado e divulgado.

Em outro caso, do final do mesmo ano, as vítimas foram convencidas de que, acessando uma página e respondendo a uma pesquisa de mercado, ganhariam um produto da marca. O *site*, além de bem-construído, contava com supostos depoimentos de "ganhadores" do brinde na forma de interação por redes sociais.

Nesse caso, o *site* não coletava dados dos usuários, mas os levava a páginas com diversos anúncios que, acredita-se, geravam rentabilidade aos atacantes. Análises quantitativas indicaram que o *site*, em poucos dias, já havia sido acessado por mais de 32 mil pessoas.

O que os casos citados têm em comum é que, juntamente à disseminação de *fake news* (e, claro, entre outros notórios casos), obrigaram o Facebook a implementar o recurso de limitação de encaminhamento de mensagens no WhatsApp – hoje, restrito a até cinco contatos ou um grupo.

A melhor forma de prevenção a ataques de *phishing* é, invariavelmente, a educação: um nível adequado de conhecimento permite ao usuário identificar, por outros elementos não visuais (como o domínio de envio do *e-mail*, a URL do *site*, a presença ou não de um certificado etc.), se se trata de um *site* legítimo ou não.

Em alguns poucos casos, o *phishing* assume uma característica distinta: é direcionado a um alvo específico, sendo, nesse caso, mais bem-construído. É o que se chama de *spear phishing* – em uma referência à pesca artesanal/tribal praticada com lança, em que, em vez de se aguardar que o peixe morda a isca, a arma é lançada diretamente ao alvo. Nessas hipóteses, são coletados elementos dos mais diversos sobre o alvo e, com base em um complexo número de informações obtidas, constrói-se um arcabouço muito mais sofisticado para induzir a vítima em erro e, assim, lograr êxito na empreitada.

Tais golpes costumam se basear em diferentes etapas, que podem incluir invasão de terminais e/ou contas de *e-mail* e afins, ligações falsas e até mesmo o envio de correspondências "oficiais" – tudo com o intuito de dar à vítima uma sensação de solidez da operação quando, na verdade, se trata de verdadeira fraude.

Um caso mundialmente notório foi o da empresária norte-americana Barbara Corcoran, uma das investidoras do programa Shark Tank que, no início de 2020, fora vítima de um ataque dessa natureza de inimaginável sofisticação e que ultrapassou dezenas de barreiras de proteção (Monet-Net, 2020). A empresária recebeu um *e-mail* do endereço legítimo de seu assistente solicitando a transferência de aproximadamente 400 mil dólares a uma empresa alemã para aporte de um investimento (Monet-Net, 2020).

A empresária, dada a legitimidade da fonte, autorizou a transferência, que dependia, ainda, da autorização de seu contador – o qual também fora contatado pelo dito assessor que, de forma fundamentada, indicou a razão de ser da solicitação, assegurando que se tratava de empresa com a qual a empresária mantinha negócios (Monet-Net, 2020).

Ocorre que, por meio da mudança de um único caractere (tanto no *e-mail* do assessor quanto na conta da empresa), os atacantes conseguiram ludibriar a todos os envolvidos e, ao final, a transferência foi efetuada e o dinheiro simplesmente desapareceu (Monet-Net, 2020).

De tal fato, podemos inferir uma das principais características do *spear phishing* (em conjunto com seu direcionamento): normalmente, tem como alvo os chamados *high profiles* – pessoas de alto grau empresarial, econômico ou social.

2.5.4 Interceptação de informações (*man-in-the-middle*)

Em um ataque *man-in-the-middle* (MITM), "o atacante furtivamente transfere e talvez altera a comunicação entre duas partes que acreditam fielmente que estão se comunicando uma com a outra" (Mallik, 2018, p. 109, tradução nossa).

Em seu modo mais usual, esse sofisticado ataque geralmente envolve o comprometimento prévio de um dos terminais envolvidos na comunicação (geralmente o do emissor) e, a partir de então, o monitoramento de suas comunicações.

Quando surge algum canal de interesse do atacante, ele passa a atuar: como todas as comunicações passam por ele, fica fácil coletar as informações que deseja e, se for o caso, alterar as informações enviadas pela vítima ou recebidas por ela.

Tais ataques costumam ser identificados pelo uso de portas ou endereços distintos dos usuais na comunicação, mas, geralmente, exigem um nível de tecnicidade maior para que sejam percebidos.

Em que pese o fato de que tais ataques assumem as mais variadas finalidades, inclusive a interceptação de segredos comerciais e industriais, no Brasil a modalidade se "popularizou" com a chamada *gangue do boleto* (que, na verdade, não se referia a uma quadrilha específica, mas a um *modus operandi* comum).

Com registros que datam desde antes de 2010, o procedimento dos atacantes é simples: infectam a máquina de um usuário e, quando notada uma operação que envolva a emissão ou o pagamento de um boleto, os atacantes interceptam a informação, adulterando os dígitos do boleto e fazendo o dinheiro de seu pagamento ser enviado a uma conta distinta – normalmente, a de um "laranja".

O ataque combina, portanto, um *malware* e um procedimento ativo de monitoramento, interceptação e adulteração de comunicações. O *malware* utilizado, chamado de *bolware*, é conhecido das empresas de segurança e, em especial, dos bancos, de longa data (ECBR, 2014); porém, como depende de um nível de consciência dos usuários e do uso de antivírus atualizado, o combate ao contágio se mostra difícil – e novas vítimas seguem aparecendo, ano a ano (Carvalho, 2018).

2.5.5 Ransomware

Um *ransomware* é um ataque perpetrado através de um *malware* que trava o computador ou impede que sejam acessados os dados utilizando criptografia privada até que seja pago um resgate. Esse resgate geralmente é exigido em Bitcoin, uma criptomoeda (Richardson; North, 2017).

Os primeiros casos de *ransomware* datam de 2005 e, com o surgimento e a popularização das criptomoedas (consideradas quase irrastreáveis, já que não há registro de seus proprietários), a partir de 2008 tal modalidade de ataque experimentou um notável crescimento, sendo registrados em todo o mundo esporádicos episódios envolvendo esse tipo de ataque – alguns com grandes impactos e repercussão (Richardson; North, 2017).

Basicamente, o que o *malware* faz é tornar indisponíveis todos os dados contidos no terminal infectado, sendo bloqueados por uma criptografia cuja chave de acesso somente o atacante tem e, caso o resgate não seja pago em um período determinado, o *malware* simplesmente destrói os dados, tornando-os irrecuperáveis. A vítima, incapaz de acessar seus dados e preocupada com o prazo que lhe é imposto, por vezes, acaba efetuando o pagamento.

Normalmente, esses ataques têm como alvo grandes redes corporativas, e os resgates cobrados são de frações pequenas de Bitcoins (ou outra criptomoeda) por terminal infectado – o que torna vultuosa a quantia exigida.

Em 2017, o Tribunal de Justiça de São Paulo (entre outras repartições públicas) foi alvo de um ataque dessa natureza: os atacantes utilizaram uma variante do *ransomware* WannaCry (que já havia causado estrago em mais de 74 países), a WannaCruptOr, que, uma vez tendo contaminado um terminal (até hoje não se sabe qual foi o marco zero), propagou-se pela rede interna do órgão (como um *worm*) e infectou centenas de terminais (Ciberataque..., 2017).

O ataque tirou o *site* e o sistema do tribunal do ar e paralisou as atividades jurisdicionais por três dias – quando, então, foi encontrada uma solução e os computadores foram liberados sem o pagamento do resgate exigido (Ciberataque..., 2017).

Estima-se que, anualmente, as perdas somadas decorrentes da paralisação de atividades e do pagamento de resgates devido a ataques dessa natureza superam 6 trilhões de dólares (Cook, 2020).

2.5.6 Ataques DoS e DDoS

É muito comum a confusão entre DOS, a sigla para Disk Operating System, ou Sistema Operacional em Disco (largamente utilizada para denominar o Microsoft DOS, ou MS-DOS, sistema operacional aplicado aos primeiros computadores domésticos), e DoS, que significa Denial of Service, ou Negação de Serviço, uma modalidade de ataque cibernético. Igualmente comum é a ideia de que a nomeação de referida modalidade de ataque decorreria do emprego do sistema operacional.

Na verdade, um ataque DoS visa sobrecarregar as atividades de um terminal ou de um servidor por meio de inúmeras requisições simultâneas e/ou em curto espaço de tempo.

A lógica é simples: a largura de banda (de comunicação e de processamento) alocada para uma operação é uma só, e cada requisição consome um pedaço dessa banda. Logo, há uma limitação físico-lógica da quantidade de requisições que podem ser recebidas em determinado espaço de tempo; qualquer coisa que supere isso causa lentidão e/ou paralisação do sistema, que simplesmente não dá conta de processar tudo o que lhe é solicitado.

Via de regra, ataques dessa natureza servem ao propósito único e singular de tirar o serviço atacado do ar, impedindo o acesso dos usuários a suas funcionalidades.

Malgrado pareça um ataque de baixo potencial lesivo, já que "apenas" tira do ar um serviço por certo período, em uma era de incalculáveis interações *on-line*, a indisponibilidade de um portal pode significar perdas financeiras de altíssima monta. Por vezes o impacto no tráfego é tanto que a sobrecarga dos servidores torna o serviço indisponível por dias e até semanas, majorando as perdas.

Não é difícil imaginar o quanto é impactante para um *e-commerce* ou mesmo para um portal de notícias (cuja rentabilidade reside nos acessos legítimos e na visualização de anúncios) a indisponibilidade de seus recursos *on-line*, mesmo que poucas horas.

Com o passar do tempo (e a recorrência de ataques dessa natureza, muitas vezes perpetrados por amadores insatisfeitos com o alvo), a maioria dos servidores passou a contar com um sistema de proteção que limita a quantidade de requisições de um endereço.

Portanto, quando uma fonte realiza um número atípico de solicitações em um curto período, o servidor "bloqueia" temporariamente o terminal atacante, impedindo que novas requisições sejam processadas, por conseguinte, interrompendo o ataque DoS.

E foi assim que referida modalidade de ataque se aprimorou, ensejando a criação do *DDoS*, ou Distributed Denial of Service.

Em um ataque DDoS, o atacante, previamente ao ataque, propaga um *bot* (espécie de *malware*), constituindo para si uma *botnet* – uma rede de "computadores zumbis" à disposição de seus comandos.

Uma vez constituída uma rede que o atacante entende ser suficiente, por meio de seu centro de controle, ele passa a coordenar o ataque DDoS, que parte simultaneamente dos diversos terminais por ele controlados – como se cada um dos referidos terminais estivesse perpetrando, sozinho, um ataque DoS.

Com a simultaneidade das requisições advindas de diferentes endereços, os próprios sistemas de defesa dos servidores são sobrecarregados e, assim, não conseguem bloquear a tempo as requisições que, por fim, logram êxito em sua empreitada destrutiva e desabilitam o sistema-alvo.

Estima-se que companhias norte-americanas que foram alvo, em 2016, de ataques dessa natureza experimentaram uma perda de 20 mil dólares por hora de indisponibilidade de seus sistemas – mas, além do prejuízo financeiro, o impacto reputacional causado por um ataque DDoS, muitas vezes, gera repercussões ainda maiores.

2.6 Salvaguardas, contramedidas ou medidas de segurança

As expressões *salvaguardas*, *contramedidas* ou *medidas de segurança*, mesmo que pareçam distintas entre si, são empregadas, em segurança da informação, como sinônimos. Elas representam as providências adotadas pelo detentor da informação para mitigar os riscos a que estão expostas, visando assegurar com o máximo de eficiência sua confidencialidade, sua integridade e sua disponibilidade.

Salvaguardas são medidas de proteção que objetivam alcançar requisitos de segurança (confidencialidade, integridade e disponibilidade) especificados para um sistema de informação. Podem incluir características de segurança, restrições gerenciais, segurança de pessoal e segurança de estruturas físicas, áreas e dispositivos. Em suma, com a adoção de salvaguardas, o risco original é reduzido, obtendo-se o risco residual como disposto na equação a seguir:

$$\text{Risco residual} = \text{risco original}/\text{controles de segurança}$$

Crimes digitais

Neste capítulo, trataremos especificamente dos crimes digitais, esclarecendo como surgiram e como se diferenciam de outros tipos de atos criminosos. Ainda, clarificaremos como ocorrem em âmbito nacional e internacional, comentando o tratamento legal dado a esse tema. Por fim, faremos algumas reflexões sobre os possíveis desdobramentos das condutas criminosas em ambientes digitais em um futuro próximo.

3.1 Como surgiram os crimes digitais?

A sociedade humana está em constante processo evolutivo. Desde o surgimento da roda até o desenvolvimento da robótica aplicada ao cotidiano, os seres humanos já experimentaram as mais variadas transformações e evoluções tecnológicas.

Essa incessante necessidade de mudança advém da vontade natural humana de promover melhorias para a sua vida individual e coletiva. Outrossim, também é natural que os crimes evoluam, já que nem sempre a inteligência é usada para o bem.

Nesse cenário, o que se verifica é que os problemas e as práticas criminais evoluem concomitantemente ao desenvolvimento da sociedade, provocando e incitando o ambiente jurídico a ser criativo na regulação e coibição dos novos delitos.

Assim, os crimes digitais nasceram com o advento e a popularização das tecnologias digitais. Isso porque, diante de novas formas de interações e novas possibilidades de comportamentos inaugurados pelo espaço digital, novos questionamentos e novos delitos passaram a fazer parte do ordenamento jurídico mundial.

Em linhas gerais, em grande parte, os crimes digitais na verdade são a ocorrência de delitos já existentes e bem-configurados na normativa legal tradicional, mas que passaram a ser realizados também na esfera virtual. Todavia, é possível apontar alguns novos comportamentos que somente são possíveis de serem efetuados em tal ambiente. Trata-se do que se denomina *crimes puramente digitais*.

Diversas nações têm lidado com essa nova categoria de crime respondendo de diferente maneiras, conforme pontuaremos mais adiante. Ainda não existe um modelo padrão e de sucesso sobre como lidar com esses crimes.

Ao mesmo tempo, ainda há muito questionamento e conflitos acerca do que um país considera crime digital ou não. No Brasil, foram criadas leis específicas e, muitas vezes, independentes dos códigos preexistentes.

Nesse cenário, citamos como exemplo as Leis n. 12.735 e n. 12.737, ambas de 30 de novembro de 2012, e 12.965, de 23 de abril de 2014, conhecidas, respectivamente, como *Lei Azeredo*, *Lei Carolina Dieckmann* e *Marco Civil da Internet*.

3.1.1 Breve histórico

No decorrer dos anos, a tecnologia se modificou intensamente. Um claro exemplo disso pode ser observado com a criação do primeiro computador digital eletrônico, que surgiu em 1946 e foi construído pelo engenheiro John Presper Eckert (1919-1995) e pelo físico John Mauchly (1907-1980) a mando do exército estadunidense. Essa máquina pioneira tinha a capacidade de efetuar 5 mil adições e 360 multiplicações por segundo (Algo Sobre, 2006).

Vale lembrar que o primeiro computador eletrônico não é concomitante ao advento da internet. A rede virtual tornou-se realidade apenas duas décadas depois no ano de 1966, mas também foi uma requisição do exército dos Estados Unidos (Crespo, 2011).

A internet teve sua gênese no contexto da Guerra Fria, e, nesse primeiro momento, era de uso exclusivo das forças armadas norte-americanas (Crespo, 2011). A grande rede mundial só expandiu seu uso para os civis na década de 1990. A partir de então a internet passou por um processo de popularização e democratização até chegar ao estágio atual.

Também data dos anos 1990 a formação do Word Wide Wibe (WWW), criada pelo engenheiro britânico Tim Bernes-Lee (1955-) (Lima, 2016).

A WWW é de grande importância no histórico evolutivo da internet, já que foi o primeiro projeto bem-sucedido de rede mundial de computadores, oferecendo *sites* mais dinâmicos e com um *design* mais interessante do que se havia proposto até então (Martins, 2008).

O mais curioso é que antes de tais invenções e desenvolvimentos tecnológicos se popularizarem, já eram praticados os crimes digitais.

Por volta da década de 1970, foram cometidos os primeiros delitos digitais contra instituições financeiras.

No contexto nacional, as primeiras ações de *crackers** foram realizadas contra a Embrapa (Empresa Brasileira de Agropecuária). Os criminosos agiram de modo a destruir os programas de computador da instituição, o que repercutiu em grandes prejuízos à instituição na época (Brizola, 2016).

Com o desenvolvimento das novas tecnologias e a democratização do ambiente virtual, houve um amplo avanço dos crimes digitais. Diante de tal problema, a ciência jurídica sentiu a necessidade de criação de leis específicas e modificações nos códigos já existentes, com o fito de abarcar os crimes digitais e evitar a sua impunidade.

3.2 O que são crimes digitais?

O grande avanço tecnológico experimentado pela sociedade humana culminou em uma verdadeira revolução no âmbito da comunicação. Se antes a comunicação era limitada por razões geográficas, com o desenvolvimento

---

* De acordo com Lima (2008, p. 89): "*Hacker* é uma pessoa com grande conhecimento em informática, capaz de realizar uma série de tarefas complexas com dispositivos eletrônicos". Em contrapartida, Erickson (2009) entende como *cracker* as pessoas que também são dotadas de tais conhecimentos profundos sobre a informática, mas que a utilizam de maneira desonesta para "quebrar" (*crack*) os sistemas de segurança com a intenção de obter alguma vantagem.

da tecnologia, as fronteiras foram liquefeitas e a comunicação passou a se dar me maneira imediata em todo o mundo.

Na sociedade pós-moderna, essa revolução é resultado da criação, expansão, popularização e democratização da internet no contexto da globalização[*].

Com isso, novos paradigmas surgiram em meio à sociedade, dando espaço ao desenvolvimento de uma noção de racionalidade instituída pela sociedade moderna, resultando em um desequilíbrio entre realidade e as necessidades sociais contemporâneas e o aparato oferecido pelo direito.

É nesse cenário que emerge o direito digital[**], paralelamente ao avanço da tecnologia e à constituição de novas necessidades sociais. Trata-se de um campo de estudo resultante da evolução das relações jurídicas em decorrência do crescimento e da popularização da internet, fato que tende a relativizar a definição de fronteiras físicas e a possibilitar novos modelos de negócio (Lotufo; Oliveira, 2019; Pinheiro, 2016).

Perante as novas maneiras de se relacionar e os novos comportamentos da sociedade digital, nascem os atuais arquétipos jurídicos. Tais padrões "necessitam de proteção legal para prevenir abusos e instaurar uma perspectiva de segurança jurídica" (Costa; Costa, 2018, p. 104) diante dos novos comportamentos e relações humanas que se forjaram e seguem sendo criados na era digital. Nesse cenário, o direito penal não ficou alheio à digitalização da sociedade. Até mesmo porque o ambiente virtual é particularmente convidativo para a prática de condutas criminais, tendo em vista que, em um primeiro momento, o ciberespaço guarda uma falsa sensação de que está alheio às regras normativas da sociedade.

---

[*]   Manuel Castells (2009) pontua que o desenvolvimento da sociedade pós-moderna ocorre por meio da chamada *sociedade em rede*, que passa a constantemente conviver com a inovação tecnológica. Isso modifica e agiliza os mecanismos de adaptação a essas inovações de tal sociedade ante as novidades da inovação.

[**] De acordo com Peck e Rocha (2018), "O Direito Digital é a inovação do próprio direito, que deverá trazer soluções não pensadas antes, abandonar algumas crenças originais que já não se aplicam mais e, ao mesmo tempo, resgatar outros fundamentos que permanecem atuais e que permitam uma releitura da vida digital atual".

A imaterialidade ou impalpabilidade dos atos no ambiente virtual gera no criminoso a falsa percepção de que não há abrangência da lei nesse espaço e de que sua identidade está protegida por uma tela de computador – ou *smartphone*.

Nesse sentido, Daoun (2007, p. 175) aponta que "os fatos tecnológicos envolvendo o Direito, em especial o Direito Penal, são, acima de tudo, relações humanas que traduzem manifestações de vontade, e sentimentos dos homens e entre homens". Portanto, a internet passa a ser mais um meio para prática de crimes, de modo que não há culpa na tecnologia em si mesma – já que a tecnologia sozinha não pratica crimes[*] – pois a culpa é sempre do humano que deu à tecnologia um propósito delituoso.

Ademais, a nomenclatura mais correta para classificar os delitos cometidos no ambiente cibernético é *crimes digitais* ou *crimes cibernéticos*, pois essas terminologias se referem a uma conduta humana praticada por meio da utilização da tecnologia[**].

Voltando a atenção para a conceituação pura dos crimes digitais, Ferreira (2000, p. 207), explica que:

> *A informatização crescente das várias atividades desenvolvidas individual ou coletivamente na sociedade veio colocar novos instrumentos nas mãos dos criminosos, cujo alcance ainda não foi corretamente avaliado, pois surgem a cada dia novas modalidades de lesões aos mais variados bens e interesses que incumbe ao Estado tutelar, propiciando a formação de uma criminalidade específica da informática, cuja tendência é aumentar quantitativamente e, qualitativamente, aperfeiçoar os seus métodos de execução.*

[*] Até mesmo quando são os robôs dotados de inteligência artificial que praticam crimes, isso sempre decorre de alguma conduta humana, embora tal ideia possa ser modicada em um breve futuro com a maior autonomia dos robôs inteligentes.

[**] Conforme assinala Kunrath (2017), a Organização para a Cooperação Econômica e Desenvolvimento (OECD) conceituou, em 1986, como *crime digital* ou *crime de computador* quaisquer condutas ou comportamento ilegal ou não autorizado que envolva o processamento automático de dados e/ou transmissão de dados.

Em linhas gerais, crimes digitais ou crimes cibernéticos são atividades ilícitas cometidas por meio do uso de computadores ou dispositivos conectados a uma rede. De acordo com Pinheiro (2016), trata-se de um crime-meio (ou seja, é o meio necessário para a prática de outro crime), visto que o meio de materialização pode ser virtual, mesmo que, em alguns casos, o resultado não seja. Tal compreensão é necessária em razão da natureza particular de tais crimes, como evidencia o Supremo Tribunal Federal (STF):

> Não se trata no caso, pois, de colmatar lacuna da lei incriminadora por analogia: uma que se compreenda na decisão típica da conduta criminosa, o meio técnico empregado para realizá-la, pode até ser de invenção posterior à edição da lei penal: a invenção pólvora não reclamou redefinição do homicídio para tornar explícito que nela se compreendia morte dada a outrem mediante arma de fogo. (Brasil, 1998c)

3.3 Classificação conceitual dos crimes digitais

No que concerne à classificação dos crimes digitais, Malaquias (2015, p. 52, grifo nosso) classifica o crime digital entre próprio e impróprio:

> **Crime cibernético próprio**: é aquele que necessita do espaço virtual para ser praticado, ou seja, está diretamente relacionado com a utilização da tecnologia da informação e comunicação. Para facilitar a compreensão, têm-se como exemplos enquadrados neste grupo, a criação e disseminação de vírus e outros códigos maliciosos, a negação de serviços, a invasão e a destruição de bancos de dados (público ou privado) e tantos outros atos ilícitos;
> **Crime cibernético impróprio**: é aquele em que o computador ou a estação de trabalho transforma-se em instrumento para a prática do delito. Nesse grupo estão inseridos, a título de exemplo, os tipos penais comuns como a calúnia, a injúria, a difamação, o furto, o estelionato, a produção, a divulgação e a publicação de fotografias ou imagens contendo pornografia ou cenas de sexo explícito envolvendo crianças ou adolescentes e todos os demais delitos preceituados no Código Penal e nas leis especiais, possíveis de serem praticados com a utilização dessa citada ferramenta e das novas tecnologias.

O bem jurídico tutelado no âmbito de crimes informáticos é todo valor ético-social selecionado pelo direito que tem como objetivo garantir o bem-estar social, assegurando proteção contra ataques e lesões (Toledo, 1991).

Sydow (2020) classifica os delitos informáticos em crimes simples, ou de execução expressa, e crimes complexos,ou de execução oculta:

Delitos podem ser considerados de fácil percepção, com identificação simples e elementar conhecimentos de seus resultados por suas características facilmente identificáveis, e delitos de difícil percepção, identificação complexa e complexo conhecimento de seus resultados pela linguagem especial utilizada e por seus tecnicismos de difícil identificação, com trabalhoso conhecimento de seus resultados. Ao primeiro atribuímos a nomenclatura CRIMES SIMPLES ou DE EXECUÇÃO EXPRESSA e aos segundos, CRIMES COMPLEXOS ou DE EXECUÇÃO OCULTA. Os delitos informáticos enquadrar-se-iam por vezes na primeira (especialmente os impróprios) e por vezes na segunda classificação (em especial os puros).

Ainda de acordo com Sydow (2020), há também os delitos de efeito individualizável e os de efeito não individualizável:

Delitos informáticos podem ser pontuais, focados em usuários e de efeito determinado e, assim denominados DELITOS DE EFEITO INDIVIDUALIZÁVEL ou podem ser alastrados, genéricos e de efeito indeterminado e, assim, recebendo a classificação de DELITO DE EFEITO ALASTRADOS ou DELITO DE EFEITO NÃO INDIVIDUALIZÁVEL. No primeiro caso, encontra-se a intrusão informática, a exposição pornográfica não consentida, o registro não autorizado de imagem de intimidade, a extorsão criptoviral, o controle remoto não autorizado e diversos delitos comuns; no segundo, a contaminação por malware, o estelionato informático (scam), a supressão de serviço informático e os ataques disseminados de negação de serviço (DDos), por exemplo.

Existe, ainda, a classificação de delitos de rápido alastramento, de ataque generalizado ou vitimização distintas, assim como os delitos de ataque focado, de vitimização específica ou delitos sem alastramento:

há delitos que se utilizam da informática que têm elevado grau de multiplicação de sua atuação e seus efeitos por seu modo genérico de aplicação, denominados

DELITOS DE RÁPIDO ALASTRAMENTO, DE ATAQUE GENERALIZADO ou DE VITIMIZAÇÃO INDISTINTA e outros que ocorrem se utilizando de mecanismos mais individualizados de ataque denominados DELITOS DE ATAQUE FOCADO, DE VITIMIZAÇÃO ESPECÍFICA ou DELITOS SEM ALASTRAMENTO. Ataques de contaminação de malware podem ser focados, como numa extorsão criptoviral a uma empresa específica ou podem ser indistintos, com uma armadilha de contaminação em um link. No mesmo sentido pode-se usar da disseminação de mídia de intimidade por meios de rápido alastramento ou por meios focados.
(Sydow, 2020)

Marcelo Crespo (2016b, grifo do original) insere na discussão a classificação dos crimes digitais em crimes digitais próprios ou puros e crimes digitais impróprios ou mistos:

1. **crimes digitais próprios ou puros** *(condutas proibidas por lei, sujeitas a pena criminal e que se voltam contra os sistemas informáticos e os dados. São também chamados de delitos de risco informático. São exemplos de crimes digitais próprios o acesso não autorizado* (hacking), *a disseminação de vírus e o embaraçamento ao funcionamento de sistemas;*

2. **crimes digitais impróprios ou mistos** *(condutas proibidas por lei, sujeitas a pena criminal e que se voltam contra os bens jurídicos que não sejam tecnológicos já tradicionais e protegidos pela legislação, como a vida, a liberdade, o patrimônio, etc.). São exemplos de crimes digitais impróprios os contra a honra praticados na Internet, as condutas que envolvam trocas ou armazenamento de imagens com conteúdo de pornografia infantil, o estelionato e até mesmo o homicídio.*

Logo, os **crimes digitais impróprios ou mistos** são os crimes que já dispõem de tipificação na legislação penal, ou seja, são os crimes "tradicionais", já existentes no meio jurídico, mas que são praticados com a utilização da tecnologia. Por usa vez, os **crimes digitais próprios ou puros** são aqueles crimes que se criaram depois e por influência do advento da internet. São uma consequência, uma resposta de conduta da digitalização das relações humanas.

Estendendo tais classificações para o contexto prático da seara jurídica, em 2012, o legislativo brasileiro notou que os crimes digitais próprios não eram abarcados pela legislação penal do país. Como solução, criou leis para o contexto normativo jurídico brasileiro, voltadas para o contexto dos crimes digitais. Assim nasceram as seguintes leis ordinárias: Lei n. 12.735/2012 e Lei n. 12.737/2012, conhecidas popularmente como *Lei Azeredo* e *Lei Carolina Dieckmann*, respectivamente.

Essas duas leis estabelecem penas brandas e, até mesmo, incoerentes tendo em vista a importância dos delitos a que dizem respeito. Muitos estudiosos do direito digital e dos crimes digitais entendem que as penas imputadas por elas não são suficientes para coibir a prática das condutas delitivas relacionadas em tais leis, sem nem mesmo reparar o dano que a vítima pode vir a sofrer (Ventura, 2012).

Segundo informações da Safernet, associação civil de direito privado que atua recebendo denúncias de crimes cibernéticos contra direitos humanos e de animais, em 14 anos a instituição recebeu mais de 4 milhões de denúncias de crimes cibernéticos (Safernet, 2022).

Somente no primeiro trimestre de 2020, o Brasil sofreu 1,6 bilhões de tentativas de ataques cibernéticos (Rolfini, 2020), sendo 1 mil desses ataques direcionados às redes do governo (Convergência Digital, 2020).

E será que tal contexto de dissonância entre as necessidades da sociedade digital e os aparatos jurídicos atuais é comum em todos os países do globo, ou se trata de uma particularidade brasileira?

3.4 Contexto internacional dos crimes digitais

A seara jurídica global é bastante diversificada e plural, o que torna impossível a missão de se criar um panorama mundial sobre a legislação penal de cada país ou continente de modo fidedigno. Não obstante, é possível analisar e apontar certas tendências e lógicas de aplicação legislativa em determinadas regiões, como mostraremos brevemente nas seções a seguir.

3.4.1 América

Para analisar o panorama da América, adotaremos a breve análise panorâmica dos Estados Unidos, do México e do Brasil, tendo em vista as disparidades que podem se materializar de diversas formas nos demais países. Logo após a análise, disponibilizaremos uma ficha técnica da América do Norte e da América Latina relativa ao cenário legislativo para crimes digitais.

Estados Unidos

Os Estados Unidos adotam um modelo de justiça baseado em precedentes judiciais, de maneira que a *common law** predomina, permitindo a cada um dos estados que compõem a nação criar leis próprias.

Segundo Silva (2013), a *common law cria* "um direito ou dever a partir de uma decisão judicial que sirva como precedente, vinculando todas as outras decisões posteriores, ele é regido pelo princípio do *stare dicisis*".

Voltando a análise para os crimes virtuais, destacamos que, com a ocorrência dos primeiros crimes digitais no contexto estadunidense, tanto na esfera estadual quanto na esfera federal, observou-se a criação de leis para garantir a proteção de seus cidadãos usuários da internet.

Entre as legislações de destaque do país, Silva (2013) aponta as seguintes:

- a Electronic Funds Transfer Act of 1978 (Lei de Transferência de Fundos) assinada pelo Presidente Jimmy Carter;
- a Federal Computer System Protection Act of 1981 (Lei de Proteção aos Sistemas Computacionais), estabelecendo como crime a utilização do computador para apropriação indébita, furtos e fraudes;
- a Computer Fraud and Act of 1986 (Lei de Fraude e Abuso Computacional) para regulamentar o uso dos computadores.

* *Common law* é um "modelo de justiça baseado em precedentes judiciais" (Silva, 2013).

México

Em 1999, o México incluiu, em sua legislação, o denominado *Acesso ilícito a sistemas y equipos de informática*. Nas palavras de Crespo (2011, p. 45), a norma acrescentada prevê:

> *a incriminação da sabotagem informática que consiste em modificar destruir ou provocar a perda de informação contida em sistema ou equipamento de informática. Abrange, ainda, a cópia ou acesso ilegítimo de dados. Em ambos os casos a pena é aumentada quando o sujeito passivo do delito é o Estado.*

Brasil

Detalharemos o contexto brasileiro em capítulo especial, mas, a título de compactação, destacamos os seguintes pontos:

1. Diferentemente do México, que já nos anos 1990 contemplou em seu código penal o tema dos crimes digitais, o Brasil só abordou o assunto em 2012. Ainda assim, há maior abrangência de condutas e dispositivos técnicos no arcabouço brasileiro, sendo a legislação mexicana mais generalista nesse aspecto.
2. Na comparação com Brasil e México, notamos que o ordenamento legal dos Estados Unidos está mais bem preparado e capacitado para lidar com os crimes digitais e proteger os usuários da internet, porque está pautado na tecnicidade e especificidade dos casos.

América do Norte

A seguir, apresentamos a ficha técnica dos países da América do Norte, abarcando os aspectos gerais dessa região.

Patricia Peck Pinheiro

Quadro 3.1 – Ficha técnica da América do Norte

Há leis específicas para crimes digitais nessa região?	Aspectos de destaque sobre o tratamento de crimes digitais na região
Sim, em todos os países há a preocupação de leis específicas sobre os crimes digitais, porém em nenhum se observa a incorporação dos conceitos de maneira expressa nos códigos penais. De toda maneira, nota-se a preocupação de países como Estados Unidos em legislar de forma específica sobre a temática.	Os Estados Unidos foram o primeiro país a legislar sobre os crimes digitais por meio da Ribicoff Bill em julho de 1977, a primeira proposta de legislação federal com a intenção de proibir o mau uso da internet (Schjolberg, 2008). Destaca-se também a *Eletronic Communication Privacy Act*, lei aprovada pelo Congresso Americano em 1980 e que serviu de ponto de referência em legislação sobre crimes digitais em diversos países. O país ainda criou o *Internet Complaint Center* (Centro de Denúncias de Crimes na Internet), que, somente em 2015, recebeu mais de 3 milhões de denúncias (Bortot, 2017).

Fonte: Elaborado com base em Lotufo; Oliveira, 2019; Schjolberg, 2008; Bortot, 2017.

América Latina

No Quadro 3.2, mostramos a ficha técnica dos países da América Latina, contemplando os aspectos gerais dessa região.

Quadro 3.2 – Ficha técnica da América Latina

Há leis específicas para crimes digitais nessa região?	Aspectos de destaque sobre o tratamento de crimes digitais na região
Sim, porém a tratativa varia entre os países que optam por adotar leis específicas sobre crimes digitais que se separam dos códigos penais – como é o caso do Brasil – e países que decidem modificar o ordenamento diretamente em seus códigos penais e incluir os delitos digitais – como é o caso de Argentina e Colômbia, por exemplo.	Enquanto países como Argentina e Chile ratificaram a Convenção de Budapeste e partiram de suas prerrogativas para instituir modificações no ordenamento interno, o Brasil não seguiu tal movimento e tem dado tratamento aos crimes digitais com base no ordenamento nacional. De modo geral, a Argentina se destaca com a Ley de Delitos Informáticos (Lei n. 388), que modificou as leis em vigência no código penal argentino para que abrangessem os crimes digitais (Paus, 2017). O Chile tem acompanhado essa tendência, como demonstra o Proyecto de Ley de Delitos Informáticos, enviado em outubro de 2018 ao Congresso do país e que tem a intenção de modificar o ordenamento legal penal do país (Chile, 2018).

Fonte: Elaborado com base em Lotufo; Oliveira, 2019; Paus, 2017; Chile, 2018.

3.4.2 África

A África guarda uma grande divisão cultural entre: de um lado, os países do **norte do continente**, nos quais a cultura religiosa se mistura às compreensões legais, o que torna o ordenamento legal, por vezes, uma ferramenta para imposição das leis teológicas[*]; e, de outro, os **demais países**, especialmente a África do Sul, que é um país modelo para seus vizinhos.

Em novembro de 2018, o governo sul-africano ofereceu a Cybercrime Bill para apreciação por parte da Assembleia Nacional do país até março de 2019. Os objetivos centrais dessa lei são a atualização do código penal sul-africano e a inclusão de um capítulo sobre crimes digitais. Tal atualização ocorreu em razão da necessidade sentida pelo governo local em alterar seu ordenamento legal para atender às novas necessidades da sociedade digital (Chapman, 2018).

Apesar de essa postura ser positiva e observada em outros países do continente, nem sempre bons frutos são colhidos, como acontece no Quênia. O país aprovou a Computer Misuse and Cybercrime Act, em 2018, com a intenção de coibir o aumento de crimes digitais no país e atualizar a seara legislativa do Estado. Todavia, o documento legal estava repleto de ambiguidades, o que gerava insegurança jurídica para o país (Chapman, 2018).

Confira a ficha técnica dos países da África e visualize os aspectos gerais dessa região no quadro a seguir:

---

[*] Tal crítica é realizada em âmbito internacional, pois a ação de ativistas na divulgação de suas ideias é coibida nesses países de modo que a legislação é utilizada como instrumento repressivo da liberdade de expressão.

Quadro 3.3 – Ficha técnica da África

Há leis específicas para crimes digitais nessa região?	Aspectos de destaque sobre o tratamento de crimes digitais na região
Em alguns países sim, sendo mais expressivas e consolidadas na África do Sul, que passou por mudanças recentes em sua legislação penal.	As modificações internas no sistema legal sul-africano são amplamente influenciadas pelo cenário internacional e – na maioria das vezes – são motivadas mais pela adequação econômica do país aos requisitos de transação internacional do que em virtude das necessidades internas da população em si. De qualquer forma, é visível que a Conferência de Budapeste impactou as modificações legais do continente como um todo, de modo que reformas legais referentes a crimes digitais estão em curso em diversos países africanos (Lucchetti, 2018).

Fonte: Elaborado com base em Lotufo; Oliveira, 2019; Lucchetti, 2018.

3.4.3 Ásia

Em razão da amplitude dos países abrangidos na região, a Ásia mostra-se bastante plural no aspecto legislativo. De todo modo, é de grande relevância a legislação chinesa no combate aos crimes digitais; por esse motivo, analisaremos nesta seção o tratamento dado ao tema nesse país.

Para entender o panorama legislativo chinês, é importante compreender que a tradição é determinante na cultura desse povo. Nesse sentido, a lógica de fundamentação e desenvolvimento jurídico na China, em um primeiro momento, se dá por meio da sedimentação do saber com base em estudos e experiência acadêmica; e as leis de crimes digitais sofreram o mesmo processo. Contudo, isso não significa que o país demorou para incorporar em seu arcabouço legal as novidades atinentes aos crimes digitais.

Em 1997, foram implementadas alterações no código penal chinês, mediante a adaptação dos conceitos externos e adoção de novas compreensões proporcionadas pelo trabalho dos estudiosos e pesquisadores do país (Li, 2015).

No entanto, a legislação chinesa pode parecer confusa aos olhos ocidentais, tendo em vista que a lei penal não deu nomes simplificados aos delitos. Isso é reflexo do fato de que, no mundo acadêmico chinês, há uma ampla variedade de definições que foram sendo introduzidas pelo estudo da estrutura legislativa de países ocidentais, de maneira que algumas novas definições foram propostas, em sentido amplo ou em sentido estrito. Aliado a isso, houve incorporação de tais definições, que tinham profundo significado acadêmico antes da emenda da lei penal em 1997 (Li, 2015).

A despeito disso, entendemos que o crime digital conta com três níveis na legislação da China (Lotufo; Oliveira, 2019), quais sejam:

1. o crime informático é aquele em que sistemas de informação digitais/virtuais são o alvo;
2. o crime informático é compreendido em seu sentido criminológico e sua atuação não se limita ao exposto no código penal chinês, podendo ocorrer a aplicação de outras leis não específicas sobre crimes digitais;
3. a China não apresenta uma clara diferença entre lei e política, de maneira que a política muitas vezes se apresenta como igualmente eficaz a um instrumento normativo; por essa razão, as políticas públicas também podem abranger a legislação sobre crimes digitais do país.

A legislação específica sobre crimes digitais data de 1994 no país, por meio do Decreto n. 147, o qual já previa sanções para cinco tipos de atividades. Essa lei evoluiu até que que foi realizada a alteração do código penal chinês, abrangendo os crimes digitais (Li, 2015).

No Quadro 3.4, expomos a ficha técnica atinente à Ásia.

Quadro 3.4 – Ficha técnica da Ásia

Há leis específicas para crimes digitais nessa região?	Aspectos de destaque sobre o tratamento de crimes digitais na região
Sim, os países asiáticos têm se preocupado em reforçar seu ordenamento interno sobre crimes digitais e privacidade de dados como resposta aos incidentes de cibersegurança de 2014. Todavia, há países em que a legislação sobre crimes digitais é frágil e incompleta, caso da Malásia e da Indonésia.	Entre as propostas de proteção contra os crimes digitais na Ásia, destaca-se The Information Technology Act, de 2000, da Índia, que retrata uma ampla gama de crimes digitais. Em contrapartida, a legislação japonesa enfatiza a violação de privacidade em seu arcabouço legal relativo aos crimes digitais, sobressaindo-se The Act on the Prohibition of Unauthorized Computer Acess, de 1999. A China também se destaca nesse ordenamento por apresentar um grande número de usuários da internet[*], mas é importante salientar que, antes das alterações legais propriamente ditas, na cultura chinesa, o processo de introdução legislativa de conceitos sobre crimes digitais iniciou-se no ambiente acadêmico, até que emendas de atualização foram feitas no código penal chinês em 1997 (Li, 2015).

Fonte: Elaborado com base em Lotufo; Oliveira, 2019; Li, 2015.

3.4.4 Europa

A respeito do continente europeu, empreenderemos uma análise mais ampla da legislação alemã, em razão de a Alemanha ser considerada um país-modelo, que apresenta boas práticas no tratamento jurídico dado aos crimes digitais.

Uma característica bastante conhecida da justiça alemã é sua rapidez efetiva. Segundo registros, já na década de 1980, teve início a responsabilização aos crimes digitais no país, ainda que não houvesse grande relevância dessas condutas criminais na época.

Nesse sentido, a justiça alemã agiu de modo preventivo, tendo em vista que houve um aumento expressivo das atividades criminosas no ambiente digital com o passar dos anos.

Em 1986, a Alemanha já contava com a Segunda Lei de Combate à Criminalidade Econômica, que reúne normas contra a criminalidade

---

* Segundo o China Internet Network Information Center, em 2014, as estatísticas oficiais do país apontavam que o número de usuários da internet chegou a 649 milhões (Usuários..., 2015).

informática. Mais recentemente, em junho de 2017, o parlamento da Alemanha criou uma lei bastante moderna e abrangente para as condutas digitais, cujo objetivo é combater a publicação de conteúdo com pornografia infantil, *fakes news*, discurso de ódio e terrorismo em plataformas digitais. O interessante da lei alemã é que ela estipula punição às plataformas, como o Facebook e o Twitter, com multas de até 50 milhões de euros se o conteúdo ilegal não for removido (Conheça..., 2018).

Tal pioneirismo e ação sempre preventiva da Alemanha explica por que o país passou a ser considerado um modelo no combate à criminalidade digital.

A seguir, apresentamos a ficha técnica referente ao continente europeu.

Quadro 3.5 – Ficha técnica da Europa

Há leis específicas para crimes digitais nessa região?	Aspectos de destaque sobre o tratamento de crimes digitais na região
Sim, a Europa atua fortemente sob a orientação dos documentos lançados pela União Europeia (UE) sobre o assunto, de maneira que os países europeus da união incorporam os elementos sugeridos a seu ordenamento de forma coesa e adequada a sua justiça. Vale esclarecer que há muita pluralidade entre os modelos de justiça adotados nos países da UE, porém, há certo consenso sob as concepções acerca da temática.	A Europa tem centralidade na história da legislação sobre crimes digitais desde a Conferência do Conselho da Europa sobre os Aspectos Criminológicos da Economia do Crime, em 1976. Tal evento foi a primeira iniciativa internacional sobre os "crimes de computador" e ocorreu em Estrasburgo, na França. Outro evento de suma importância foi a Convenção sobre Cibercrime ou Convenção de Budapeste, de 2001, que resultou na criação do primeiro tratado de prevenção e combate aos crimes praticados do ambiente virtual ou com uso de computadores. O tratado foi assinado por 43 países e ratificado em 21, entre os quais figuram França, Itália, Portugal e Espanha. Em 2013, a UE avançou ao criar o Centro Europeu para o Combate de Crimes Cibernéticos.
	Essa experiência demonstra a preocupação europeia em forjar conceitos sólidos quando o assunto é inovação legislativa, o que faz sentido na organização do continente, tendo em vista a atuação da UE.

Fonte: Elaborado com base em Lotufo; Oliveira, 2019.

3.4.5 Oriente Médio

A notória fragilidade política da região do Oriente Médio afeta o ordenamento jurídico dos países da região. As modificações e atualizações propostas na região visam a garantir os requisitos necessários para o funcionamento econômico dos diferentes países no contexto internacional, sem interferência de motivações de cunho social e cultural.

É possível notar um amplo direcionamento incoerente do instrumento legal dos países da região, de maneira a coibir a liberdade de expressão dos cidadãos e, consequentemente, a luta por melhorias no ordenamento legal daquelas nações.

Nesse sentido, é ilustrativo o caso da Palestina, que, em 2017, passou por uma controversa discussão na criação da lei contra crimes cibernéticos. A lei mostra-se bastante incoerente e restritiva dos direitos dos cidadãos. Isso provocou uma reação da comunidade internacional diante da postura do governo palestino, que tem sido acusado de usar a lei como instrumento de coibição da liberdade de expressão. Isso decorre, entre outras razões, do fato de que o documento criminaliza os discursos considerados prejudiciais à harmonia social no ambiente virtual (Fatafta, 2017).

No Quadro 3.6, expomos a ficha técnica dos países do Oriente Médio.

Quadro 3.6 – Ficha técnica do Oriente Médio

Há leis específicas para crimes digitais nessa região?	Aspectos de destaque sobre o tratamento de crimes digitais na região
Em alguns países sim, com destaque para Catar, Arábia Saudita, Emirados Árabes Unidos e Bahrein.	As leis civis e religiosas ainda se confundem em diversos países do Oriente Médio e Norte da África, de maneira que nas nações em que há legislação específica sobre os crimes digitais há uma forte crítica por parte de ativistas no mundo todo sobre o uso do aparato legislativo para coibir a liberdade de expressão (Ibrahim, 2018). Ademais, grande parte das leis sobre crimes digitais dessa região disciplina a criminalização das condutas e não se estende à cooperação internacional (Hakmeh, 2017).

Fonte: Elaborado com base em Lotufo; Oliveira, 2019; Ibrahim, 2018; Hakmeh, 2017.

3.4.6 Oceania

A Oceania apresenta uma boa experiência jurídica, em geral, agindo, na maior parte dos temas, de maneira preventiva. No que diz respeito aos crimes digitais, Austrália e Nova Zelândia modificaram seu arcabouço legal para abarcar a tipificação dos crimes digitais, sob a influência da Convenção de Budapeste. Os dois países promoveram alterações em seus códigos penais, logo em 2001; desde então, ambas as nações têm reformado a sua atuação preventiva quanto à temática (Australia Government, 2001; Barbaschow, 2018).

É importante salientar que a conscientização social e a ação policial preventiva dos países são extremamente relevantes para a composição do aparato legal dessas nações.

Confira a ficha técnica dos países da Oceania e visualize os aspectos gerais dessa região no quadro a seguir.

Quadro 3.7 – Ficha técnica da Oceania

Há leis específicas para crimes digitais nessa região?	Aspectos de destaque sobre o tratamento de crimes digitais na região
Sim, países como Austrália e Nova Zelândia são signatários do Tratado da Convenção de Budapeste, de modo que o instrumento influenciou as modificações internas sobre a temática do crime digital.	Tanto a Austrália quanto a Nova Zelândia realizaram modificações em seu ordenamento legal para abarcar os crimes digitais na seara jurídica. Merece menção a atuação preventiva de ambos os países na coibição das condutas ilegais em crimes digitais.

Fonte: Elaborado com base em Lotufo; Oliveira, 2019.

3.5 Legislação de crimes digitais no Brasil

A legislação brasileira precisou se adaptar à realidade e às necessidades sociais surgidas com a expansão dos crimes cibernéticos. Além da adaptação dos tipos penais pelo Código Penal, Decreto-Lei n. 2.848, de 7 de setembro de 1940 (Brasil, 1940), há leis esparsas, conforme pontuado anteriormente.

No entendimento de Masson (2015), "a legislação penal brasileira sempre possuiu arsenal para combater a imensa maioria dos crimes eletrônicos, algo em torno de 95%". Todavia, isso não significa que as necessidades da sociedade são totalmente abraçadas por tal arsenal.

De maneira pontual, com relação aos crimes eletrônicos, a legislação brasileira consiste das seguintes normas:

- **Código Penal (Decreto-Lei n. 2.848/1940)** – Ameaça (art. 147), calúnia (art. 138), difamação (art. 139), injuria (art. 140), falsa identidade (art. 307), violação direito autoral (art.184), estelionato (art. 171), pornografia infantil (art. 234), invasão de dispositivo informação (art. 154-A e art. 154-B).
- **Lei n. 9.296, de 24 de julho de 1996** (Brasil, 1996b) – Dispõe sobre interceptação de comunicações telefônicas
- **Lei n. 9.609, de 19 de fevereiro de 1998** (Brasil, 1998a) – Dispõe sobre proteção da propriedade intelectual de programas de computador.
- **Lei n. 8.069, de 13 de julho de 1990 (Brasil, 1990a)** – Dispõe sobre o crime de pornografia infantil (art. 240).
- **Lei n. 9.983, de 14 de julho de 2000 (Brasil, 2000)** – Alterou art. 313-A do Código Penal, sobre crime de inserção de dados falsos em sistemas de informações.
- **Lei n. 12.735/2012** – Lei Azeredo, que tipifica condutas realizadas mediante o uso de sistemas digitais e eletrônicos.
- **Lei n. 12.737/2012** – Lei Carolina Dieckmann, que criminaliza a invasão de computadores e o "roubo" de senhas e arquivos.
- **Lei n. 12.965/2014** – Marco civil da internet, regulamenta as relações no ambiente *on-line*.
- **Lei n. 13.709/2018** – Dispõe sobre proteção de dados.

3.5.1 Alguns destaques legislativos

A Lei n. 12.735/2012 (Brasil, 2012b), é mais conhecida por **Lei Azeredo**, em razão de o Deputado Eduardo de Azeredo ser o relator da proposta dessa lei:

O PL 84/99 ficou conhecido como Lei Azeredo por ter sido Eduardo Azeredo seu relator no Senado e na Câmara. Ele foi debatido por mais de uma década no Congresso Nacional, aprovado pela Câmara em 2003 e enviado ao Senado, onde tramitou até 2008. Passou por diversas discussões, o que culminou na retirada de pontos polêmicos. Da redação original, que continha 23 artigos, foram sancionados apenas 4 artigos. (Silva, 2014)

Essa lei tipifica as condutas realizadas mediante o uso de sistema eletrônico, digital ou similares e que sejam praticadas contra sistemas informatizados e afins.

Um dos pontos de atenção da lei é a indicação de que as polícias civis dos estados e do Distrito Federal (DF) devem estruturar setores/equipes especializadas no combate à ação de delitos digitais. Tal ponto foi criticado por parte dos estudiosos de Direito, por não acreditarem haver a necessidade de núcleos especializados nesse tipo de crime.

Todavia, é de amplo conhecimento que a criação de especializações nos ambientes policiais pode promover muitas melhorias e otimização do trabalho da corporação, como a criação de unidades de Delegacia da Mulher, que ajudam a combater a violência contra a mulher de maneira mais assertiva e efetiva.

A Lei n. 12.737/2012 (Brasil, 2012c) ficou conhecida como **Lei Carolina Dieckmann**. O nome popular dessa lei advém do episódio em que fotos da atriz Carolina Dieckmann foram "roubadas" de seu computador pessoal e publicadas sem sua permissão no ambiente virtual público, o que acelerou a sanção da lei para coibir tal conduta, em razão da grande visibilidade pública e, consequentemente, da pressão social que o episódio sofreu.

Essa lei alterou o art. 154 do Código Penal, que, até à sanção da lei, versava sobre segredo profissional. O dispositivo legal incluiu o art. 154-A, passando a tipificar o crime de invasão de dispositivo informático, o qual também foi novamente alterado pela Lei n. 14.155, de 27 de maio de 2021 (Brasil, 2021):

Art. 154-A. Invadir dispositivo informático de uso alheio, conectado ou não à rede de computadores, com o fim de obter, adulterar ou destruir dados ou informações sem autorização expressa ou tácita do usuário do dispositivo ou de instalar vulnerabilidades para obter vantagem ilícita: (Redação dada pela Lei nº 14.155, de 2021)

Pena — reclusão, de 1 (um) a 4 (quatro) anos, e multa. (Redação dada pela Lei n° 14.155, de 2021)

§ 1° Na mesma pena incorre quem produz, oferece, distribui, vende ou difunde dispositivo ou programa de computador com o intuito de permitir a prática da conduta definida no caput. (Incluído pela Lei n° 12.737, de 2012)

§ 2° Aumenta-se a pena de 1/3 (um terço) a 2/3 (dois terços) se da invasão resulta prejuízo econômico. (Redação dada pela Lei n° 14.155, de 2021)

§ 3° Se da invasão resultar a obtenção de conteúdo de comunicações eletrônicas privadas, segredos comerciais ou industriais, informações sigilosas, assim definidas em lei, ou o controle remoto não autorizado do dispositivo invadido: (Incluído pela Lei n° 12.737, de 2012)

Pena — reclusão, de 2 (dois) a 5 (cinco) anos, e multa. (Redação dada pela Lei n° 14.155, de 2021)

§ 4° Na hipótese do § 3°, aumenta-se a pena de um a dois terços se houver divulgação, comercialização ou transmissão a terceiro, a qualquer título, dos dados ou informações obtidos. (Incluído pela Lei n. 12.737, de 2012)

§ 5° Aumenta-se a pena de um terço à metade se o crime for praticado contra: (Incluído pela Lei n° 12.737, de 2012)

I — Presidente da República, governadores e prefeitos; (Incluído pela Lei n° 12.737, de 2012)

II — Presidente do Supremo Tribunal Federal; (Incluído pela Lei n° 12.737, de 2012)

III — Presidente da Câmara dos Deputados, do Senado Federal, de Assembleia Legislativa de Estado, da Câmara Legislativa do Distrito Federal ou de Câmara Municipal; ou (Incluído pela Lei n° 12.737, de 2012)

IV — dirigente máximo da administração direta e indireta federal, estadual, municipal ou do Distrito Federal. (Incluído pela Lei n° 12.737, de 2012) (Brasil, 1940)

A Lei n. 12.737/2012 alterou também o art. 266 do Código Penal, que dispõe sobre a interrupção ou perturbação de serviço telegráfico, telefônico, informático, telemático ou de informação de utilidade pública. E, ao art. 298, foi adicionado o parágrafo único, equiparando cartão de crédito ou débito a documento particular.

Em adição à validade da Lei n. 12.737/2012, o Brasil, em 11 de dezembro de 2019, anunciou o início do processo de adesão à Convenção de Budapeste, que consiste no tratado de combate a crimes cibernéticos (Brasil, 2019c).

3.5.2 Principais crimes digitais

No Brasil, os crimes digitais podem ser compreendidos em (Peck, 2015):

- **Convencional** – São os crimes mais comuns como interceptação de dados, pornografia infantil, *spam*, discurso de ódio, fraude bancária, furto de identidade, infração contra direitos autorais etc.
- **Complexo** – Ciberterrorismo, ciberguerra, ataques contra infraestrutura crítica, ciberespionagem etc.
- **Ameaças emergentes** – Ciberlavagem de dinheiro, sonegação fiscal, crime organizado (drogas e tráfico de armas, extorsão digital etc.).

Há diversas tipificações de crimes digitais. Os principais crimes cibernéticos são: ameaça; calúnia, difamação e injúria; fraudes; violação do direito autoral; pornografia infantil; crimes financeiros; *ransomware*; pornografia de vingança. Pormenorizaremos esses crimes a seguir.

Ameaça

O crime de ameaça está tipificado no Código Penal, no art. 147: "Ameaçar alguém, por palavra, escrito ou gesto, ou qualquer outro meio simbólico, de causar-lhe mal injusto grave" (Brasil, 1940).

Calúnia, difamação e injúria

O crime de **calúnia** está previsto no art. 138 do Código Penal: "Caluniar alguém, imputando-lhe falsamente fato definido como crime" (Brasil, 1940). Ainda, é aplicável a quem tem conhecimento da falsa imputação e a propala ou divulga (art. 138, § 2º, Código Penal).

Por sua vez, a **difamação** consiste em imputar fato ofensivo à reputação de alguém (art. 139, Código Penal).

Já o crime de **injúria**, previsto no art. 140 do Código Penal, consiste em "injuriar alguém, ofendendo-lhe a dignidade ou decoro" (Brasil, 1940). O crime de injúria é agravado quando a ofensa tem base em elementos de raça, cor, etnia, religião, origem ou condição de pessoa idosa ou portadora de deficiência. A injuria racial, assim como o racismo, é considerada crime imprescritível, de acordo com entendimento do STF exarado no Agravo Regimental no Recurso Extraordinário n. 983.531/DF (Brasil, 2017b). O crime de racismo está previsto na Lei n. Lei n. 7.716, de 5 de janeiro de 1989 (Brasil, 1989), que versa sobre crimes resultantes de preconceito de raça ou cor.

Um caso notório de racismo praticado via internet é o da adolescente de 14 anos que praticou ataques racistas na internet contra Chissomo, filha dos atores Bruno Gagliasso e Giovanna Ewbank. A adolescente cumpre liberdade assistida. (Adolescente..., 2018).

Outra situação em que houve condenação pela prática de racismo na internet é caso de Rubens Pinheiro Bulad, condenado a dois anos e quatro meses de reclusão por proferir mensagens de cunho racista contra judeus e mulheres brasileiras (MPF, 2013).

Fraudes: estelionato, furto eletrônico e falsa identidade

As fraudes eletrônicas são os crimes mais comuns que acometem os usuários da internet.

Fraude eletrônica pode ser conceituada como uma mensagem não solicitada que se passa por "comunicação de uma instituição conhecida, como um banco, uma empresa ou *site* popular" e que se presta a induzir usuários ao fornecimento "de dados pessoais e financeiros" (CGI.BR, 2012).

Segundo Gil (2000, p. 114), as fraudes consistem em:

ação intencional e prejudicial a um ativo intangível causada por procedimentos e informações (software *e banco de dados), de propriedade de pessoa física, ou jurídica, com o objetivo de alcançar benefício, ou satisfação psicológica, financeira ou material.*

O crescimento exponencial das fraudes eletrônicas é explicado por dois fatores "a falta de conhecimento do usuário sobre segurança da informação, tornando-se vítima fácil dos golpes digitais, e a falta de recursos humanos e tecnológicos das autoridades policiais e judiciais" (Pinheiro, 2016). Entre as fraudes, podem ocorrer os crimes de estelionato, de furto eletrônico e de falsa identidade.

Damásio de Jesus (2000) explica a diferença entre o crime de estelionato e o crime de furto:

> No furto, a fraude ilude a vigilância do ofendido, que, por isso, não tem conhecimento de que o objeto material está saindo da esfera de seu patrimônio e ingressando na disponibilidade do sujeito ativo. No estelionato, ao contrário, a fraude visa a permitir que a vítima incida em erro. Por isso, voluntariamente se despoja de seus bens, tendo consciência de que eles estão saindo de seu patrimônio e ingressando na esfera de disponibilidade do autor.

No estelionato, a vítima deliberadamente fornece seus dados sem ter a consciência que está sendo fraudada.

No Código Penal, Decreto-Lei n. 2.848/1940, a tipificação do crime de estelionato encontra-se no art. 171, que dispõe que configura crime de estelionato: "Obter, para si ou para outrem, vantagem ilícita, em prejuízo alheio, induzindo ou mantendo alguém em erro, mediante artifício, ardil, ou qualquer outro meio fraudulento" (Brasil, 1940).

Por sua vez, o art. 175 dispõe acerca da fraude no comércio, que consiste em "Enganar, no exercício de atividade comercial, o adquirente ou consumidor" (Brasil, 1940). Esse tipo de crime é praticado contra consumidores que adquirem produtos *on-line*.

O furto é tipificado pelo art. 155 do Código Penal como "Subtrair, para si ou outrem, coisa alheia móvel" (Brasil, 1940). O parágrafo 3º equipara a coisa móvel qualquer coisa que tenha valor econômico. Ainda, é qualificado furto quando há abuso de confiança, mediante fraude, escalada ou destreza, e mediante concurso de duas ou mais pessoas (parágrafo 4º, II e IV, Código Penal).

O Superior Tribunal de Justiça (STJ) definiu, por meio de entendimento jurisprudencial, o crime de furto bancário mediante fraude como: "subtração de valores de conta-corrente, mediante transferência fraudulenta, utilizada para ludibriar o sistema informatizado de proteção de valores, mantidos sob guarda bancária, sem consentimento da vítima" (Brasil, 2016c).

Está atrelado ao crime de estelionato o conceito de *engenharia social*, que consiste em uma técnica utilizada por criminosos no âmbito digital para induzir usuários a enviar dados pessoais que podem infectar seus computadores, facilitando o cometimento de fraudes eletrônicas (Kapersky, 2022). Geralmente, é por meio dessa técnica que os fraudadores conseguem ludibriar as vítimas.

Um uso comum da engenharia social é na fraude de antecipação de recursos, ou *advance fee fraud*, que consiste na ação do criminoso que induz a vítima a fornecer informações sigilosas ou realizar um pagamento adiantado com promessa de futuro benefício (CGI.BR, 2012).

O crime de falsa identidade também faz parte desse tipo de ilícito, em que o criminoso atribui a si ou a terceiro falsa identidade com objetivo de obter vantagem ou causar dano a outrem (art. 307, Código Penal).

O *phishing* é outro tipo de ilícito cibernético que é muito comum, em que o criminoso busca obter dados pessoais e financeiros da vítima utilizando-se de engenharia social e meios técnicos (CGI.BR, 2012). São exemplos de *phishing* (CGI.BR, 2012):

- páginas falsas de *e-commerce* e internet *banking;*
- páginas falsas de redes sociais e companhias aéreas;
- mensagens contendo formulários;
- mensagens contendo *links* para códigos maliciosos;
- solicitação de recadastramento.

Um tipo específico de *phishing* se chama *pharming*. Nessa modalidade, o usuário é redirecionado para *sites* falsos por meio de alterações no DNS (Domain Name System). O usuário, ao tentar acessar o *site* legítimo é redirecionado para o *site* fraudulento (CGI.BR, 2012).

Alguns tribunais adotam o entendimento de que as empresas não têm responsabilidade sobre danos causados por *phishing* cometidos com utilização de seus *websites*:

FRAUDE VIRTUAL – PHISHING – ANÚNCIO FALSO COM REDIRECIONAMENTO A SITE FALSO – ELEMENTOS QUE EVIDENCIAM A OCORRÊNCIA DE FRAUDE – RESPONSABILIDADE CIVIL NÃO EVIDENCIADA – IMPOSSIBILIDADE DE RECONHECIMENTO DOS DANOS MORAIS – SENTENÇA MANTIDA – RECURSO CONHECIDO E DESPROVIDO. Evidenciada a ocorrência de fortuito externo, que rompe o nexo de causalidade, não há que se falar em responsabilização das empresas. (TJMT, 2019)

EMENTA: APELAÇÃO CÍVEL – AÇÃO DE REPARAÇÃO POR DANOS MORAIS E MATERIAIS – COMPRA REALIZADA EM SITE FRAUDULENTO (PHISHING) – CULPA EXCLUSIVA DE TERCEIRO – RESPONSABILIDADE DA EMPRESA DE E-COMMERCE CUJO SITE FORA EMULADO – INEXISTÊNCIA – Comprovado nos autos ter sido a requerente vítima da fraude virtual denominada Phishing, em que o internauta é induzido a clicar em links que o direcionam para algum site falsificado, onde então é concluído o golpe, não pode a empresa de e-commerce, cujo site fora emulado por fraudadores, responder pelos danos morais e / ou materiais sofridos pelo consumidor, em razão da excludente de responsabilidade prevista no art. 14, § 3º, II, do CDC. (TJMG, 2020)

A Microsoft conseguiu aval da justiça norte-americana para desmontar esquemas de *phishing*, desativando *sites* maliciosos que utilizaram a pandemia de Covid-19 como porta para cometer golpes e obter acesso a plataformas corporativas (Pinheiro, 2020).

Violação de direito autoral, crime contra propriedade industrial e crime de pirataria

A violação de marcas está entre os crimes mais cometidos no âmbito digital. A tecnologia foi uma grande facilitadora para o cometimento desses ilícitos, pois viabiliza a cópia e a reprodução de conteúdo violador de direitos autorais e propriedade industrial.

No Código Penal, o crime de violação de direito autoral está previsto no art. 184:

> Art. 184.Violar direitos de autor e os que lhe são conexos:
>
> Pena — detenção, de 3 (três) meses a 1 (um) ano, ou multa.
>
> § 1º Se a violação consistir em reprodução total ou parcial, com intuito de lucro direto ou indireto, por qualquer meio ou processo, de obra intelectual, interpretação, execução ou fonograma, sem autorização expressa do autor, do artista intérprete ou executante, do produtor, conforme o caso, ou de quem os represente:
>
> Pena — reclusão, de 2 (dois) a 4 (quatro) anos, e multa.
>
> § 2º Na mesma pena do § 1º incorre quem, com o intuito de lucro direto ou indireto, distribui, vende, expõe à venda, aluga, introduz no País, adquire, oculta, tem em depósito, original ou cópia de obra intelectual ou fonograma reproduzido com violação do direito de autor, do direito de artista intérprete ou executante ou do direito do produtor de fonograma, ou, ainda, aluga original ou cópia de obra intelectual ou fonograma, sem a expressa autorização dos titulares dos direitos ou de quem os represente.
>
> § 3º Se a violação consistir no oferecimento ao público, mediante cabo, fibra ótica, satélite, ondas ou qualquer outro sistema que permita ao usuário realizar a seleção da obra ou produção para recebê-la em um tempo e lugar previamente determinados por quem formula a demanda, com intuito de lucro, direto ou indireto, sem autorização expressa, conforme o caso, do autor, do artista intérprete ou executante, do produtor de fonograma, ou de quem os represente:
>
> Pena — reclusão, de 2 (dois) a 4 (quatro) anos, e multa.
>
> § 4º O disposto nos §§ 1º, 2º e 3º não se aplica quando se tratar de exceção ou limitação ao direito de autor ou os que lhe são conexos, em conformidade com o previsto na Lei nº 9.610, de 19 de fevereiro de 1998, nem a cópia de obra intelectual ou fonograma, em um só exemplar, para uso privado do copista, sem intuito de lucro direto ou indireto. (Brasil, 1940)

A Lei n. 9.279, de 14 de maio de 1996 (Brasil, 1996) dispõe que é considerado crime contra patente de invenção ou modelo quando há:

- fabricação do produto que seja objeto de patente de invenção ou de modelo de utilidade, sem autorização do titular; ou uso do meio ou processo que seja objeto de patente de invenção, sem autorização do titular (art. 183, I e II);

- exportação, venda, exposição ou venda, posse em estoque, ocultação ou recepção, para utilização com fins econômicos, de produto fabricado com violação de patente de invenção ou de modelo de utilidade, ou obtido por meio ou processo patenteado (art. 184, I);
- importação do produto que seja objeto de patente de invenção ou de modelo de utilidade ou obtido por meio ou processo patenteado no país, para os fins previstos no inciso anterior, e que não tenha sido colocado no mercado externo diretamente pelo titular da patente ou com seu consentimento (art. 184, II).

O crime de violação de direitos do autor de *software* está previsto no art. 12 da Lei n. 9.609/1998, conhecida como *Lei do Software*. A tipificação da conduta consiste em:

- reproduzir, por qualquer meio, de programa de computador, no todo ou em parte, para fins de comércio, sem autorização expressa do autor ou de quem o represente (art. 12, § 1º);
- vender, expor à venda, introduzir no país, adquirir, ocultar ou possuir em depósito, para fins de comércio, original ou cópia de programa de computador, produzido com violação de direito autoral (art. 12, § 2º).

Pornografia infantil

A Lei n. 11.829, de 25 de novembro de 2008 (Brasil, 2008), entrou em vigor para alterar o Estatuto da Criança e do Adolescente – Lei n. 8.069/1990 –, visando ao combate à produção, à venda e à distribuição de pornografia infantil, além de tipificar condutas relacionadas a pedofilia no âmbito da internet.

De acordo com o art. 241-E do Estatuto de Criança e do Adolescente, os termos "cena de sexo explícito ou pornográfica" consistem em "qualquer situação que envolva criança ou adolescente em atividades sexuais explícitas, reais ou simuladas, ou exibição dos órgãos genitais de uma criança ou adolescente para fins primordialmente sexuais" (Brasil, 1990a)

O crime de pornografia infantil está tipificado pelo Estatuto da Criança e do Adolescente nos arts. 241 a 244-B. As condutas consistem em:

- vender ou expor à venda fotografia, vídeo ou outro registro que contenha cena de sexo explícito ou pornográfica envolvendo criança ou adolescente (art. 241);

- oferecer, trocar, disponibilizar, transmitir, distribuir, publicar ou divulgar por qualquer meio, inclusive por meio de sistema de informática ou telemático, fotografia, vídeo ou outro registro que contenha cena de sexo explícito ou pornográfica envolvendo criança ou adolescente (art. 241-A);

- assegurar os meios ou serviços para o armazenamento das fotografias, cenas ou imagens, assim como assegurar, por qualquer meio, o acesso por rede de computadores às fotografias, cenas ou imagens (art. 241-A, I e II) – nessa hipótese, o prestador de serviços será responsabilizado caso, quando oficialmente notificado, não proceda a desabilitação do acesso ao conteúdo ilícito (art. 241-A, § 2º);

- adquirir, possuir ou armazenar, por qualquer meio, fotografia, vídeo ou outra forma de registro que contenha cena de sexo explícito ou pornográfica envolvendo criança ou adolescente – nesse contexto, se a posse ou o armazenamento tem como finalidade a comunicação às autoridades, não há crime desde que a comunicação seja feita por agente público no exercício de suas funções, membro de entidade, representante legal e funcionários responsáveis do provedor de acesso ou de serviços prestados (art. 241-B, § 2º, I, II e III);

- simular a participação de criança ou adolescente em cena de sexo explícito ou pornográfica por meio de adulteração, montagem ou modificação de fotografia, vídeo ou qualquer outra forma de representação visual (art. 241-C);

- vender, expor à venda, disponibilizar, distribuir, publicar ou divulgar por qualquer meio, adquirir, possuir ou armazenar o material produzido (art. 241-C, § único);

- aliciar, assediar, instigar ou constranger, por qualquer meio de comunicação, criança, com o fim de com ela praticar ato libidinoso (art. 241-D);

- facilitar o acesso à criança de material contendo cena de sexo explícito ou pornográfica com o fim de com ela praticar ato libidinoso; e praticar as condutas descritas no *caput* do dispositivo com o fim de induzir criança a se exibir de forma pornográfica ou sexualmente explícita (art. 241-D, I e II);

- vender, fornecer, ainda que gratuitamente, ou entregar, de qualquer forma, a criança ou adolescente arma, munição ou explosivo (art. 242);
- vender, fornecer, servir, ministrar ou entregar, ainda que gratuitamente, de qualquer forma, a criança ou a adolescente, bebida alcoólica ou, sem justa causa, outros produtos cujos componentes possam causar dependência física ou psíquica (art. 243);
- vender, fornecer, ainda que gratuitamente ou entregar, de qualquer forma, a criança ou adolescente fogos de estampido ou de artifício, exceto aqueles que, pelo seu reduzido potencial, sejam incapazes de provocar qualquer dano físico em caso de utilização indevida (art. 244);
- submeter criança ou adolescente à prostituição ou à exploração sexual (art. 244-A);
- corromper ou facilitar a corrupção de menor de 18 (dezoito) anos, com ele praticando infração penal ou induzindo-o a praticá-la (art. 244-B).

No ano de 2018, o Ministério Público Federal e a ONG SaferNet Brasil receberam cerca de 6 mil notificações que continham denúncias de crimes de pornografia infantil (MPF, 2018).

Crimes financeiros

De acordo com pesquisa da Global Economic Crime and Fraud Survey da PwC (Price Waterhouse Coopers) cerca de metade das empresas entrevistadas sofreram crimes econômicos (PwC Brasil, 2022).

A lei que tipifica os crimes financeiros é a Lei n. Lei n. 9.613, de 3 de março de 1998 (Brasil, 1998b), que dispõe sobre crimes de lavagem ou ocultação de bens, direitos e valores, bem como sobre a prevenção da utilização do sistema financeiro para ilícitos previstos na lei. Também criou o Coaf (Conselho de Controles de Atividades Financeiras).

Segundo a tipificação prevista na lei, os crimes consistem em: ocultar, dissimular a natureza, origem, localização, disposição, movimentação ou propriedade de bens, direitos ou valores provenientes, direta ou indiretamente, de infração penal (art. 1º).

Também comete crime quem, para ocultar ou dissimular utilização de bens, direitos ou valores provenientes de infração penal, converte em ativos lícitos; adquire, recebe, troca, negocia, dá ou recebe em garantia, guarda, tem em depósito, movimenta ou transfere, importa ou exporta bens com valores não correspondentes aos verdadeiros (art. 1º, § 1º, I, II e III) – conduta também conhecida como *lavagem de dinheiro*.

No âmbito da internet, a prática mais comum de lavagem de dinheiro é por meio da utilização de Bitcoins, que são criptomoedas, moedas digitais descentralizadas e sem lastro, que até o momento não contam com uma regulamentação específica no Brasil. Trata-se de criação disponibilizada no mercado há cerca de oito anos e utiliza a tecnologia *blockchain*.

Existem três principais métodos de uso de criptomoedas na lavagem de dinheiro, conforme Fletes (2020):

- **Colocação** – As transações são realizadas por IDs e não são armazenados os dados do cliente.
- **Ocultação** – Transações anônimas realizadas por meio do *blockchain*.
- **Integração** – O criminoso apresenta o resultado como empreendimento lucrativo ou valorização da moeda.

Em 2019, a Receita Federal, por meio da Instrução Normativa n. 1.888, de 3 de maio de 2019, determinou que pessoas físicas e jurídicas devem prestar contas quando a negociação de criptomoedas for superior a R$ 30 mil em um mês (Brasil, 2019a).

O uso de criptomoedas por criminosos extrapola a lavagem de dinheiro, sendo também objeto de pedidos de resgate feitos por *hackers* (Delfim, 2019).

Em 2018, o STJ decidiu, no Conflito de Competência n. 161.123/SP, que os crimes que envolvem criptomoedas devem ser tratados na Justiça Estadual:

CONFLITO NEGATIVO DE COMPETÊNCIA. INQUÉRITO POLICIAL. [...]
INVESTIGADO ATUAVA COMO TRADER DE CRIPTOMOEDA (BITCOIN) [...].

1. A operação envolvendo compra ou venda de criptomoedas não encontra regulação no ordenamento jurídico pátrio, pois as moedas virtuais não são tidas pelo Banco Central do Brasil (BCB) como moeda, nem são consideradas como valor mobiliário pela Comissão de Valores Mobiliários (CVM), não caracterizando sua negociação, por si só, os crimes tipificados nos arts. 7º, II, e 11, ambos da Lei n. 7.492/1986, nem mesmo o delito previsto no art. 27-E da Lei n. 6.385/1976.

2. Não há falar em competência federal decorrente da prática de crime de sonegação de tributo federal se, nos autos, não consta evidência de constituição definitiva do crédito tributário.

[...]

5. Inexistindo indícios, por ora, da prática de crime de competência, o procedimento inquisitivo deve prosseguir na Justiça estadual, a fim de que se investigue a prática de outros ilícitos, inclusive estelionato e crime contra a economia popular.

[...] (Brasil, 2018e)

Um estudo realizado pela CipherTrace constatou que, nos últimos dez anos, criminosos usaram Bitcoin para lavar cerca de US$ 2,5 bilhões. A pesquisa concluiu que essas transações eram realizadas por meio do "mercado negro ou tinham alguma ligação com extorsões, *malwares*, ransomwares, lavagem de dinheiro e serviços de financiamento de grupos terroristas" (Waltrick, 2018).

Ransomware

O *ransomware* também é conhecido como *extorsão digital* ou *sequestro de dados*. É um código que torna inacessível dados armazenados em determinado equipamento, exigindo um pagamento de resgate ao usuário (CGI.BR, 2012).

Esse tipo de crime é cometido de duas maneiras: o *ransomware locker,* que impede o acesso ao equipamento; e o *ransomware crypto*, que impede acesso aos dados e geralmente é feito por meio de criptografia (CGI.BR, 2012).

De acordo com recente pesquisa da empresa de segurança Kaspersky, os ataques de *ransomware* estão entre as principais ameaças de crimes cibernéticos de 2020 (Arbulu, 2019).

Na legislação brasileira, o crime de *ramsonware* pode ser tipificado pelo art. 154-A do Código Penal, que dispõe sobre a invasão de dispositivo informático alheio, ou pelo art. 158, que tipifica o crime de extorsão (quando há exigência de valor em troca da devolução dos dados sequestrados).

Pornografia de vingança

O *revenge porn*, traduzido para o português como "pornografia de vingança", é o crime de divulgação de materiais (vídeos, mensagens, imagens etc.) de teor sexual com cenas de nudez de alguém com intuito de humilhação decorrente de desavenças.

O bem jurídico tutelado no caso do crime de pornografia de vingança é a dignidade sexual.

A pornografia de vingança é um crime que tem a mulher como principal vítima (Brasil, 2016b) e passou a ser crime em 2018. A Lei n. 13.718, de 24 de setembro de 2018 (Brasil, 2018b), que altera o Código Penal, incluiu em seu texto a tipificação "Divulgação de cena de estupro ou de cena de estupro de vulnerável, de cena de sexo ou de pornografia", no art. 218-C:

> *Art. 218-C. Oferecer, trocar, disponibilizar, transmitir, vender ou expor à venda, distribuir, publicar ou divulgar, por qualquer meio — inclusive por meio de comunicação de massa ou sistema de informática ou telemática —, fotografia, vídeo ou outro registro audiovisual que contenha cena de estupro ou de estupro de vulnerável ou que faça apologia ou induza a sua prática, ou, sem o consentimento da vítima, cena de sexo, nudez ou pornografia:*
> *Pena — reclusão, de 1 (um) a 5 (cinco) anos, se o fato não constitui crime mais grave.* (Brasil, 1940)

Quando o autor do crime tem ou tinha relação íntima de afeto com a vítima e comete o ato com fins de vingança e humilhação, a pena é aumentada de um terço a dois terços (art. 218-C, § 1º, Código Penal).

Não é configurado crime quando as condutas são praticadas com fins jornalísticos, científicos, culturais ou acadêmicos com a adoção de recurso que impossibilite a identificação da vítima, ressalvada a prévia autorização e a vítima seja maior de 18 anos (art. 218-C, § 2º, Código Penal).

Em 2016, houve importante decisão acerca da responsabilidade dos provedores de aplicação na retirada de conteúdo proveniente de "pornografia de vingança". Na ocasião, o STJ entendeu, no Recurso Especial n. 1.679.465/SP, que o ilícito consiste em grave lesão aos direitos de personalidade da pessoa exposta, configurando também grave forma de violência de gênero:

> CIVIL E PROCESSUAL CIVIL. RECURSO ESPECIAL. AGRAVO DE INSTRU-
> MENTO. ANTECIPAÇÃO DOS EFEITOS DA TUTELA. AÇÃO DE OBRIGAÇÃO
> DE FAZER. RETIRADA DE CONTEÚDO ILEGAL. PREQUESTIONAMENTO.
> AUSÊNCIA. PROVEDOR DE PESQUISA. FILTRAGEM PRÉVIA DAS BUSCAS.
> IMPOSSIBILIDADE. RETIRADA DE URLS DOS RESULTADOS DE BUSCA.
> POSSIBILIDADE. EXPOSIÇÃO PORNOGRÁFICA NÃO CONSENTIDA. PORNO-
> GRAFIA DE VINGANÇA. DIREITOS DE PERSONALIDADE. INTIMIDADE.
> PRIVACIDADE. GRAVE LESÃO.
> [...]
> 2. Na hipótese, o MP/SP ajuizou ação de obrigação de fazer, em defesa de ado-
> lescente, cujo cartão de memória do telefone celular foi furtado por colega de
> escola, o que ocasionou a divulgação de conteúdo íntimo de caráter sexual, um
> vídeo feito pela jovem que estava armazenado em seu telefone.
> 3. É cabível o recurso especial contra acórdão proferido em agravo de instrumento
> em hipóteses de antecipação de efeito da tutela, especificamente para a delimitação
> de seu alcance frente à legislação federal.
> 4. A atividade dos provedores de busca, por si própria, pode causar prejuízos a
> direitos de personalidade, em razão da capacidade de limitar ou induzir o acesso
> a determinados conteúdos.
> 5. Como medida de urgência, é possível se determinar que os provedores de busca
> retirem determinados conteúdos expressamente indicados pelos localizadores úni-
> cos (URLs) dos resultados das buscas efetuadas pelos usuários, especialmente em
> situações que: (i) a rápida disseminação da informação possa agravar prejuízos à

pessoa; e (ii) a remoção do conteúdo na origem possa necessitar de mais tempo que o necessário para se estabelecer a devida proteção à personalidade da pessoa exposta.

[...]

7. A "exposição pornográfica não consentida", da qual a "pornografia de vingança" é uma espécie, constituiu uma grave lesão aos direitos de personalidade da pessoa exposta indevidamente, além de configurar uma grave forma de violência de gênero que deve ser combatida de forma contundente pelos meios jurídicos disponíveis.

8. A única exceção à reserva de jurisdição para a retirada de conteúdo infringente da internet, prevista na Lei 12.965/2014, está relacionada a "vídeos ou de outros materiais contendo cenas de nudez ou de atos sexuais de caráter privado", conforme disposto em seu art. 21 ("O provedor de aplicações de internet que disponibilize conteúdo gerado por terceiros será responsabilizado subsidiariamente pela violação da intimidade decorrente da divulgação, sem autorização de seus participantes, de imagens, de vídeos ou de outros materiais contendo cenas de nudez ou de atos sexuais de caráter privado quando, após o recebimento de notificação pelo participante ou seu representante legal, deixar de promover, de forma diligente, no âmbito e nos limites técnicos do seu serviço, a indisponibilização desse conteúdo"). Nessas circunstâncias, o provedor passa a ser subsidiariamente responsável a partir da notificação extrajudicial formulada pelo particular interessado na remoção desse conteúdo, e não a partir da ordem judicial com esse comando.

9. Na hipótese em julgamento, a adolescente foi vítima de "exposição pornográfica não consentida" e, assim, é cabível para sua proteção a ordem de exclusão de conteúdos (indicados por URL) dos resultados de pesquisas feitas pelos provedores de busca, por meio de antecipação de tutela. (Brasil, 2018f)

3.5.3 Responsabilidade civil e penal

Maria Helena Diniz (2009, p. 34) aponta que a responsabilidade civil consiste na: "aplicação de medidas que obriguem alguém a reparar dano moral ou patrimonial causado a terceiros em razão de ato do próprio imputado, de pessoa por quem ele responde, ou de fato de coisa ou animal sob sua guarda ou, ainda, de simples imposição legal".

O fato gerador dessa responsabilidade baseia-se na violação do dever jurídico de uma obrigação. Dessa forma, o fato gerador advém do dever de indenizar quando um dano é causado a terceiro. Os elementos da responsabilidade civil resumem-se a: ação ou omissão, dano, nexo causal e culpa. O Código Civil – Lei n. 10.406, de 10 de janeiro de 2002 (Brasil, 2002) – dispõe que quem causar danos a terceiros por meio de prática de atos ilícitos ficará obrigado a repará-los (art. 927).

O ambiente digital é, por sua natureza, um viabilizador de violações de deveres jurídicos. A internet é uma facilitadora no cometimento desses ilícitos, visto que confere aos usuários a possibilidade de se utilizarem do anonimato. Ainda que a Constituição Federal (Brasil, 1988) disponha sobre a vedação ao anonimato (art. 5º, IV), existem diversas formas em que os usuários conseguem manter o anonimato, como perfis falsos e uso da *deep web*.

Neste ponto, vale clarificarmos o conceito de *deep web*, que é uma camada da internet que é desindexada, ou seja, não pode ser acessada por meio de buscadores como Google, Yahoo, Bing etc.; nela, nem sequer existem endereços de *websites* (Olhar Digital, 2019). Um curioso dado sobre a *deep web* é que 96% da internet não é indexada (Enlink, 2022).

Outro fator importante no campo da responsabilidade civil é a responsabilização de provedores por danos advindos de conteúdo gerado por terceiros. Via de regra, conforme previsão do art. 18 do Marco Civil da Internet, Lei n. 12.965/2014, os provedores de conexão não serão responsabilizados civilmente por danos decorrentes dos referidos conteúdos.

No entanto, quando se trata dos provedores de aplicação, o art. 19 da mesma lei dispõe que o provedor será responsabilizado caso, mediante ordem judicial, não torne indisponível o conteúdo infringente, observadas as exceções legais.

O mesmo se aplica quando há violação da intimidade decorrente da divulgação, sem autorização, de imagens e vídeos de cenas de nudez e atos sexuais. Nesse caso, o provedor deve remover o conteúdo após notificação do participante ou representante legal (art. 21 da Lei n. 12.965/2014).

Nesse sentido, o Tribunal de Justiça de São Paulo (TJSP), na Apelação n. 1005716-75.2016.8.26.0019, entendeu o seguinte:

Apelação Cível. Ação de obrigação de fazer cumulada com indenização por danos morais — Autor que pretende a remoção de página no "Facebook", que utiliza seu nome e de sua clínica, na qual veiculadas informações de conteúdo ofensivo — Sentença que julgou procedente a ação para determinar a imediata exclusão da página, no prazo de 24 horas, sob pena de multa de R$ 1.000,00, tornando definitiva a tutela provisória concedida, condenando a ré ao pagamento de indenização por danos morais arbitrados em R$ 10.000,00 — Pretensão de reforma da R. Sentença para que seja afastada a obrigação de fazer imposta e condenação ao pagamento de indenização por danos morais — Negativa de prestação jurisdicional — Inocorrência — Preliminar de nulidade suscitada afastada — Ré que atua como provedora de aplicação, não havendo, em tese, responsabilidade pelas informações e pelo conteúdo veiculado por seus usuários — Responsabilidade do provedor que se configura, no entanto, quando se omite de remover de sua plataforma página cujo conteúdo foi declarado abusivo — Desnecessidade de fornecimento dos respectivos URL's — Elementos dos autos suficientes para o atendimento do comando judicial — Obrigação de remoção da página corretamente imposta pelo MM. Juízo a quo — Responsabilidade civil configurada — Danos morais caracterizados — Razoabilidade do "quantum" indenizatório arbitrado pelo MM. Juízo "a quo" (R$ 10.000,00) — Manutenção da R. Sentença. Nega-se provimento ao recurso de apelação. (TJSP, 2018c)

Quando da remoção, o provedor deverá comunicar aos usuários os motivos relativos à indisponibilização do conteúdo, permitindo o contraditório e ampla defesa em juízo, salvo exceção legal (art. 20 da Lei n. 12.965/2014).

Um caso notório sobre responsabilidade ocorreu em 2018, em que uma administradora de um grupo de WhatsApp foi condenada como corresponsável por ofensas entre membros do grupo. O caso foi julgado pelo TJSP na Apelação n. 1004604-31.2016.8.26.0291:

Autores vítimas de ofensas graves via WhatsApp. Prova incontroversa do ocorrido, por meio de ata notarial. Ré que, na qualidade de criadora do grupo, no qual ocorreram as ofensas, poderia ter removido os autores das ofensas, mas não o fez, mostrando ainda ter-se divertido com a situação por meio de emojis de sorrisos com os fatos. Situação narrada como bullying, mas que se resolve simplesmente pelo *artigo 186 do Código Civil. Danos morais fixados em valor moderado, no total de R$ 3.000,00 (R$ 1.000,00 por autor), porque a ré tinha apenas 15 anos por ocasião dos fatos, servindo então a pena como advertência para o futuro e não como punição severa e desproporcional. Apelo provido.* (TJSP, 2018b)

3.5.4 Dano moral

Em síntese, o dano moral é um dano extrapatrimonial, que atinge os direitos de personalidade do ser humano sem que haja, necessariamente, perda pecuniária. Os direitos de personalidade são inerentes à essência da pessoa. Ferir esses direitos é violar uma garantia fundamental.

De acordo com a doutrina, a finalidade do dano moral é compensatória, e conforme pontua Puccinelli Júnior (2015, p. 314): "trata-se de uma indenização pecuniária que tem como escopo compensar ou atenuar o sofrimento da vítima derivado da violação de algum dos seus direitos de personalidade".

Como regra geral, o ônus da prova do dano moral é daquele que foi lesado, exceto nas situações em que é evidente a lesão moral, o que é chamado de *dano moral objetivo* ou *presumido (in re ipsa)*.

Tratando da matéria de dano moral no âmbito de ilícitos digitais, o Tribunal Superior do Trabalho (TST) condenou uma empresa em danos morais pela divulgação indevida de dados de um funcionário na internet. O TST, no Recurso de Revista n. 118-55.2013.5.09.0127, entendeu que não era necessário provar o dano causado, pois a lesão é considerada presumida:

INDENIZAÇÃO POR DANO MORAL. DIVULGAÇÃO INDEVIDA EM REDE SOCIAL DE DADOS PRIVADOS DO RECLAMANTE. 1. O pedido de indenização por danos morais decorreu da indevida divulgação, em rede social, de lista com nomes de funcionários, dentre os quais figurava o nome do reclamante, tornando públicos dados privados, tais como o fato de que seriam dispensados, as respectivas datas de admissão e remunerações percebidas. 2. O TRT concluiu que a conduta da empresa foi ilícita porque, ainda que a reclamada não tivesse autorizado a divulgação da referida lista, era a única responsável pela preservação das informações nela contidas e houve falha na manutenção da privacidade do documento, sendo que a indevida "divulgação, em rede social, de dados relacionados à remuneração e informações funcionais do empregado **caracteriza excessiva exposição, sobretudo em razão da referência informativa de que referido trabalhador seria dispensado". 3.** *Acrescentou, ademais, que* **para a configuração do dano moral "não se exige demonstração do sofrimento, pois exsurge da própria constatação da ação desviante, sendo notória a situação constrangedora a que foi exposto o obreiro, suficiente a abalar seu brio. Trata-se de dano in re ipsa". 4.** *Ao contrário do que alega a reclamada, não era necessária prova do dano efetivamente sofrido pelo reclamante, visto que, de acordo com a jurisprudência pacífica, o que se exige é a prova dos fatos que ensejam o pedido de indenização por danos morais (artigo 818 da CLT e 333, I, do CPC de 73, correspondente ao artigo 373, I, do CPC de 2015), e não a prova dos danos imateriais, esta, de resto, impossível. Portanto, o dano moral verifica-se in re ipsa (a coisa fala por si). 5. Nesse sentido, os julgados deste Tribunal citados. 6. Recurso de revista de que não se conhece.* (Brasil, 2017c, grifo nosso)

3.5.5 Princípios da responsabilidade penal subjetiva

De acordo com Sydow (2020), entre os princípios da responsabilidade penal subjetiva e da responsabilidade penal da pessoa jurídica (quando se trata de matéria penal informática), figuram os elencados a seguir:

- **Princípio da insignificância ou bagatela** – Quando condutas não causam danos significativos ou penalmente relevantes. Há quatro requisitos a serem seguidos para aplicação desse princípio (Sydow, 2020): (1) baixa ofensividade da conduta, (2) ausência de periculosidade social da conduta, (3) reduzido grau de reprovabilidade e (4) inexpressividade da lesão jurídica.
- **Princípio da exclusiva proteção de bens jurídicos** – Visa proteger bens jurídicos de significativa importância para a existência em sociedade, como a vida, não sendo função do direito penal proteger, por exemplo, a moral.
- **Princípio da ofensividade ou lesividade** – É necessário que haja ofensa ao bem jurídico tutelado. No âmbito informático, Sydow (2020, p. 90) afirma: "Declarada a inexistência de bem jurídico,

informático adjetivamente declara-se a não ofensividade da conduta. Ou, declarado bem jurídico diverso do informático protegido, será necessário exercício para demonstrar-se que houve ameaça ou lesão concretas".

- **Princípio da intervenção mínima** – O princípio da *ultima ratio* consiste no uso de meios jurídicos diversos, devendo a ameaça à liberdade do indivíduo ser utilizada em último caso apenas (Sydow, 2020).
- **Princípio do *ne bis in eadem* ou proibição da dupla punição pelo mesmo fato** – Um indivíduo não pode ser condenado duas vezes por uma só conduta. Segundo Sydow (2020), no âmbito do direito penal informático é necessário levar em consideração o princípio da consunção, que consiste na ideia de que o delito-fim absorve o delito-meio.
- **Princípio da proporcionalidade** – A resposta jurisdicional deve ser proporcional à gravidade da conduta ou lesão ao bem jurídico tutelado.

Os princípios mencionados já existem na esfera do direito penal. Especificamente para o **direito penal informático**, foram criados princípios que direcionam o tema, como exemplos elencados a seguir, conforme destaca Sydow (2020):

- **Princípio da dupla presunção de inocência** – Consiste em afastar acusação precipitada, considerando as diversas problemáticas de identificação de autoria geradas por tecnologias.
- **Princípio do mosaico** – Corresponde a atribuir com mais segurança e garantia a autoria do delito.
- **Princípio da relativização dos elementos informáticos** – Trata-se de identificar o caráter de presunção relativa de veracidade.
- **Princípio da sigilosidade reflexa** – Diz respeito à expectativa de sigilo esperado. É a prerrogativa do usuário da não autoincriminação.
- **Princípio da dignidade do usuário** – Embasa-se no princípio da dignidade humana e consiste na necessidade de respeitar os direitos fundamentais do usuário no que pese o acesso a meios informáticos.

3.5.6 Territorialidade

Os meios de comunicação informáticos conectam pessoas do mundo todo, surgindo, assim, a problemática jurídica sobre a territorialidade. Afinal, qual é o local do crime quando se trata de aplicação da pena e competência jurisdicional? Há dois fatores importantes para determinar a territorialidade, sendo eles: 1) se a conduta está sob a tutela da lei penal brasileira; 2) se o crime é punível na legislação do país e qual foi o local da consumação do ilícito. O art. 5º do Código Penal, Decreto-Lei n. 2.848/1940, dispõe acerca da territorialidade:

> *Art. 5º Aplica-se a lei brasileira, sem prejuízo de convenções, tratados e regras de direito internacional, ao crime cometido no território nacional.*
>
> *§ 1º Para os efeitos penais, consideram-se como extensão do território nacional as embarcações e aeronaves brasileiras, de natureza pública ou a serviço do governo brasileiro onde quer que se encontrem, bem como as aeronaves e as embarcações brasileiras, mercantes ou de propriedade privada, que se achem, respectivamente, no espaço aéreo correspondente ou em alto-mar.* (Brasil, 1940)

Quanto ao lugar do crime, o Código Penal estabelece que se considera praticado o crime no lugar em que ocorreu a ação ou omissão, assim como o local em que se produziu ou deveria produzir-se o resultado (art. 6º).

Em que pese sobre a extraterritorialidade, ficarão sujeitos à lei brasileira os seguintes crimes cometidos no estrangeiro (art. 7º):

> *I – os crimes:*
>
> *a) contra a vida ou a liberdade do Presidente da República;*
>
> *b) contra o patrimônio ou a fé pública da União, do Distrito Federal, de Estado, de Território, de Município, de empresa pública, sociedade de economia mista, autarquia ou fundação instituída pelo Poder Público;*
>
> *c) contra a administração pública, por quem está a seu serviço;*
>
> *d) de genocídio, quando o agente for brasileiro ou domiciliado no Brasil;*
>
> *II – os crimes:*
>
> *a) que, por tratado ou convenção, o Brasil se obrigou a reprimir;*
>
> *b) praticados por brasileiro;*
>
> *c) praticados em aeronaves ou embarcações brasileiras, mercantes ou de propriedade privada, quando em território estrangeiro e aí não sejam julgados.*

[...]

§ 2° Nos casos do inciso II, a aplicação da lei brasileira depende do concurso das seguintes condições:

a) entrar o agente no território nacional;

b) ser o fato punível também no país em que foi praticado;

c) estar o crime incluído entre aqueles pelos quais a lei brasileira autoriza a extradição;

d) não ter sido o agente absolvido no estrangeiro ou não ter aí cumprido a pena;

e) não ter sido o agente perdoado no estrangeiro ou, por outro motivo, não estar extinta a punibilidade, segundo a lei mais favorável.

§ 3° A lei brasileira aplica-se também ao crime cometido por estrangeiro contra brasileiro fora do Brasil, se, reunidas as condições previstas no parágrafo anterior:

a) não foi pedida ou foi negada a extradição;

b) houve requisição do Ministro da Justiça. (Brasil, 1940)

Nesse sentido, a lei penal determina que a legislação somente será aplicada no território do Estado em que foi criada, sendo irrelevante a nacionalidade do sujeito ativo ou passivo. O Código Penal brasileiro adota o princípio da territorialidade temperada, que consiste na adaptação da aplicação dessa regra conforme o tipo de crime cometido, havendo exceções do art. 7°.

Bechara e Flores (2019, p. 6) discorrem sobre a junção de território real:

Por território nacional, segundo Junqueira e Vanzolini (2014, p. 102), entende-se a junção do território real com o território por extensão. Explicam os doutrinadores que o território real corresponde à superfície terrestre, dentro dos limites das fronteiras reconhecidas, ao mar territorial brasileiro e aos seus respectivos espaços aéreos. O território por extensão, por sua vez, é a soma das embarcações e aeronaves oficiais nacionais ou privadas a serviço do governo, em qualquer lugar em que elas se encontrem, com as embarcações ou aeronaves brasileiras privadas, mas que se encontrem fora do território pertencente a qualquer Estado (leia-se: em alto-mar ou o seu espaço aéreo correspondente).

Qualquer delito praticado em quaisquer desses locais é um delito praticado no interior do território nacional e a eles é, naturalmente, aplicável a lei penal brasileira, por questão de princípio territorial simples.

No que concerne à competência pelo lugar da infração, a teoria adotada pelo Código de Processo Penal (CPP) – Decreto-Lei n. 3.689, de 3 de outubro de 1941 (Brasil, 1941) – é a **teoria do resultado**, que consiste no disposto no art. 70 do referido código, o qual estabelece que a competência será determinada considerando-se o local da consumação do ilícito, ou em caso de tentativa de consumação no lugar em que foi praticado o último ato de execução. O dispositivo em comento apresenta algumas hipóteses:

- Inicia-se a execução em território nacional e consuma-se a infração fora dele: competência do local em que foi praticado o último ato de execução no Brasil (art. 70, § 1º, CPP).
- Último ato de execução praticado fora do Brasil: competência do juiz do lugar em que o crime foi produzido ou deveria ter produzido resultado mesmo que de forma parcial (art. 70, § 2º, CPP).
- Quando a conduta for continuada ou permanente: a competência se firma pela prevenção (art. 71, CPP).

A título de exemplo, no que toca à divulgação de pornografia infantil, há entendimento dos tribunais acerca da territorialidade, como no Conflito de Competência n. 29.886/SP julgado pelo STJ:

> *EMENTA CONFLITO NEGATIVO DE COMPETÊNCIA. PROCESSUAL PENAL. PUBLICAÇÃO DE PORNOGRAFIA ENVOLVENDO CRIANÇA OU ADOLESCENTE ATRAVÉS DA REDE MUNDIAL DE COMPUTADORES. ART. 241 DO ESTATUTO DA CRIANÇA E DO ADOLESCENTE. COMPETÊNCIA TERRITORIAL. CONSUMAÇÃO DO ILÍCITO. LOCAL DE ONDE EMANARAM AS IMAGENS PEDÓFILO-PORNOGRÁFICAS.*
>
> *1 – A consumação do ilícito previsto no art. 241 do Estatuto da Criança e do Adolescente ocorre no ato de publicação das imagens pedófilo-pornográficas, sendo indiferente a localização do provedor de acesso à rede mundial de computadores onde tais imagens encontram-se armazenadas, ou a sua efetiva visualização pelos usuários.*
>
> *2 – Conflito conhecido para declarar competente o Juízo da Vara Federal Criminal da Seção Judiciária de Santa Catarina.* (Brasil, 2007)

No caso de fraudes eletrônicas como estelionato e furto, Bechara e Flores (2019, p. 16) ensinam:

> *Já a respeito do estelionato, o entendimento é idêntico, havendo inclusive súmula das cortes superiores determinando que o local do estelionato é o local em que o dinheiro se encontra quando transferido ao seu autor e jurisprudência extremamente atual determinando que, quando a vítima é fraudada em uma compra, o local de consumação é aquele no qual o dinheiro sai da esfera patrimonial da vítima (agência bancária), enquanto, quando é fraudada em uma venda, o local é aquele em que a mercadoria passa a estar à disposição do criminoso.*

3.5.7 Provas digitais nas relações jurídicas

Com a inserção da tecnologia nas relações jurídicas e sociais, as evidências passaram a ser produzidas em âmbito virtual. Dessa forma, quando se trata de crimes cometidos pela internet, seja de maneira total, seja de maneira parcial, a investigação criminal depende das evidências digitais.

A **evidência digital** é "toda informação ou assunto criada e sujeita, ou não, a intervenção humana, que possa ser extraída de um computador ou de qualquer outro dispositivo eletrônico" (Pinheiro, 2016).

Ainda, Pinheiro (2016) aponta que as evidências eletrônicas dependem de cinco requisitos, quais sejam:

1. **admissibilidade** – a prova deve ser admissível no processo;
2. **autenticidade** – a prova deve ser legítima e autêntica;
3. **completude** – não deve levar a outras suspeitas;
4. **confiabilidade** – não deve haver dúvidas quanto à legitimidade da prova;
5. **credibilidade** – deve ser de fácil entendimento e interpretação.

O Código de Processo Civil (CPC) – Lei n. 13.105, de 16 de março de 2015 (Brasil, 2015) – dispõe que as partes têm o direito de empregar qualquer forma, mesmo que não previstas no código e desde que legais e moralmente legítimas, para provar fatos que fundamentam o pedido (art. 369).

No atinente à produção de provas eletrônicas, o CPC disciplina que a versão eletrônica dos documentos deve ser convertida em forma física (impressa), sendo devidamente verificada sua autenticidade. De acordo com Bueno (2015, p. 301):

> *A primeira das regras, o art. 439 impõe a conversão à forma impressa do documento eletrônico para ser apresentada em processo convencional, isto é, em papel, ressalvada a verificação de sua autenticidade. A exigência pressupõe, evidentemente, que os autos do processo não sejam eles próprios eletrônicos, por isso a referência a "processo convencional".*

Certamente, o legislador não observou a fundo a questão da prova eletrônica, visto que a conversão em forma impressa, além de comprometer a legitimidade e a qualidade da prova, não está consoante com as inovações processuais e tecnológicas. Contudo, o judiciário hoje já está menos reticente quanto à utilização de provas puramente eletrônicas, como assinalaremos adiante ao tratarmos sobre o uso de *blockchain* para preservação de evidências. Todas as provas eletrônicas, segundo o art. 441 do CPC, devem ser produzidas e observadas conforme legislação específica.

Quando a prova não pode ser convertida em impressão, como áudios e vídeos, o CPC determina que o juiz apreciará o valor probante do documento com acesso integral às partes (art. 440, CPC).

Quanto ao acolhimento das provas eletrônicas, o STJ, no Recurso Especial n. 1.381.603/MS, entendeu que:

> *4. [...] Imbuído desse mesmo espírito da "era digital", o novo Código de Processo Civil, ao tratar sobre as provas admitidas no processo, possibilita expressamente o uso de documentos eletrônicos, condicionando, via de regra, a sua conversão na forma impressa [...].*
>
> *5. Quanto à sua força probante, o maior questionamento está adstrito ao campo da veracidade e da autenticidade das informações, principalmente sobre a propriedade de determinado endereço de e-mail. Em outras palavras, consiste em saber se uma "conta de e-mail" pertence às partes da demanda monitória, bem como se o seu conteúdo não foi alterado durante o tráfego das informações.*

*Entretanto, há mecanismos capazes de garantir a segurança e a confiabilidade
da correspondência eletrônica e a identidade do emissor, permitindo as trocas de
mensagens criptografadas entre os usuários. É o caso do e-mail assinado digital-
mente, com o uso de certificação digital.*

*[...] sobre a validade, ou não, da correspondência eletrônica deverá ser aferida
no caso concreto, juntamente com os demais elementos de prova trazidos pela
parte autora. [...]*

*De fato, se a legislação brasileira não veda a utilização de documentos eletrônicos
como meio de prova, soaria irrazoável dizer que uma relação negocial não possa
ser comprovada por trocas de mensagens via e-mail.* (Brasil, 2011)

Dessa forma, tornou-se possível a utilização de *e-mail* como prova,
desde que não haja dúvida quanto à idoneidade da prova, que pode ser
comprovada por meio de laudo pericial. O CPC estabelece parâmetros
para emissão de laudo pericial:

Art. 473. O laudo pericial deverá conter:

I – a exposição do objeto da perícia;

II – a análise técnica ou científica realizada pelo perito;

*III – a indicação do método utilizado, esclarecendo-o e demonstrando ser predomi-
nantemente aceito pelos especialistas da área do conhecimento da qual se originou;*

*IV – resposta conclusiva a todos os quesitos apresentados pelo juiz, pelas partes
e pelo órgão do Ministério Público.*

*§ 1º No laudo, o perito deve apresentar sua fundamentação em linguagem simples
e com coerência lógica, indicando como alcançou suas conclusões.*

*§ 2º É vedado ao perito ultrapassar os limites de sua designação, bem como emitir
opiniões pessoais que excedam o exame técnico ou científico do objeto da perícia.*

*§ 3º Para o desempenho de sua função, o perito e os assistentes técnicos podem valer-se
de todos os meios necessários, ouvindo testemunhas, obtendo informações, solicitando
documentos que estejam em poder da parte, de terceiros ou em repartições públicas,
bem como instruir o laudo com planilhas, mapas, plantas, desenhos, fotografias ou
outros elementos necessários ao esclarecimento do objeto da perícia.* (Brasil, 2015)

Quando se trata da territorialidade na obtenção de evidências digitais
e dados de usuário, segundo La Chapelle e Fehlinger (2016), devem ser
consideradas:

1. a lei do local do usuário de internet;
2. a lei do local do servidor que armazena os dados;
3. a lei do local da companhia que realiza serviços em questão;
4. a lei do local em que os domínios foram registrados.

3.5.8 Ata notarial

A ata notarial é uma das maneiras mais comuns de garantir a autenticidade da prova. É um instrumento público em que o tabelião atribui fé, materializando fielmente, em forma narrativa, os fatos, estados das coisas e pessoas (Rodrigues, 2006).

A ata notarial está prevista no art. 384 do CPC:

> Art. 384. A existência e o modo de existir de algum fato podem ser atestados ou documentados, a requerimento do interessado, mediante ata lavrada por tabelião.
> Parágrafo único. Dados representados por imagem ou som gravados em arquivos eletrônicos poderão constar da ata notarial. (Brasil, 2015)

Ainda, o CPC prevê que a ata notarial faz prova dos fatos que ocorreram na presença do escrivão, do chefe de secretaria, do tabelião ou do servidor (art. 405).

Também encontra respaldo no Código Civil:

> Art. 215. A escritura pública, lavrada em notas de tabelião, é documento dotado de fé pública, fazendo prova plena.
> [...]
> Art. 217. Terão a mesma força probante os traslados e as certidões, extraídos por tabelião ou oficial de registro, de instrumentos ou documentos lançados em suas notas. (Brasil, 2002)

3.5.9 Blockchain

A tecnologia *blockchain*, ou "cadeia de blocos", em português, é uma tecnologia, originada em 2008, que armazena de forma descentralizada e segura. Foi criada por conta da criptomoeda Bitcoin, porém, hoje já é utilizada em diversas outras áreas, inclusive como preservação de evidências em processos judiciais (Roque, 2018).

Em 2018, a Corte da Internet de Hangzou, na China, proferiu decisão em que reconheceu provas de conteúdo de página armazenada pela tecnologia de *blockchain* para condenação do réu por infração à lei de direitos autorais (Roque, 2018).

No mesmo ano, no Brasil, houve decisão reconhecendo a admissibilidade do uso do *blockchain* na preservação de provas. Na decisão, a parte requereu que houvesse abstenção da comunicação de terceiros para que os usuários não eliminassem provas de autoria, contudo, a desembargadora Fernanda Gomes Gamacho, do TJSP, entendeu, no Agravo de Instrumento n. 2237253-77.2018.8.26.000, que não havia necessidade da referida abstenção, visto que as provas foram devidamente preservadas pela tecnologia *blockchain*:

> *Outrossim, não se justifica a pretensão de abstenção de comunicação de terceiros a respeito dos requerimentos do agravante e dos termos da demanda, inclusive porque o próprio recorrente afirmou que "a partir do conhecimento dos fatos, o Autor providenciou a preservação de todo o conteúdo via Blockchain, junto à plataforma OriginalMY, hábil a comprovar a veracidade e existência dos conteúdos".* (TJSP, 2018a)

3.5.10 Autenticidade da prova

Quando se fala em autenticidade e licitude da prova, o CPC dispõe que:

> *Art. 428. Cessa a fé do documento particular quando:*
> *I – for impugnada sua autenticidade e enquanto não se comprovar sua veracidade;*
> *II – assinado em branco, for impugnado seu conteúdo, por preenchimento abusivo.*
> *Parágrafo único. Dar-se-á abuso quando aquele que recebeu documento assinado com texto não escrito no todo ou em parte formá-lo ou completá-lo por si ou por meio de outrem, violando o pacto feito com o signatário.* (Brasil, 2015)

Em decisão, o STJ, no Agravo Regimental no Recurso em Habeas Corpus n. 92.801/SC, entendeu ser ilícita a prova obtida por policiais civis que tiveram acesso aos dados do WhatsApp no momento da prisão em flagrante:

Patricia Peck Pinheiro

AGRAVO REGIMENTAL NO RECURSO ORDINÁRIO EM HABEAS CORPUS. NOVOS ARGUMENTOS HÁBEIS A DESCONSTITUIR A DECISÃO IMPUGNADA. INEXISTÊNCIA. TRÁFICO DE DROGAS. NULIDADE. ACESSO AOS DADOS ARMAZENADOS EM TELEFONE CELULAR (MENSAGENS DE "WHATSAPP") DURANTE A PRISÃO EM FLAGRANTE. AUSÊNCIA DE AUTORIZAÇÃO JUDICIAL. NULIDADE DAS PROVAS. RECONHECIMENTO. AGRAVO INTERPOSTO PELO MINISTÉRIO PÚBLICO DESPROVIDO.

I — É assente nesta Corte Superior de Justiça que o agravo regimental deve trazer novos argumentos capazes de alterar o entendimento anteriormente firmado, sob pena de ser mantida a r. decisão vergastada pelos próprios fundamentos.

II — A jurisprudência das duas Turmas da Terceira Seção deste Tribunal Superior firmou-se no sentido de ser ilícita a prova obtida diretamente dos dados armazenados no aparelho celular, relativos a mensagens de texto, SMS, conversas por meio de aplicativos (WhatsApp), obtidos diretamente pela polícia no momento da prisão em flagrante, sem prévia autorização judicial.

III — In casu, os policiais civis obtiveram acesso aos dados do aplicativoWhatsApp armazenados no aparelho celular do agravado no momento da prisão em flagrante, sem autorização judicial, o que torna a prova obtida ilícita, e impõe o seu desentranhamento dos autos, bem como dos demais elementos probatórios dela diretamente derivados. (Brasil, 2018d)

A Medida Provisória n. 2.200-2, de 24 de agosto de 2001 (Brasil, 2001b), instituiu a Infraestrutura de Chaves Públicas Brasileira (ICP-Brasil), que tem como finalidade a garantia da autenticidade, integridade e validade jurídica de documentos em forma eletrônica, de aplicações de suporte e aplicações habilitadas pelo uso de certificados digitais, assim como de realização de transações eletrônicas seguras (art. 1º).

O art 10º da referida Medida Provisória dispõe que há presunção de veracidade e autenticidade de documentos eletrônicos assinados com o uso do certificado ICP-Brasil, tendo valor *probante erga omnes.*

3.6 Futuro e tendências da criminalização de condutas digitais

Com o acelerado desenvolvimento das novas tecnologias, situações envolvendo condutas digitais têm sido questionadas por estudiosos de todo o mundo. Isso porque a tecnologia está tão inserida no dia a dia das pessoas que a divisão entre o que é privado e o que é de acesso do ambiente virtual é quase impossível.

Nesse sentido, o questionamento sobre o uso de reconhecimento facial e da interação das máquinas inteligentes com os humanos tem chamado a atenção. O que se observa é que, em alguns países, existe a tendência de frear o amplo uso de tais tecnologias, tendo em vista que ainda não há amplo controle e regulação dessas ferramentas.

Diversos casos envolvendo o aprisionamento indevido de pessoas com o uso de tecnologias de reconhecimento facial acentuaram essas discussões, levando países da Europa e alguns estados dos Estados Unidos a proibirem o uso dessas tecnologias pela instituição governamental.

Enquanto isso, no Brasil, as corporações policiais caminham para a aplicação de tais tecnologias – como tem ocorrido no Rio de Janeiro, em São Paulo, no Paraná e na Bahia –, o que tem estimulado estudiosos do país a questionarem se esse é o melhor caminho ou se isso gerará precedentes para a criminalização de mais condutas.

Pensando nisso, ficam os questionamentos: Será que as máquinas serão passíveis de responsabilização por condutas digitais criminosas daqui um tempo? Ou será sempre possível encontrar o elemento humano que levou a máquina a cometer o crime?

Nos últimos anos, carros inteligentes em teste atropelaram e mataram uma pessoa, robôs de interação demonstraram condutas racistas e discriminatórias, e máquinas inteligentes invadiram a privacidade de pessoas.

Até onde é possível para o direito regular tais situações e coibir esses comportamentos, de modo que eles se tornem menos graves e menos frequentes? Esse é um questionamento atual e que somente inicia o que vamos enfrentar em um breve futuro.

Moeda eletônica

De ora em diante, passaremos a abordar especifi-

camente o tema das transações financeiras em meio

digital. Para isso, neste capítulo, explicaremos o que

é moeda e como são processados os pagamentos.

Faremos um apanhado histórico até chegar ao con-

texto atual, no qual lidamos com moedas eletrônicas.

Também clarificaremos o que são as criptomoedas e

como ocorrem e são tratados juridicamente os crimes

que envolvem essa modalidade de transação.

4.1 Conceito de moeda

Moeda é um "conjunto de ativos em uma economia que as pessoas regularmente usam para adquirir bens e serviços de outras pessoas" (Gonçalves, M., 2019, p. 2). Entender o motivo, contudo, pelo qual a moeda adquiriu valor e passou a ser aceita e utilizada em larga escala nas transações comerciais não é tarefa fácil. E esse entendimento ganha importância para a interpretação dos movimentos econômicos e o surgimento dos novos tipos monetários na sociedade contemporânea.

Antes de iniciarmos a abordagem mais aprofundada sobre o sistema nacional de pagamento e o que se entende atualmente por moeda eletrônica e seus desdobramentos, apresentaremos um breve panorama histórico das bases econômicas: o entendimento do passado para a compreensão do presente e a clareza do futuro.

Por muito tempo, a economia baseou-se no escambo, isto é, na troca de mercadorias entre indivíduos. Os registros históricos indicam que, por volta de 10 mil a.C., com a explosão da agricultura e da pecuária na região conhecida por Crescente Fértil*, a produção passou a ultrapassar a demanda local. Assim, as tribos passaram a fazer uso do excedente como meio de troca com as tribos vizinhas, que dispunham de outros bens, ampliando, assim, a oferta de consumo (Murino, 2017).

Uma das premissas para a referida transação ocorrer era a existência de um interesse mútuo: as partes precisavam desejar mutuamente entregar aquilo que detinham para receberem o que a outra tinha a oferecer.

Figura 4.1 – Exemplo de escambo

MF production, theodore popov, Tuhenciya e Volha Hlinskaya/Shutterstock

---

* Região localizada entre os rios Tigre, Eufrates, Jordão e Nilo, considerada bastante importante para o processo de sedentarização de diversos povos por suas qualidades geográficas e climáticas. Levou esse nome por ter um formato que se assemelha ao de uma lua crescente.

Esse sistema baseado na economia de escambo apresentava, além da incipiência da produção, diversas limitações que impediam a escalabilidade transacional. Era possível recorrer ao escambo quando acontecia a troca de uma gama limitada de produtos; porém, o sistema era ineficiente para formar a base de uma economia complexa (Harari, 2015).

Imagine só a árdua missão de ter que identificar aquele que detinha bens disponíveis à troca e que ao mesmo tempo estava disposto a recepcionar o que o outro possuía. Como exemplo, imagine um agricultor detentor de uma ótima plantação de tomates que deseja trocar parte do que produziu com um caçador que possui alguns quilos de carne disponível. O caçador, que, de forma recorrente, recebe ofertas de outros produtores, hesita em um primeiro momento: Será que precisava dos tomates? O que poderia fazer com eles? Após refletir, decide aceitar a oferta. E aí surgia outro problema: quantos tomates valem a troca pelos quilos de carne? Seria o mesmo quantitativo de batatas que pediu em troca no dia anterior? Não existia uma medida universal que pudesse servir como referência para atribuição de valor.

Outro fator limitante era a impossibilidade de fracionamento. Muitas vezes não havia proporcionalidade entre o valor dos bens trocados, mas havia situações que impossibilitavam qualquer tentativa de equiparação. De um lado, oferecia-se um cavalo em troca de alguns quilos de arroz. Como porcionar o cavalo oferecido para a oferta se equilibrar com as sacas de arroz?

Com o tempo, a sociedade passou a perceber que a solicitação por alguns bens ocorria de forma recorrente. De acordo com Carl Menger (citado por Murphy, 2010), os bens mais "vendáveis", então, passaram a ser cada vez mais desejados e, quanto mais pessoas aceitavam esses bens em suas transações, maior era o valor agregado. Pela alta demanda, essa característica de "vendabilidade" fez tais bens adquirirem aceitabilidade comercial de forma ampla, ou seja, era quase impossível não os aceitar quando ofertados. Foi assim que surgiu a **moeda-mercadoria**.

Figura 4.2 – Exemplo de moeda-mercadoria

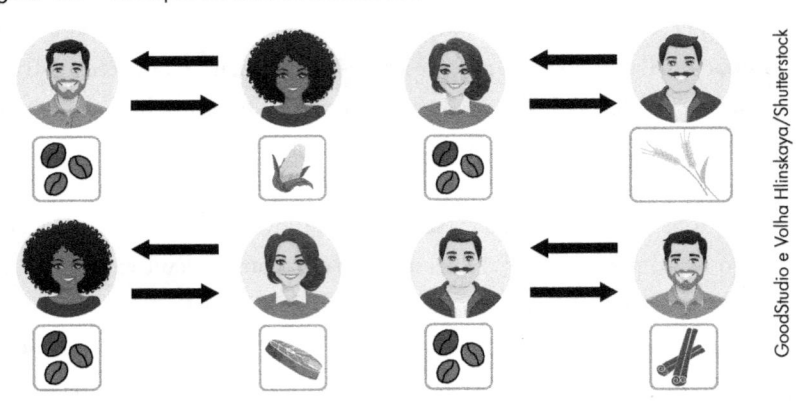

GoodStudio e Volha Hlinskaya/Shutterstock

Para ser selecionado como meio de troca, o bem tinha de ser amplamente aceito no mercado – apresentando a característica da "vendabilidade" –, ter utilidade e ser suficientemente escasso, com o intuito de criar mais demanda do que oferta. Ademais, precisava ser durável, facilmente transportável e divisível, visando facilitar justamente seu objetivo primordial: a troca (Murino, 2017).

Com o tempo, diversos bens foram utilizados como moeda-mercadoria, a exemplo de sal, tabaco, café, couro, tecidos, entre outros, variando em termos de valor e aplicabilidade entre as diversas comunidades, seja por aspectos culturais, seja por aspectos geográficos que facilitavam o cultivo da espécie em determinada região.

Apesar de ter sido um avanço econômico se comparado ao sistema anterior, as moedas-mercadorias também se mostraram insuficientes para a ampliação do comércio em larga escala. Elas não cumpriam satisfatoriamente a característica de aceitabilidade universal – pois, conforme mencionamos, as preferências dos bens se distribuíam de forma distinta a depender da região –, além de serem suscetíveis ao efeito do tempo, provocando a perda de valor ou até mesmo o total descarte do item. Mesmo não se tratando de bens perecíveis, inevitavelmente um tecido, por exemplo, estava sujeito a efeitos externos, seja pelo desgaste natural decorrente do manuseio, seja por fatores como o mofo causado pelo excesso de umidade.

A população transeunte necessitava de meios para adquirir bens de consumo independentemente do local onde estivesse, sem precisar carregar por longos dias os bens que detinha para realizar uma troca que garantisse sua sustentabilidade temporária. Essa necessidade, aliada com as limitações impostas pela economia da moeda-mercadoria, impulsionou modificações significativas à ordem econômica mundial. Era necessário evoluir.

Os **metais preciosos** se sobressaíram entre os bens utilizados como moedas-mercadorias. A aceitabilidade era alta e a dificuldade de sua limitação garantia uma oferta mais restrita, o que redundava em estabilidade do valor. Ademais, tinham valor intrínseco e eram facilmente divisíveis e transportáveis.

Os metais proporcionaram um aumento de produtividade, pois, com a possibilidade de guarda e formação de lastro (Terada, 2017), não mais se fazia necessário destinar-se ao plantio, ao cultivo, para garantir bens que serviriam como meio de troca para obtenção de outros bens e serviços. Com dedicação em tempo integral, comerciantes de vinhos, sapateiros, curandeiros, puderam aperfeiçoar sua qualificação em benefício de todos (Harari, 2015) e passaram a ser remunerados por seus serviços mediante o recebimento de metais precisos.

Tais metais foram submetidos ao processo de segmentação em menores porções e, de forma artesanal, começou-se a produzir as moedas metálicas.

Com a introdução das moedas de metal, poupava-se tempo e energia. As referidas moedas eram duráveis e fáceis de transportar, além de possibilitarem a estipulação de um preço-padrão para os bens e serviços. Outra vantagem que ofereciam era afastar os problemas de desproporcionalidade e de perecibilidade vivenciados nas práticas do escambo e da moeda-mercadoria.

As moedas eram arredondadas para diminuir as chances de serem lascadas e seu formato passou por um processo contínuo de sofisticação no decorrer dos anos, em linha com os avanços tecnológicos e a descoberta do tempo de decomposição de cada material. O ouro era considerado um metal pouco suscetível a alterações de tempo, pois praticamente não perdia seu brilho e sua massa com o passar dos anos. Por ser muito importante culturalmente, tornou-se um expoente na história e a ele foi atrelado um inegável valor cultural e econômico (Hoffert, 2019).

A utilização em larga escala das moedas metálicas provocou uma nova limitação. Principalmente por seu valor intrínseco, já que sua matéria-prima por si só era algo bastante valioso, a preocupação com a segurança ganhou força. Outra preocupação era a forma de viabilizar grandes transações, pois, apesar de serem divisíveis, os metais componentes das moedas – se acumulados em grande quantidade – se tornavam extremamente pesados. Como transportar grandes quantidades de um local a outro? Ademais, os detentores das moedas metálicas se tornaram alvos fáceis de ataques e saques. A limitação causada pelo peso excessivo se aliava à preocupação pela falta de segurança.

Visando à redução de custos com a fabricação de moedas, a população adotou um método híbrido de produção, mediante a utilização de metais mais baratos no processo artesanal. De que forma seria avaliado e garantido o valor do dinheiro em circulação?

Por volta de 600 a.C., a cidade-Estado Lídia, localizada onde atualmente se encontra a Turquia revolucionou o conceito de moeda ao criar a primeira moeda controlada pelo Estado, que passou a ser emitida na forma de pepitas cunhadas com um selo de autenticidade (Murino, 2017).

Essas moedas tinham um peso padronizado de ouro e prata e eram gravadas com uma marca de identificação que objetivava: indicar quanto metal precioso havia na moeda; permitir identificar a autoridade que emitiu a moeda e que garantia seu conteúdo. Quanto menores as chances de alterações, mais segurança e confiança as transações com moedas metálicas inspiravam (Hoffert, 2019). Quase todas as moedas em uso hoje em dia são descendentes da moeda lídia (Harari, 2015).

Assim, o Estado assumiu o papel de agente garantidor da produção, de forma a evitar as falsificações em meio à população. Não se podia transacionar com moedas que não detinham a gravação estatal.

As formas de entender o valor do dinheiro e a evolução da moeda variaram bastante no transcurso da história.

As primeiras moedas com o nome "Brasil" foram cunhadas durante o domínio holandês no nordeste brasileiro, período compreendido entre 1630 e 1654. Essas moedas, denominadas *florins* e *soldos*, foram cunhadas pelos holandeses para pagamento a seus fornecedores e a suas tropas cercadas pelos portugueses. A palavra "Brasil" aparecia no reverso dos florins (BCB, 2004a).

Figura 4.3 – Florins e soldo: primeiras moedas cunhadas com o nome "Brasil"

Nereu Jr./Pulsar Imagens

Embora seja possível verificar notórios avanços em sociedades rudimentares e nas grandes civilizações de Grécia e Roma, a queda do Império Romano provocou uma retração social. A economia foi bastante afetada durante o período da Idade Média, principalmente no início do feudalismo, em que a produção era autossuficiente, voltada para a necessidade do próprio feudo. Somente os excedentes eram comercializados e por meio do sistema de trocas (Huberman, 2017), assemelhando-se às características do escambo tratadas anteriormente.

Diversos movimentos sociais surgiram desde então e atuaram como agentes modificadores das relações sociais, políticas e econômicas. O papel do Estado, inclusive, passou por diversas transformações.

No âmbito econômico, Harari (2015) defende que o Estado, quando se se colocou para atuar como agente monetário regulador, propôs, por meio de sua marca estatal, sempre transmitir a mesma mensagem, independentemente da forma e do tamanho da gravação:

> *Eu, o grande rei Fulano de Tal, dou minha palavra de que esse disco de metal contém exatamente cinco gramas de ouro. Se alguém ousar falsificar essa moeda, significa*

que está falsificando minha própria assinatura, o que seria uma mancha em minha reputação. Punirei tal crime com extrema severidade. (Harari, 2015, p. 221)

Ainda, para Harari (2015), esse seria o motivo pelo qual a falsificação de moeda sempre foi considerada um crime com uma carga punitiva maior e mais severa do que outros tipos de fraude. A falsificação não seria apenas uma fraude, mas "uma quebra de soberania, um ato de subversão contra o poder, os privilégios e a pessoa do rei" (Harari, 2015, p. 221).

Ademais, cumpre salientar que, por mais que a implementação das moedas tenha sido um catalisador para unificação do comércio e a facilitação de transações comerciais, ela também acarretou a vulnerabilidade da população com relação ao governo. Afinal, isso fez a população ficar cada vez mais influenciada pelas decisões de emissão (Hoffert, 2019).

Retomemos o tema da evolução da moeda e especificamente o limitador do uso das moedas metálicas relativo ao peso excessivo quando consideradas grandes quantidades, o que obstava grandes transações. Diante de tal problema, criou-se a **moeda-papel**, uma espécie de certificado de depósito emitido pelas casas de custódia em troca do metal precioso nela depositado. Por ter "equivalência metálica" e ser lastreada, a moeda-papel poderia ser convertida em metal precioso com valor equivalente, a qualquer momento e sem necessidade de aviso prévio, desde que apresentada nas casas de custódia (Lopes; Rossetti, citados por Angoti; Othon; Padalino, 2018).

Assim, a moeda-papel abriu espaço para a **moeda fiduciária**, também conhecida como *papel-moeda*.

Diante das inúmeras falsificações às moedas de cobre cunhadas no Brasil entre 1823 e 1831, o Governo determinou o recolhimento das moedas, em uma tentativa de conter a quantidade de falsidades.

Figura 4.4 – Cédula do Tesouro Nacional para troco do cobre

Romulo Fialdini/Tempo Composto

Em substituição, o Governo emitiu as chamadas *cédulas* do Tesouro Nacional. Isso porque a utilização do lastro metálico se mostrou pouco aderente. Poucos eram aqueles que solicitavam a conversão da moeda-papel, sendo suficiente a apresentação do referido título como forma de comprovar o crédito possuído (Angoti; Othon; Padalino, 2018).

As casas de custódia evoluíram para o sistema bancário central, com o surgimento dos primeiros bancos centrais, instituições que passaram a deter o monopólio da emissão de moeda, sendo o Banco da Inglaterra o pioneiro.

Assim, tem-se que a moeda fiduciária é um título não lastreado[*], mas que guarda valor monetário comumente aceito em uma economia.

Diferentemente das moedas metálicas e da moeda-papel, as quais tinham valor intrínseco por estarem diretamente vinculadas a metais preciosos, valiosos por natureza, o valor atribuído às moedas fiduciárias é intangível, muitas vezes advindo de seu emissor.

[*] Embora o papel-moeda não tivesse um lastro tão tangível quanto o modelo antecessor, isto é, a moeda-papel, a partir do século XVIII houve a adoção do sistema "libra-ouro", por meio do qual todas as moedas deveriam representar determinado peso em ouro, com o intuito de limitar o poder dos Estados de emitir moeda de acordo com a vontade própria, de maneira desenfreada. Esse sistema desapareceu ao final da Primeira Guerra Mundial, pois a crise monetária se mostrou tão devastadora que os países precisavam de planos econômicos para subsidiar a produção, e só voltou a vigorar a partir da Conferência de Bretton Woods em 1944, quando foi reestabelecido o gerenciamento econômico mundial por meio do padrão dólar-ouro que perdurou até 1971 (Murino, 2017).

Quadro 4.1 – Funções da moeda

Intermediária de trocas: • Superação do escambo. • Operação de economia monetária. • Melhor especialização e divisão social do trabalho. • Transações com menor tempo e esforço. • Melhor planejamento de bens e serviços.
Medida de valor: • Unidade padronizada de medida de valor. • Denominador comum de valores. • Racionalização de informações econômicas. • Sistema agregado de contabilidade social.
Reserva de valor: • Alternativa de acumular riquezas. • Liquidez por excelência. • Pronta aceitação comercial.
Função liberatória: • Liquidação de débitos. • Poder garantido pelo Estado.
Padrão de pagamento: • Permite realizar pagamentos no decorrer do tempo. • Permite crédito e adiantamento. • Viabiliza fluxos de produção e de renda.
Instrumento de poder: • Instrumento de poder econômico. • Conduz ao poder político. Permite a manipulação na relação Estado-sociedade.

Fonte: Elaborado com base em Angoti; Othon; Padalino, 2018.

E aqui provocamos uma reflexão: Por qual motivo a sociedade passou a aceitar uma moeda sem lastro? Não havia um bem material com valor intrínseco capaz de agregar valor independentemente do contexto?

Para Campbell-Verduyn (2017), o papel-moeda pode funcionar perfeitamente enquanto as pessoas que o utilizam depositam confiança nele e é justamente esse posicionamento que o termo *"fiat money"* sugere*.

---

* Na tradução livre, *fiat money* é compreendido como *moeda fiduciária*, em que o termo *fiat* é derivado do verbo *fide*, em latim, que significa "confiar em algo/alguém", remetendo justamente à ideia de que o valor atribuído ao papel-moeda tem como premissa a confiança atribuída por seus utilizadores.

O autor, então, propõe uma ponderação tautológica: Se todo mundo confia justamente pelo fato de todos confiarem, então quem depositou confiança primeiro?

De acordo com Aglietta (citado por Campbell-Verduyn, 2017), a moeda é considerada fiduciária em sua essência, e à sociedade cumpre criar os arranjos estáveis que permitam o desenvolvimento na confiabilidade que o dinheiro continuará detentor de valor mesmo com a chegada do então esperado "futuro". Em resumo, a história da moeda tem como fundamento a confiança, não entre dois indivíduos, mas entre um particular e a comunidade de modo geral.

Em continuidade ao raciocínio exposto, Aglietta (citado por Campbell-Verduyn, 2017) aponta dois tipos de confiança que, em conjunto, correspondem na instituição subjacente do dinheiro:

1. **Confiança sistemática** – Forma de confiança derivada dos costumes e tradições, bem como de experiências passadas que permitiram interações bem-sucedidas, provocando um padrão de comportamento e papéis assumidos pelos agentes privados.
2. **Confiança hierárquica** – Espécie de confiança originada de uma autoridade política que visa transmitir essa sua autoridade por meio do dinheiro.

Com base no exposto, Campbell-Verduyn (2017, p. 27, tradução nossa) propõe: "nós não devemos nos perguntar qual o significado de dinheiro, mas o que estamos fazendo com ele sob condições diferentes, em diversas organizações sociais e, sobretudo, ao longo do tempo".

Para Hoffert (2019), o estabelecimento da moeda estatizada – ou dito *monopólio monetário* – gerou dois grandes impactos imediatos:

1. **Efeito positivo do padrão monetário** – Entendido como a hegemonia proporcionada pelo pagamento por bens e serviços, facilitando as trocas de forma generalizada.
2. **Efeito negativo do padrão monetário** – Vinculado ao controle da base monetária por uma instituição centralizada diante da conveniência proporcionada pela universalização dos meios de troca.

Ainda conforme Hoffert (2019, p. 610), tal advento é descrito como "marco inaugural de mais de um mecanismo de transferência de riqueza sistematizado por Franz Oppenhelmer como a segunda via".

- **Primeira via de geração de riqueza** – Conhecida como a via econômica que ocorre por meio de trocas voluntárias que resultam em geração de valor (Hoffert, 2019).
- **Segunda via de geração de riqueza** – Assemelha-se a uma via política na qual a apropriação de riqueza se faz pela via coercitiva, principalmente pela expansão da base monetária. Dessa forma, a moeda passou de um bem meramente econômico para se tornar um instrumento político (Hoffert, 2019).

Por esse motivo, a história econômica da humanidade é considerada uma "dança delicada". As pessoas atribuem ao dinheiro a qualidade de meio facilitador da cooperação com estranhos, mas, ao mesmo tempo, sabem que essa confiança gera uma dependência diante da qual se sentem temerárias com a possibilidade de as relações íntimas e os valores humanos serem corrompidos (Harari, 2015).

Desse modo, o ciclo primitivo da hegemonia de uma moeda se dá por meio de sua coerção em uma sociedade – aqui se vinculando àquela espécie de confiança hierárquica anteriormente mencionada –, de maneira que o governo usa essa imposição com o intuito de garantir a manutenção do seu poder e possibilitar a expansão de suas forças (Hoffert, 2019).

Os ganhos difusos da entidade nacional estão diretamente vinculados à manutenção do sistema que objetiva a permanência do Estado nacional como detentor de poder de controle (Hoffert, 2019). Justamente em resposta à hegemonia nacionalista, aliados ao contexto de globalização – em que novos modelos sociais se forjaram no âmbito internacional –, grupos de ativistas passaram a projetar uma nova base social em que, por meio do uso da matemática e da criptografia, somados ao avanço tecnológico promovido pela internet, as relações de trocas poderiam contar com mais privacidade e confiança entre seus membros (Haas, citado por Hoffert, 2019). Esse movimento ficou conhecido como *cypherpunk*.

Os adeptos do movimento *cypherpunk* promoveram a ideia de que a lei deveria ser mínima, visando apenas à regulação de normas organizacionais e sistemas fundamentais para fins de viabilizar a interação dos agentes na sociedade (Civitarese; Martins, 2019).

Um dos expoentes do movimento, Nick Szabo – jurista e criptógrafo norte-americano conhecido por suas pesquisas em contratos inteligentes e moeda digital – propôs a criação de um ambiente criptográfico que não poderia ser alvo de nenhum tipo de coerção ou violência advindo de qualquer Estado ou indivíduos. Esse ambiente seria identificado como um local em que a confiança seria consequência do contexto mantido pelos usuários (Rocha, citado por Hoffert, 2019).

Em 2008, por meio de uma publicação em seu *blog* pessoal, Szabo (2008) propôs a criação de uma moeda a ser utilizada no espaço criptográfico por ele defendido, a chamada **Bit Gold**, com o intuito de se afastar a dependência de um terceiro responsável pela atribuição do valor monetário. Ainda, para Szabo (2008), a crise financeira de 2008 era efeito colateral da centralização do dinheiro e do ímpeto inflacionário dos bancos centrais.

Szabo advogou contra a soberania estatal na emissão de moedas, buscando justamente a descentralização que os *cypherpunks* almejavam (Bassotto, 2018). Com o intuito de garantir a segurança, ele propôs a utilização de uma cadeia pública na qual as informações seriam visíveis e confiáveis para todos.

Ainda em 2008, Satoshi Nakamoto, pseudônimo de personalidade ainda desconhecida, publicou um *whitepaper* em fórum público da internet contendo sua mais nova criação: a *blockchain* (Ulrich, 2017): uma espécie de rede formada em cadeia de blocos, por meio da qual os dados são distribuídos de ponta a ponta (rede *peer-to-peer*) sem a necessidade de um servidor central ou entidade controladora. Junto à *blockchain*, Sakamoto criou o *Bitcoin,* a primeira moeda virtual da história, cuja emissão ocorre de forma independente da garantia estatal conferida pelo Estado às moedas fiduciárias, e sua circulação não depende do intermédio de instituições financeiras (Murino, 2017).

Figura 4.5 – Evolução do dinheiro

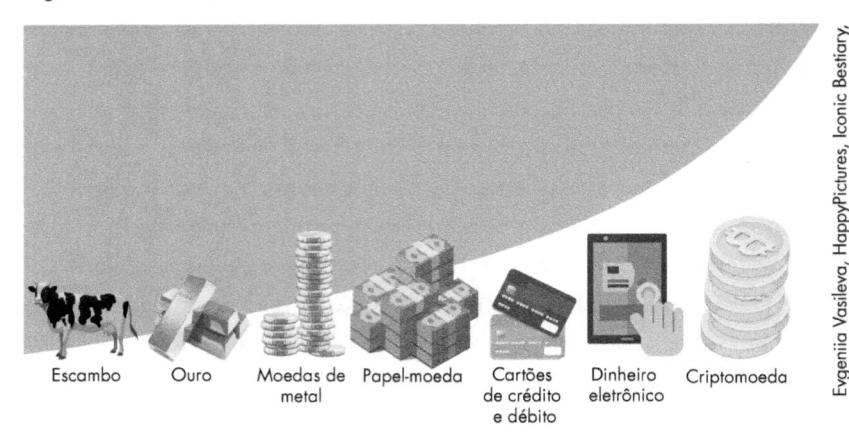

Evgeniia Vasileva, HappyPictures, Iconic Bestiary, LoopAll, rudram, Spreadthesign e Vectorfair/Shutterstock

| Escambo | Ouro | Moedas de metal | Papel-moeda | Cartões de crédito e débito | Dinheiro eletrônico | Criptomoeda |

Fonte: Nabers Group, 2022.

Assim, o conceito de moeda adquiriu várias características no decorrer do tempo. A história demonstra que o dinheiro foi criado muitas vezes, em muitos lugares, evidenciando que sua concepção não está atrelada a uma forma física específica ou a determinado avanço tecnológico. É por esse motivo que a ideia que a sociedade tem sobre aquilo que lhe garante valor se encontra em constante mutação, abrindo margem justamente para o surgimento de novos arranjos econômicos, os quais detalharemos nas próximas seções.

Conforme Harari (2015, p. 214): "Dinheiro não se resume a moedas e cédulas. Dinheiro é qualquer coisa que as pessoas estejam dispostas a usar para representar sistematicamente o valor de outras coisas com o propósito de trocar bens e serviços".

4.2 Sistemas de pagamento

Conforme expusemos na seção anterior, o conceito está historicamente atrelado a uma convenção, cuja funcionalidade deve atender a requisitos essenciais como padronização, credibilidade, aceitação e segurança (Pinheiro, 2016).

As características dos métodos transacionais foram evoluindo ao longo da cadeia temporal e, ao apresentarem limitações que impactavam diretamente nos negócios, a sociedade sabia que era preciso empreender alguma mudança.

Em dado momento histórico, com o intuito de garantir maior segurança nas transações mais vultosas, os comerciantes passaram a depositar suas reservas metálicas em casas de custódia em troca da emissão do recibo de depósito correspondente. Tal recibo poderia ser apresentado a qualquer tempo e, por meio dele, era possível reaver o valor equivalente ao que se havia depositado em momento anterior.

Assim, os títulos emitidos pelas casas de custódia passaram a ser largamente aceitos nas transações comerciais, como se metais fossem, apresentando um alto grau de confiabilidade. Observou-se, então, que, apesar do fluxo permanente de conversão e de emissões de recebidos, sempre restava uma parcela de metais ociosa.

Então, as casas de custódia, que gozavam da confiança da população no atinente aos documentos por ela elaborados, com o intuito de diminuírem a quantidade de metais sob sua posse e que não eram resgatados, passaram a emitir certificados não lastreados ou parcialmente lastreados. Deu-se, assim, origem à moeda fiduciária, a partir da evolução da moeda-papel.

As casas de custódia passaram a exercer a função de intermediárias nas transações, uma vez que atribuíam a confiabilidade para aceitação dos certificados perante terceiros. Eram, portanto, instituições garantidoras.

Com base na estrutura primária dessas casas de custódia e da necessidade dos governos de centralizar a emissão de moeda, visando mitigar riscos atrelados à ausência de unicidade e padrão, surgiram as instituições financeiras denominadas *bancos*.

Os bancos centrais foram sendo fundados a partir do século XVI na Europa. Na realidade, consistiam em bancos comerciais privados que se sobressaíram entre os demais e, devido a suas relações com o Tesouro, receberam o direito principal ou exclusivo de emissão de moeda fiduciária (Freitas, 2000).

Isso evidencia que os bancos centrais não foram fruto apenas da criação de governos com o intuito único de centralizar a emissão de moeda (Corazza, 2006). De acordo com o Banco Central do Brasil (Bacen, Banco Central ou BCB), "o monopólio de emissões e o papel do banqueiro foram as duas primeiras funções que ajudaram a delinear o perfil do que mais tarde constituiria um banco central" (BCB, 2008, p. 9).

Segundo Keynes (citado por Freitas, 2000, p. 398):

> Com o desenvolvimento da moeda bancária associado à constituição de um sistema bancário como uma organização institucional articulada, integrada e hierarquizada, os bancos passaram a combinar as funções de fornecedores de moeda, de liquidez e de intermediação do capital de empréstimos, a partir dos saldos monetários dos agentes econômicos conservados sob a forma de depósito bancário.

O Banco da Inglaterra, criado em 1964, foi o pioneiro a desenvolver a função de gestor dos meios de pagamento, como banco de bancos, de controlador da moeda e do crédito, de prestamista em última instância, além de regulador e supervisor do sistema bancário. À instituição foi concedido o monopólio legal de emissão para se organizar juridicamente sob a forma de uma sociedade anônima, em troca do financiamento, por meio de empréstimos, conferido ao governo inglês, que à época necessitava de altas quantias diante aos gastos bélicos na guerra contra a França (Freitas, 2000).

Com o tempo, o Banco da Inglaterra logrou expandir suas atividades e, graças ao prestígio adquirido, tornou-se receptor de depósitos de outros bancos, assumindo, logo depois, a prestação de serviços de "compensação" das operações realizadas entre os bancos (BCB, 2008). Em meados do século XIX, a instituição começou a desempenhar o papel de "banco dos bancos", cumprindo papel de prestamista em última instância ao agrupamento do sistema bancário (Freitas, 2000).

A edição do Bank Charter Act, em 1844, conferiu ao Banco da Inglaterra o monopólio da emissão da moeda fiduciária em todo o território inglês e estimulou uma reorganização administrativa, com a criação de um departamento monetário e um bancário (Freitas, 2000). Sobre o representável progresso do Bank Charter Act, John Keynes (citado por Freitas, 2000, p. 400) expôs:

Esta Lei foi composta por um princípio sólido e uma séria confusão. O princípio sólido consistiu na ênfase dada à limitação da quantidade do dinheiro representativo como meio de assegurar a manutenção do padrão. A confusão residia na tentativa fútil de ignorar a existência da moeda bancária e, consequentemente, a inter-relação entre dinheiro e crédito bancário, e de fazer com que a moeda representativa se comportasse exatamente como a moeda-mercadoria.

No decurso dos anos, o Banco da Inglaterra se fortaleceu e, com isso, atraiu competências, o que resultou na concentração de funções que caracterizaram a ação de um banco central como banco dos bancos (BCB, 2008). As **funções clássicas dos bancos centrais** são as que seguem, com o esclarecimento apontado pelo BCB (2008, p. 13):

Apesar de atividades interdependentes, nem todos os bancos centrais necessariamente precisam desempenhar todas elas:

a) monopólio de emissão;

b) banco dos bancos;

c) banqueiro do governo;

d) superintendente do sistema financeiro;

e) executor da política monetária;

f) executor da política cambial;

g) depositário das reservas internacionais;

h) assessor econômico do governo.

O Banco Central do Brasil, por sua vez, foi criado mediante a Lei n. 4.595, de 31 de dezembro de 1964 (Brasil, 1964), sendo considerado um dos bancos centrais mais tardios no âmbito global. Antes de sua criação, a política monetária estava a cargo do Banco do Brasil – também assumindo a posição de banco comercial – e da extinta Superintendência da Moeda e do Crédito (Sumoc).

Assim, tem-se que o BCB, autarquia federal e diretamente ligada ao Ministério da Economia, como uma de suas principais funções, deve desempenhar o papel executivo nos assuntos ligados ao Conselho Monetário Nacional (CMN) e garantir que a economia brasileira seja sólida e eficiente, por meio da regulação do Sistema Financeiro Nacional (SFN). Ademais, cumpre ao BCB instituir normas e procedimentos a serem observadas pelas instituições que o compõem, tendo o poder de fiscalização da aderência a tais normativos.

Ao BCB é prevista a responsabilidade pela garantia da segurança e eficiência do **Sistema de Pagamentos Brasileiro** (SPB). E o que seria esse sistema?

O SBP compreende toda a rede estrutural integrada de operações e procedimentos que permite a realização de movimentações financeiras entre os agentes econômicos brasileiros (Reis, 2019).

> *O Sistema de Pagamentos Brasileiro (SPB) compreende as entidades, os sistemas e os procedimentos relacionados com o processamento e a liquidação de operações de transferência de fundos, de operações com moeda estrangeira ou com ativos financeiros e valores mobiliários, chamados, coletivamente, de entidades operadoras de Infraestrutura do Mercado Financeiro (IMF). Além das IMF, os arranjos e as instituições de pagamento também integram o SPB.* (BCB, 2022f)

O SPB foi estabelecido com a promulgação da Lei n. 10.214, de 27 de março de 2001 (Brasil, 2001a), e sua construção foi composta a partir da definição dos princípios basilares e norteadores, quais sejam: **eficiência, segurança, integridade** e **confiabilidade.**

Quadro 4.2 – Principais benefícios do sistema de pagamento brasileiro

Possibilidade imediata de dinheiro • Independentemente da localidade onde o cliente esteja, a ele é garantida a possibilidade de se realizar uma transferência bancária no mesmo dia – muitas vezes confirmada em segundos – para um terceiro situado em localidade distinta da dele.
Maior agilidade na disponibilização dos recursos • Os recursos financeiros já são disponibilizados, via de regra, no mesmo dia em que se é feita a transferência, podendo variar de acordo com as regras das instituições financeiras em questão (por exemplo, limitação pelo horário bancário).
Maior segurança e confiabilidade • Redução de risco de crédito nos pagamentos, os quais são considerados irreversíveis, pois não podem ser sustados ou devolvidos por falta de fundos, como pode ocorrer com cheques.

Fonte: Elaborado com base em Silva, 2015.

Atreladas ao SPB, várias instituições atuam para garantir as mais diversas operações financeiras, cujo agrupamento é denominado **Infraestrutura do Mercado Financeiro**, posicionando-se de forma interconectada, funcionando como uma espécie de rede: é a chamada **Rede do Sistema Financeiro Nacional** (RSFN). Não há qualquer tipo de hierarquia entre elas, diferentemente do que ocorre no SFN.

Figura 4.6 – Organograma da Rede do Sistema Financeiro Nacional (RSFN)

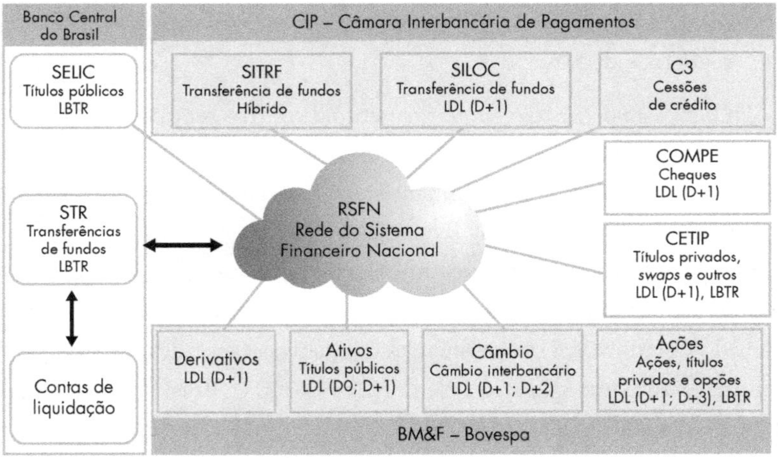

Fonte: Sistema..., 2022.

Foi atribuído ao BCB e à Comissão de Valores Mobiliários (CVM) o papel de reguladores, ficando a atuação de cada órgão restrita nos limites das esferas de competência de cada um.

A Lei n. 10.214/2001, por sua vez, definiu que **ficam sujeitas ao SPB as câmaras e os prestadores de serviço de compensação e de liquidação**, desde que operem qualquer um dos sistemas integrantes do sistema de pagamentos, cujo funcionamento: resulte em movimentações interbancárias; e envolva pelo menos três participantes diretos para fins de liquidação, incluindo instituições financeiras ou demais instituições autorizadas a funcionar pelo BCB.

Ainda de acordo com a mencionada lei, em especial o art. 2º, parágrafo único, são integrantes do SPB os serviços de:

- compensação de cheques e outros papéis;
- compensação e liquidação de ordens eletrônicas de débito e de crédito;
- transferência de fundos e de outros ativos financeiros;
- compensação e liquidação de operações com títulos e valores mobiliários;
- compensação e liquidação de operações realizadas em bolsas de mercadorias e de futuros.

Também está previsto o enquadramento de outros serviços, até mesmo aqueles envolvendo operações com derivativos financeiros, cujas câmaras ou prestadoras de serviços tenham sido autorizadas pelos respectivos órgãos reguladores, isto é, BCB ou CVM.

Aliás, diante da questão da competência dos órgãos reguladores, cada tipo de serviço anteriormente listado deve ocorrer de modo bastante alinhado e sempre em observância às normativas específicas aplicáveis.

Entre outras questões, a Lei n. 10.214/2001 (Brasil, 2001a; BCB, 2004a), estabeleceu que:

- a definição de quais sistemas de liquidação serão enquadrados como sistemicamente importantes será de competência do BCB;
- é admitida a compensação multilateral de obrigações no âmbito de um sistema de compensação e de liquidação;
- as entidades operadoras nos sistemas de compensação multilateral considerados sistemicamente importantes devem adotar mecanismos e salvaguardas que lhes possibilitem assegurar a liquidação das operações realizadas;
- os bens e direitos integrantes do patrimônio especial, bem como aqueles oferecidos em garantia pelos participantes, são impenhoráveis e não poderão ser objeto de arresto, sequestro, busca e apreensão ou qualquer outro ato de constrição judicial, exceto para o cumprimento

das obrigações assumidas pela própria câmara ou prestador de serviços de compensação e de liquidação na qualidade de parte contratante;

* os regimes de insolvência civil, concordata, intervenção, falência ou liquidação extrajudicial, a que seja submetido qualquer participante, não afetarão o adimplemento de suas obrigações, assumidas no âmbito das câmaras ou prestadores de serviço de compensação e de liquidação, que serão ultimadas e liquidadas pela câmara ou prestador de serviços, na forma de seus regulamentos.

Torna-se evidente, então, a grande amplitude do SPB. É praticamente inimaginável pensar que um cidadão nunca esteve submetido a suas regras nas transações comerciais cotidianas: "cheque, cartão de crédito, TED, DOC e [...] demais formas" (Capital Now, 2019) são partes do SBP.

Nos termos da Resolução do BCB n. 2.882, de 30 de agosto de 2001 (BCB, 2001), o órgão deverá atuar sempre na promoção da solidez, normal funcionamento e contínuo aperfeiçoamento do SFN. Essa Resolução também reúne definições importantes e com aplicação direta ao entendimento do SPB, conforme expomos no Quadro 4.3.

Quadro 4.3 – Definições da Resolução do Bacen n. 2.882/2001

Câmara de compensação e de liquidação
Pessoa jurídica que exerce, **em caráter principal**, a operação de qualquer um dos sistemas integrantes do sistema de pagamentos, cujo funcionamento: (i) resulte em movimentações interbancárias; e (ii) envolva pelo menos três participantes diretos para fins de liquidação, dentre instituições financeiras ou demais instituições autorizadas a funcionar pelo BCB.
Prestador de serviços de compensação e de liquidação
Pessoa jurídica que exerce, **em caráter acessório**, a operação de qualquer um dos sistemas integrantes do sistema de pagamentos, cujo funcionamento: (i) resulte em movimentações interbancárias; e (ii) envolva pelo menos três participantes diretos para fins de liquidação, dentre instituições financeiras ou demais instituições autorizadas a funcionar pelo BCB.

(continua)

Patricia Peck Pinheiro

Participante direto para fins de liquidação

Pessoa jurídica que assume a posição de parte contratante para fins de liquidação, no âmbito do sistema integrante do sistema de pagamentos, perante a câmara ou o prestador de serviços de compensação ou outro participante direto.

Participante indireto para fins de liquidação

Pessoa jurídica, com acesso ao sistema integrante de pagamentos, cujas operações são liquidadas por intermédio de um participante direto.

Fonte: BCB, 2001.

Como órgão regulador do SPB, ao BCB compete converter as políticas estabelecidas em regras a serem aplicadas às IMFs, adequar o arcabouço normativo brasileiro ao recomendado à nível internacional, a exemplo do que ocorre com o Comitê de Pagamentos e Infraestruturas do Mercado de Compensação Internacionais (CPMI/BIS) e do Comitê Técnico da Organização Internacional de Comissões de Valores (TC/IOSCO) (BCB, 2022c).

Em seu âmbito de atuação, o BCB é o responsável pela gestão e operação das seguintes IMFs (BCB, 2022c):

- Sistema de Transferência de Reservas (STR);
- Sistema de Pagamentos Instantâneos (SPI);
- Sistema Especial de Liquidação e Custódia (Selic).

De modo geral, o STR e o SPI são considerados sistemas de pagamento (transferência de fundos), ao passo que o Selic, além de fazer o eventual registro de ônus e gravames sobre os títulos públicos emitidos no âmbito do Tesouro Nacional*, é definido como um sistema de liquidação de ativos e um depositário central que opera a maioria dos títulos públicos (Brasil, 2022c).

---

* "O Tesouro Nacional é como se fosse o caixa do governo. Ele recebe o dinheiro arrecadado pela Receita Federal e outros órgãos e faz a gestão destes recursos para cumprir o orçamento público, que é um planejamento dos gastos do governo. Quem faz a gestão disso é a Secretaria do Tesouro Nacional (STN), órgão da Secretaria-Especial de Fazenda, subordinado ao Ministério da Economia" (Brasil, 2022c).

Figura 4.7 – Fluxo das IMFs sob responsabilidade do BCB

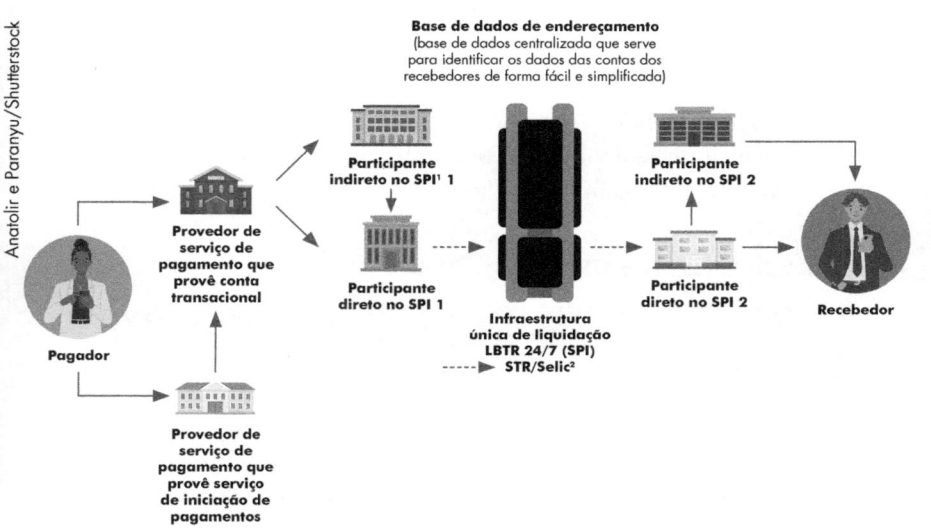

Base de dados de endereçamento
(base de dados centralizada que serve
para identificar os dados das contas dos
recebedores de forma fácil e simplificada)

Participante
indireto no SPI¹ 1

Participante
indireto no SPI 2

Provedor de
serviço de
pagamento que
provê conta
transacional

Participante
direto no SPI 1

Participante
direto no SPI 2

Recebedor

Pagador

Infraestrutura
única de liquidação
LBTR 24/7 (SPI)
STR/Selic²

Provedor de
serviço de
pagamento que
provê serviço
de iniciação de
pagamentos

Provedor de serviço de iniciação de pagamento: instituição que exercerá a atividade de iniciação de transação de pagamento a pedido de um cliente titular de conta transacional em instituição financeira ou instituição autorizada a funcionar pelo BCB, não participando da sua liquidação financeira (a prestação desse serviço ainda carece de regulamentação pelo BCB).

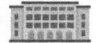
Participante indireto: instituição que oferece uma conta transacional para um usuário final, mas que não é titular de conta PI no BCB nem possui conexão direta com o SPI. Utiliza os serviços de um liquidante no SPI para fins de liquidação de pagamentos instantâneos.

Participante direto: instituição autorizada a funcionar pelo BCB que oferece uma conta transacional para um usuário final e que, para fins de liquidação de pagamentos instantâneos, é titular de conta PI.

BCB: responsável por desenvolver e gerenciar a base única e centralizada de endereçamento e a infraestrutura única e centralizada de liquidação das transações, que funcionará 24 horas por dia.

¹ **SPI**: Sistema de Pagamentos Instantâneos
² **STR e Selic**: possíveis fontes de liquidez

Fonte: BCB, 2019b.

Instituído pela Circular do BCB n. 3.100/2002, o STR é a instância em que ocorre a liquidação final de todas as obrigações financeiras no Brasil, sendo considerado o cerne do SPB, cujas principais características são (BCB, 2019c):

- liquidação exclusiva de ordens de crédito (a ordem para a movimentação de recursos de uma conta é permitida apenas pelo seu titular);
- impossibilidade de liquidação de lançamentos a descoberto na conta (não admite saldo negativo);

- liquidação final (incondicional e irrevogável) das ordens de transferência.

Em linhas gerais, o BCB demonstra a estrutura do STR mediante o fluxo desenhado na figura a seguir, o qual dispõe de forma gráfica as duas modalidades de acesso: via RSFN e via internet, por meio do aplicativo STR-Web, disponibilizado pelo BCB.

Figura 4.8 – Estrutura do STR

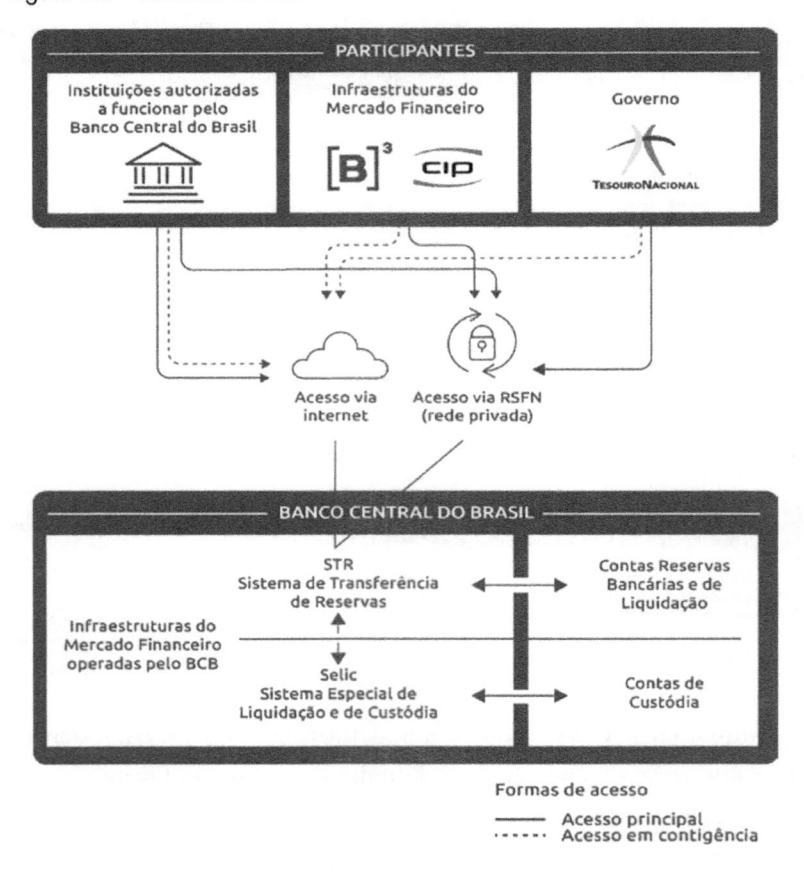

Fonte: Brasil, 2019b, p. 5.

Desse modo, as operações do STR são fundamentadas em ordens de crédito; portanto, somente o titular da conta a ser debitada pode emitir a ordem de transferência de fundos. Essa transferência tem caráter irrevogável, sendo considerada final, a partir do momento em que é feito o correspondente lançamento nas contas de liquidação — o participante destinatário, por sua vez, só é informado da transferência no momento em que se efetua sua liquidação (BCB, 2004b).

A ordem de transferência de fundos é submetida à liquidação no momento de seu recebimento pelo STR, sendo encaminhada para fila de espera se ocorrer qualquer uma das seguintes hipóteses: (i) insuficiência de recursos na conta de liquidação do participante emitente; (ii) existência de outra ordem de transferência de fundos em fila de espera, do mesmo participante, com nível de prioridade igual ou superior. O enfileiramento não se aplica às ordens de transferência de fundos relacionados com o Selic, bem como àquelas emitidas por entidades operadoras de sistema de compensação e de liquidação. Nesses casos, havendo insuficiência de fundos, as ordens de transferência de fundos são imediatamente rejeitadas pelo STR. (BCB, 2004b)

O STR é colocado à disposição dos participantes, para a realização de registro e liquidação de ordens de transferência de fundos, de acordo com os dias e horários demonstrados pelo BCB e indicados na figura a seguir.

Figura 4.9 – Grade horária do STR

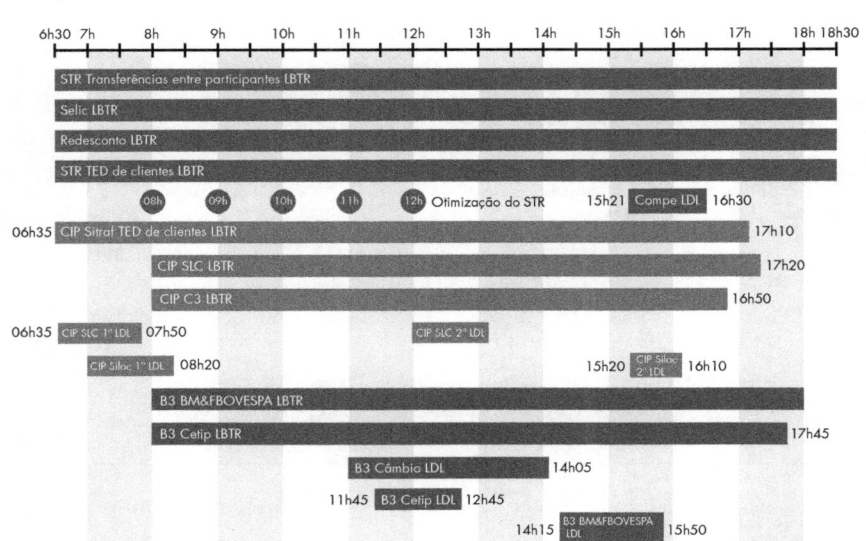

Fonte: BCB, 2022h.

O SPI, cuja operação – gerida pelo BCB – teve início em novembro de 2020, consiste na infraestrutura centralizada e única para liquidação de pagamentos instantâneos entre instituições distintas localizadas em território nacional. Cumpre ao SPI realizar a Liquidação Bruta em Tempo Real (LBTR); por isso, as transações nele realizadas – assim como ocorre com o STR – são consideradas irrevogáveis se liquidadas (BCB, 2022g).

Figura 4.10 – Fluxo de participação no SPI

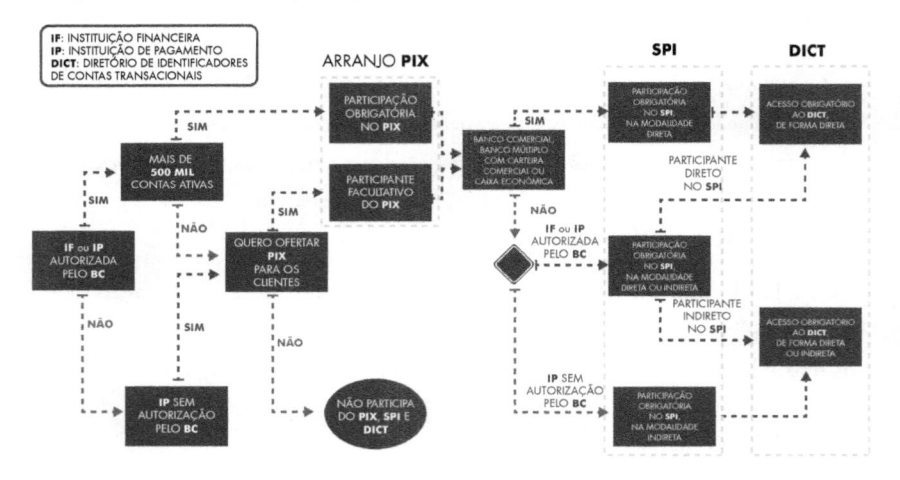

Fonte: BCB, 2022g.

Figura 4.11 – Formas de acesso ao SPI

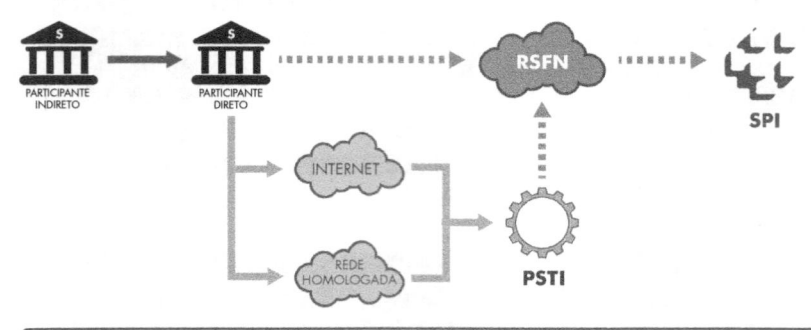

Fonte: BCB, 2022g.

Segundo o conteúdo disponível no *site* do Banco Central (BCB, 2022g):

> *Pagamentos instantâneos são as transferências monetárias eletrônicas na qual [sic]*
> *a transmissão da ordem de pagamento e a disponibilidade de fundos para o usuário*
> *recebedor ocorre em tempo real e cujo serviço está disponível durante 24 horas*
> *por dia, sete dias por semana e em todos os dias do ano. As transferências ocorrem*
> *diretamente da conta do usuário pagador para a conta do usuário recebedor, sem*
> *a necessidade de intermediários, o que propicia custos de transação menores.*

E o que são os chamados *pagamentos instantâneos*? No âmbito nacional, tais pagamentos são identificados como PIX, denominação criada pelo BCB, e foram colocados à disposição da população brasileira a partir de novembro de 2020.

A implementação do PIX visa potencializar os avanços de mercado, em linha com a revolução tecnológica já em curso, além de objetivar preencher lacunas visíveis nas demais possibilidades de pagamentos oferecidas aos cidadãos.

Figura 4.12 – Benefícios do PIX

elimam, simpleicon e linear_design/Shutterstock

Pagadores
Mais rápido, barato e seguro
Mais prático (uso da lista de contatos no celular ou de QR code para iniciar pagamentos)
Mais simples (só precisa do dispositivo digital para realizar o pagamento, dispensa uso de cartão, folha de cheque, cédulas, maquinhas, etc.)
Possibilidade de integração a outros serviços no *smartphone*

Recebedores
Custo de aceitação menor que dos demais meios eletrônicos
Disponibilização imediata dos recursos, o que tende a reduzir necessidade de crédito
Facilidade de automatização e de conciliação de pagamentos
Facilidade e rapidez de checkout (não tem necessidade de POS para passar o instrumento de pagamento ou de um caixa para dar troco

Ecossistema
Eletronização dos meios de pagamento (consequentemente, melhor controle de LD/FT e redução do uso de células, que são instrumentos socialmente mais custosos)
Maior competição entre meios de pagamento (tende a gerar serviços com maior qualidade e menor custo)
Estímulo à entrada de *fintechs* e *big techs*
Maior potencial de inclusão financeira (custos menores de iniciação e de aceitação e ambiente com mais agentes ofertantes)
Ambiente mais seguro

Fonte: BCB, 2022d.

Patricia Peck Pinheiro

Entre os principais benefícios do PIX, o BCB (2022d) elenca os seguintes:

- alavancar a competitividade e a eficiência do mercado;
- baixar os custos;
- aumentar a segurança e aprimorar a experiência dos clientes;
- promover a inclusão financeira.

Figura 4.13 – Características basilares do PIX

 **Rápido**
Transações concluídas em poucos segundos, recursos disponíveis para o recebedor em tempo real

 Disponíveis
24 horas por dia, sete dias por semana, inclusive feriados

 **Fácil**
Experiência facilitada para o usuário

 Barato
Gratuito para pessoa física pagadora. Custo baixo para os demais casos

 Seguro
Robustez de mecanismos e medidas para garantir a segurança das transações

 Aberto
Estrutura ampla de participação, possibilitando pagamentos entre instituições distintas

 **Versátil**
Instrumento multiproposta, que pode ser usado para pagamentos independente de tipo e valor da transação, entre pessoas, empresas e governo

 **Integrado**
Informações importantes para conciliação poderão cursar junto com a ordem de pagamento, facilitando a automação de processos e a conciliação dos pagamentos

inear_design/Shutterstock

Fonte: BCB, 2022d.

Por meio da Circular do BCB n. 3.985, de 18 de fevereiro de 2020 (BCB, 2020b), o órgão instituiu disposições relacionadas às modalidades e aos critérios de participação no arranjo de PIX e no SPI* e aos critérios de acesso direto ao Diretório de Identificadores de Contas Transacionais (DICT).

---

* O processo de adesão ao PIX, regulamentado pelas Cartas Circulares do BCB n. 4.006/2020, n. 4.022/2020, n. 4.055/2020 e n. 4.056/2020, engloba duas etapas: cadastral e homologatória. A efetiva participação no PIX é condicionada ao cumprimento de ambas.

A participação no arranjo de PIX é obrigatória para instituições financeiras e instituições de pagamento autorizadas pelo BCB detentoras de mais de 500 mil contas de clientes ativas, consideradas as contas de depósito à vista, as contas de depósito de poupança e as contas de pagamento pré-pagas. As demais instituições financeiras e de pagamento, inclusive aquelas que ainda não atingiram os limites para requerer autorização de funcionamento como instituição de pagamento, podem participar do PIX desde a data de seu lançamento, de forma facultativa (BCB, 2022d).

Do ponto de vista do cliente, a utilização do PIX objetiva a oferta de soluções que permitam a fluidez no processo, pela facilidade, simplicidade ou até mesmo rapidez. Desse modo, o BCB (2022d) estabelece que os pagadores poderão iniciar pagamentos por, ao menos, três formas diferentes:

1. Utilização de chaves ou apelidos para a identificação da conta transacional, como o número do telefone celular, do CPF (Cadastro de Pessoas Físicas), do CNPJ (Cadastro Nacional da Pessoa Jurídica) ou um endereço de *e-mail*;
2. QR Code (estático ou dinâmico);
3. Emprego de tecnologias que permitam a troca de informações por aproximação, como a tecnologia Near Field Communication (NFC).

Por sua vez, o Selic é operado pelo BCB em parceria com a Associação Brasileira das Entidades dos Mercados Financeiro e de Capitais (Anbima).

O Selic desempenha o papel de depositário central dos títulos da Dívida Pública Mobiliária Federal interna (DPMFi), sendo também enquadrado como um sistema eletrônico que processa o registro e a liquidação financeira das operações realizadas com tais títulos públicos (BCB, 2022j). Todos os títulos depositados no Selic são classificados como escriturais.

Por se tratar de sistema de liquidação pelo valor bruto e em tempo real, isto é, LBRT, a liquidação das operações no Selic está sempre condicionada à disponibilidade (1) do título negociado na conta de custódia do vendedor e (2) dos recursos financeiros por parte do comprador (BCB, 2022j).

Figura 4.14 – Sistema Selic *versus* Taxa Selic

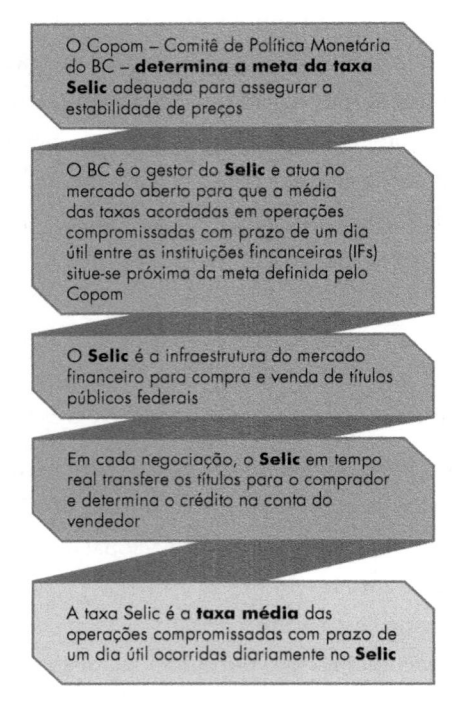

O Copom – Comitê de Política Monetária do BC – **determina a meta da taxa Selic** adequada para assegurar a estabilidade de preços

O BC é o gestor do **Selic** e atua no mercado aberto para que a média das taxas acordadas em operações compromissadas com prazo de um dia útil entre as instituições financeiras (IFs) situe-se próxima da meta definida pelo Copom

O **Selic** é a infraestrutura do mercado financeiro para compra e venda de títulos públicos federais

Em cada negociação, o **Selic** em tempo real transfere os títulos para o comprador e determina o crédito na conta do vendedor

A taxa Selic é a **taxa média** das operações compromissadas com prazo de um dia útil ocorridas diariamente no **Selic**

Fonte: BCB, 2022i.

A liquidação financeira de cada operação no âmbito do Selic é realizada pelo STR, ao qual o Selic está vinculado na RFSN.

Diante de todo o exposto, vale pontuarmos que o SPB que atualmente conhecemos já foi alvo de diversas mudanças e atualizações, sempre no intento de viabilizar a adoção de melhores práticas e otimizar custos e tempo, com o intuito de acompanhar as novidades tecnológicas e anseios do mercado.

Em 2002, o Sistema de Pagamentos Financeiros foi alvo de uma remodelagem, a qual ficou conhecida como *novo SPB*, por meio do qual foi apresentada a Transferência Eletrônica Disponível (TED) como alternativa para o envio de recursos entre clientes detentores de conta em bancos distintos, em um tempo diminuto.

Alguns anos depois, foi editada a Lei n. 12.865, de 9 de outubro de 2013 (Brasil, 2013), que forneceu ao ordenamento jurídico pátrio os principais conceitos aplicáveis aos arranjos de pagamento. Em novembro do mesmo ano, o BCB publicou a Circular n. 3.682, de 4 de novembro de 2013 (BCB, 2013a) para disciplinar os requisitos de enquadramento das instituições entre: arranjos de pagamento integrantes do SPB; e arranjos de pagamento não integrantes do SPB.

Quadro 4.4 – Definições sobre arranjos de pagamento promovidos pela Lei n. 12.865/2013

Conta de pagamento
• Conta de registro detida em nome de usuário final de serviços de pagamento utilizada para a execução de transações de pagamento.
Instrumento de pagamento
• Dispositivo ou conjunto de procedimentos acordado entre o usuário final e seu prestador de serviço de pagamento utilizado para iniciar uma transação de pagamento.
Moeda eletrônica
• Recursos armazenados em dispositivo ou sistema eletrônico que permitem ao usuário final efetuar transação de pagamento.

Fonte: Elaborado com base em Brasil, 2013.

De modo geral, os arranjos de pagamento integrantes do SPB são aqueles em que o conjunto de participantes apresenta volumes iguais ou superiores a, pelo menos, um dos limites indicados a seguir (BCB, 2022b). Essa média é calculada com base nos 12 meses antecedentes à data do cálculo.

Parâmetro	Valor
Volume financeiro (R$ bilhões)	20
Quantidade de transações (milhões)	100

Fonte: BCB, 2022b.

Já os arranjos de pagamento classificados como não integrantes do SPB prescindem de autorização do BCB para funcionamento, o que proporciona maior espaço e desenvoltura para inovação.

Nos moldes do art. 2° do Regulamento Anexo à Circular do BCB n. 3.682/2013, caso a instituição de arranjo de pagamento se enquadre em, ao menos, um dos cenários expostos no Quadro 4.5, ela não é considerada integrante do SPB:

Quadro 4.5 – Art. 2° do Regulamento Anexo à Circular do BCB n. 3.682/2013

Arranjos de pagamentos de propósito limitado, dos quais são exemplos aqueles cujos instrumentos de pagamento forem: a) aceitos apenas na rede de estabelecimentos de uma mesma sociedade empresária, ainda que não emitidos por ela; b) aceitos apenas em rede de estabelecimentos que apresentem claramente a mesma identidade visual entre si, tais como franqueados e redes de posto de combustível; e c) destinados para o pagamento de serviços públicos específicos, tais como transporte público e telefonia pública.
Arranjos de pagamentos em que o conjunto de participantes apresentar, de forma consolidada, volumes inferiores a: a) R$ 500.000.000,00 (quinhentos milhões) de reais de valor total das transações, acumulado nos últimos doze meses; e b) 25.000.000 (vinte e cinco milhões) de transações, acumuladas nos últimos doze meses.
Arranjos de pagamentos em que o instrumento de pagamento: a) for oferecido no âmbito de programa destinado a conceder benefícios a pessoas naturais em função de relações de trabalho, de prestação de serviços ou similares, instituído por lei ou por ato do Poder Executivo federal, estadual ou municipal.

Fonte: BCB, 2013a.

O SPB é, portanto, condição necessária para viabilizar as transações comerciais, tanto em pequena quanto em larga escala. Aqui também estão compreendidas as transações cotidianas entre particulares.

A constante sede dos reguladores por sua atualização se mostra benéfica ao passo que as inovações tecnológicas vêm avançando e promovendo impactos sociais que necessitam estar alinhados com as *nuances* normativas.

As recentes regulamentações do BCB no âmbito do SPB, em especial com a adoção do SPI, que funciona com o PIX, mostram-se bastante benéficas não só ao mercado em geral, mas principalmente ao consumidor final.

4.3 Teoria quantitativa da moeda

Nesta seção, abordaremos a teoria quantitativa da moeda, objeto de estudo de diversos economistas da escola clássica (liberal), de onde se originou o conceito que aqui exporemos.

Esses conceitos, em conjunto com os tratados nos capítulos anteriores, permitem compreender as moedas eletrônicas e sua atuação no mercado, que ainda é fonte de grande debate na comunidade internacional, havendo até mesmo governos de certos países proibindo a sua utilização*.

Parte dos especialistas em economia entendem que David Hume, em seus dois ensaios escritos em 1752 (*Of Money* e *Of Interest*), foi um dos primeiros teóricos a dar uma resposta analiticamente consistente à indagação do efeito de uma mudança da quantidade de moeda sobre os preços, o emprego e a produção de bens (Mendonça, 2011).

Ainda no que diz respeito ao campo doutrinário, o destacado economista Milton Friedman, fundador e principal expoente da escola monetarista, utilizou-se da **teoria quantitativa da moeda** para estabelecer as raízes da sua linha doutrinária crítica. Nesse sentido, a teoria desenvolvida por essa escola de pensamento caminhou no sentido de consolidar o entendimento de que as regras de crescimento da oferta monetária deveriam prevalecer diante das medidas discricionárias de política monetária.

Milton Friedman, destacado economista norte-americano, é considerado na história do pensamento econômico como sendo o fundador e principal expoente da Escola Monetarista. As raízes do monetarismo estão na Teoria Quantitativa da Moeda, que é o esqueleto teórico da Economia Monetária do século XVIII. Os economistas

---

*   Uma grande polêmica envolvendo China, *Bitcoins* e a permissão para realizar atividade de mineração tomou as manchetes mundiais. Em 2019, a Comissão de Desenvolvimento e Reforma da China (NDRC) publicou emendas ao plano econômico do país, com o intuito de determinar as atividades classificadas como *incentiváveis* e *proibidas*. Justamente na lista de proibidas constava a mineração de criptomoedas, cenário que se mostrou bastante preocupante na perspectiva de vários países e comprometedor para o andamento da economia mundial. A Comissão de Arbitragem de Pequim (BAC) esclareceu, em julho de 2020, que a comentada proibição não visava proibir as atividades de Bitcoin enquadrado como mercadorias virtuais, mas sim as atividades nas quais o Bitcoin está envolvido como moeda legal (Rohr, 2019; CoinTimes, 2019).

vinculados a esta escola de pensamento que tem como figuras eminentes, além do próprio Friedman, nomes como os de Karl Brunner, Allan Meltzer e Philip Cagan nos Estados Unidos e David Laidler na Grã-Bretanha, advogam os princípios de política econômica oriundos da moderna interpretação da Teoria Quantitativa da Moeda propostos por Friedman na coletânea de artigos Studies in the Quantity Theory of Money *(1956). O desenrolar deste corpo teórico acabou por propor regras de crescimento constante da oferta monetária em detrimento de medidas discricionárias de política monetária, como sendo a forma mais eficiente das autoridades monetárias promoverem a estabilidade do nível de preços e o crescimento sustentado do produto per capita.* (Kremer; Corazza, 2003, p. 2)

Ainda no que tange à teoria quantitativa da moeda:

pode ser definida da seguinte forma e com base em duas afirmações: primeiro, a doutrina de que uma variação no número de unidades de moeda em circulação terá efeito proporcional sobre todos os preços expressos em termos da mesma unidade monetária; segundo, tal mudança no estoque de moeda não implica em nenhum efeito real sobre a economia. (Mendonça, 2011, p. 1)

Assim, na teoria em foco, supõe-se que V e Q sejam constantes. Por essa razão, aumentos na oferta de moeda provocam aumentos proporcionais no nível de preços. Isso é expresso na seguinte representação matemática:

$$\mathbf{M} \times \mathbf{V} = \mathbf{P} \times \mathbf{Q}$$

em que:

M = meios de pagamento;

V = velocidade de circulação da moeda, ou frequência média em que a unidade

monetária é gasta em certo período;

P = nível de preço;

Q = produto.

Sobre a velocidade de circulação da moeda, indica Vasconcellos (2001, p. 299):

na teoria clássica, V é considerado relativamente estável ou constante a curto prazo, já que depende de alguns parâmetros que se modificam lentamente, tais como hábitos da coletividade (quanto maior a utilização de cheques e cartões de crédito, menor a necessidade de reter moeda) e o grau de verticalização da economia (por exemplo, quando a Ford comprou a Philco, diminuiu sua necessidade de manter moeda em caixa, dado que as operações entre Ford e Philco passaram a ser meramente contábeis, no âmbito do próprio grupo). Por raciocínio análogo, a terceirização também afeta a velocidade da moeda.

A ideia de que a mudança no estoque de moeda não tem efeito sobre a economia dá origem ao conceito de **neutralidade da moeda**. De acordo com David Hume (citado por Mendonça, 2011, p. 2):

> O dinheiro não é nada além da representação do trabalho e dos produtos de uma economia, servindo somente como um método da avaliação ou de mensuração. Onde a moeda se encontra em maior abundância, maior a quantidade que se exige dela para representar a mesma quantidade de bens, não podendo ter efeito algum, bom ou mau, além de simplesmente alterar a escrita dos comerciantes.

Mendonça (2011, p. 2) acrescenta:

> Tomando por base a corrente mainstream, existe certo consenso de que a moeda é de fato neutra ou pelo menos provoca forte impacto sobre os preços no longo prazo. McCandless e Weber (1995), examinando dados para uma amostra de 110 países ao longo de 30 anos, mostram que a taxa de crescimento do estoque monetário para três diferentes definições de moeda e para duas amostras de países é altamente correlacionada com o nível de preços. Esse estudo mostrou ainda que, exceto para uma subamostra de países da OCDE, a taxa de crescimento da moeda assim como a taxa de inflação são não correlacionadas com o produto real.

E a moeda realmente é neutra? Economistas como John Keynes assumem ser possível reconhecer certa interferência da moeda na economia a curto e a médio prazos (Amado, 2000).

Keynes (1973, citado por Amado, 2000, p. 1) entende a moeda como um elemento com papel principal a ser desempenhado e ligado à concepção de economias monetárias:

> A moeda desempenha um papel próprio e afeta motivos e decisões e é, resumidamente, um dos fatores operativos nesta situação, desta forma, o curso dos eventos não pode ser predito, nem no longo nem no curto prazo sem o conhecimento do comportamento da moeda ente o primeiro e o segundo estado.

Patricia Peck Pinheiro

Cabe assinalar, porém, que essa visão vem sendo refutada por economistas que entendem que a teoria de neutralidade da moeda seria uma falácia, pois, no mundo real, os preços das mercadorias são alterados de forma contínua (Mendonça, 2011).

Logo, a teoria quantitativa da moeda não é unanimidade entre os economistas, principalmente no que concerne ao papel que a moeda desempenha: se, de fato, ela causa efeitos a curto, médio e longo prazo no sistema financeiro.

Conforme Mendonça (2001, p. 8),

> *A errônea suposição da neutralidade da moeda é a raiz de todas as tentativas de se estabelecer a fórmula da chamada equação de troca. Ao lidar com tal equação, o economista assume que, se uma variável da equação é alterada, então consequentemente outras variáveis também serão correspondentemente alteradas. O problema é que os elementos da equação não representam itens da economia individual, mas sim itens de todo o sistema econômico, o que significa que as mudanças por ela descritas estão ocorrendo não com os indivíduos, mas no sistema econômico como um todo. Problemas monetários são problemas econômicos e precisam ser analisados da mesma forma que se analisam todos os outros problemas econômicos.*

Apresentamos, a seguir, um exemplo prático de aplicação da fórmula da teoria quantitativa da moeda ($M \times V = P \times Q$), demonstrando ainda as diferentes visões sobre o caso concreto.

V e Q constantes

Suponhamos que M seja de \$ 500, Q seja de 1.000 unidades e P seja de \$ 1,50 por unidade. Teríamos então:

$M \times V = P \times Q$

$\$ 500 \times V = \$ 1,50 \times 1.000$

$\$ 500 \times V = \$ 1.500$

$V = \$ 1.500 / \$ 500$

$V = \$ 3$

Fonte: Nogami; Passos, 2018, p. 475-476.

Com base nesse exemplo, elaboramos um quadro comparativo com três versões da teoria a fim de que você possa analisar qual delas faz mais sentido para o mercado financeiro atual.

Quadro 4.6 – Teoria quantitativa da moeda

Clássicos
• Sendo V e Q constantes (para os clássicos, a economia está a pleno emprego e Q não varia), se a oferta de moeda dobrasse de \$ 500 para \$ 1.000, os preços médios dobrariam de \$ 1,50 para \$ 3,00.   • Da mesma forma, se a oferta de moeda fosse reduzida em 50%, os preços cairiam 50% também.
Rígida
• Se V e Q são constantes, variações na oferta de moeda resultam em variações proporcionais no nível de preços.
Flexível
• Admite que, no decorrer do tempo, V e Q podem sofrer variações. Isso porque, em uma economia em crescimento, Q aumenta com o passar do tempo. A velocidade da moeda que, por sua vez, depende dos padrões de pagamentos e recebimentos da economia, também pode sofrer variações com o passar do tempo. Os teóricos quantitativistas assumem que as mudanças na velocidade são previsíveis e argumentam que o crescimento no PIB (Produto Interno Bruto) nominal está estreitamente relacionado com os aumentos na oferta de moeda. Argumentam, ainda, que um nível de preços relativamente estável pode ser alcançado, bastando para isso que o crescimento na oferta monetária esteja relacionado ao crescimento de capacidade de produção da economia.
Conclusão
• Se supusermos que V permaneça constante em curto prazo, o efeito de um aumento na oferta monetária sobre inflação e o emprego dependerá de a economia estar operando ou não com recursos ociosos. Se a economia estiver com recursos desempregados, uma elevação na oferta de moeda pode aumentar a produção e o emprego na economia, sem necessariamente aumentar os preços. Por outro lado, se a economia estiver com recursos plenamente empregados, um aumento na oferta monetária provocará apenas uma elevação no nível geral de preços da economia.

Fonte: Nogami; Passos, 2018, p. 475-476.

Portanto, a referida teoria é alvo de debates entre especialistas da economia, coexistindo três entendimentos diferentes sobre ela, entre os quais a versão flexível parece ser a mais condizente com a realidade do mercado.

Nas seções a seguir, trataremos sobre as moedas eletrônicas, analisando suas tecnologias e diferenciais em contraponto com a moeda física.

4.4 Tipos de moeda eletrônica

A moeda digital ou eletrônica refere-se às transações efetuadas por meio de aparelhos ou sistemas eletrônicos inteligentes, visando à transferência de créditos de uma pessoa para outra (Caravina, 2017).

Segundo Caravina (2017, p. 13682):

A moeda eletrônica ou digital, por definição, exclui as moedas convencionais (físicas ou materiais); ao invés disso, um valor monetário é eletronicamente creditado ou debitado. A moeda é apenas umas das espécies, modalidades, tipos, instrumentos ou formas com que se efetua um pagamento.

Portanto, as moedas eletrônicas – ou *criptomoedas* ou *cryptocurrency*, no termo em inglês –, são meios de troca que usam criptografia para proteger transações e para controlar a criação de unidades adicionais de moeda (Caravina, 2017). Elas já não são mais novidade no mercado, apesar de existir diversos pontos controvertidos passíveis de discussão com os governos dos países.

As criptomoedas estão intimamente ligadas a tecnologia, segurança, privacidade das transações e descentralização (ausência de controle por governo), além, é claro, de estarem associadas ao valor de mercado.

Sobre o significado de criptomoedas, recorremos à conceituação elaborada por Steve Hollins (2018, p. 15-16): "Criptomoedas é o nome dado a qualquer moeda digital que seja considerada segura por causa da criptografia. A principal característica das criptomoedas é que não são controladas por autoridades centralizadas".

A ideia de criptomoedas está tão difundida atualmente que já existem diversas espécies delas, as quais serão citadas adiante, nesta seção. A mais conhecida delas e, talvez, a mais valiosa entre as criptomoedas é o Bitcoin.

Conforme Hollins (2018, p. 16), "Essas criptomoedas são conhecidas como *altcoins*, e muitas são apenas cópias pobres do *Bitcoin*, mas algumas (como *Litecoin*, Ethereum, Ripple e Dogecoin) fizeram modificações e atualizações importantes para melhorar ainda mais a tecnologia".

O *site* CoinMarketCap demonstra o valor semanal, mensal e até mesmo do volume das últimas 24 horas das moedas eletrônicas, conforme apresentado a seguir.

Tabela 4.1 – Preços de criptomoedas de hoje [11/04/2022]

	Name	Price	24h%	7d%	Market Cap	Volume (24h)	Circulating Supply
1	Bitcoin	$39,405.58	6.24%	15.42%			
2	Ethereum	$2,961.73	6.83%	15.80%			
3	Tether	$1.00	0.00%	0.01%			
4	BNB	$393.77	5.17%	12.93%			
5	USD Coin	$0.9996	0.02%	0.01%			
6	XRP	$0.6983	6.46%	15.81%			
7	Solana	$99.15	10.38%	25.01%			
8	Cardano	$0.9277	8.71%	23.62%			
9	Terra	$81.87	8.73%	29.42%			
10	Avalanche	$74.53	5.914%	22.49%			

Fonte: CoinMarketCap, 2022.

É possível observar o distanciamento do valor de mercado entre o Bitcoin e as outras criptomoedas, o que comprova que essa é a moeda eletrônica mais valiosa e utilizada. Ao menos até a presente data.

Por qual motivo as criptomoedas, sobretudo o Bitcoin, estão a cada dia ganhando mais usuários? Certamente, esse fenômeno ocorre por conta da tecnologia envolvida na utilização das moedas eletrônicas.

Como já expusemos, as moedas eletrônicas têm como característica a descentralização, isto é, elas não são operacionalizas por intermédio de uma instituição centralizadora, tampouco têm ingerência do governo – diferentemente do que ocorre com a moeda nacional de um país em que há a atuação de um banco central instituído com o monopólio de emissão.

Quanto à tecnologia, é essencial verificarmos alguns conceitos, segundo indica Hollins (2018):

- **Blockchain** – Ou cadeia de blocos, é um registro público, que existe apenas no mundo digital e que armazena todas as transações mundiais de criptomoedas, utilizando o método *peer-to-peer* para distribuir as informações entre todos os usuários.

- **Peer-to-peer** – Ou P2P, significa "de igual para igual"; é um método de troca de dados (informações, arquivos, documentos, filmes, jogos etc.) entre dois ou mais usuários. A principal característica é que o P2P estabelece uma conexão direta entre os computadores conectados à internet, sem a necessidade de um serviço intermediário.

- **Mineração** – É o processo de investir na capacidade computacional para processar transações, garantir a segurança da rede e fazer todos os participantes da rede *peer-to-peer* estarem sincronizados.

Antes de analisarmos toda a tecnologia envolvida nas transações com criptomoedas, cabe fazermos uma consideração histórica de como e quando surgiram as ideias de uma moeda eletrônica.

Diversos registros indicam que as criptomoedas ganharam força a partir de 2008, em uma das mais recentes crises econômicas mundiais.

Durante a referida crise, nos Estados Unidos, as pessoas estavam sentindo os efeitos do desastre econômico, sendo que um dos problemas eram justamente as moedas nacionais:

> A crise financeira norte-americana desvalorizou o dólar, e os desafios econômicos afetaram o mundo inteiro. Nesse momento, os 'especialistas' mais proeminentes decidiram que era necessária uma solução que só um banco central poderia oferecer, por isso, para combater o colapso dos mercados financeiros, os governos de todo o mundo decidiram implementar o que é chamado de 'flexibilização quantitativa. (Hollins, 2018, p. 28)

Vale revisitarmos alguns atos que envolveram os Estados Unidos e boa parte do mundo[*] na crise financeira de 2008.

[*] Saiba mais sobre o exemplo da Grécia em Entenda... (2011).

Essa crise teve como principal fator o ramo imobiliário, a partir da concessão de créditos a juros baixos para a população, gerando inadimplência e a consequente descapitalização. A quantidade de empréstimos concedidos, fruto das políticas de facilitação de 1990, muitas vezes sem que a pessoa comprovasse renda suficiente para quitá-los, gerou uma valorização imobiliária, a qual a renda da população não acompanhou.

De acordo com Hoffert (2019, p. 770-782):

> *Estes pagamentos não foram feitos e o setor imobiliário tornou-se insustentável.*
>
> *Junto dele, o mercado financeiro – que fora atraído para o setor imobiliário pela possibilidade de altos lucros em curto prazo, formando a "bolha imobiliária".*
>
> *[...]*
>
> *Muitos bancos sofreram com as vendas destes títulos, que culminaram em grandes crises e falências – como aconteceu com o Lehman Brothers – e promoveram mais instabilidade interna e externa.*

Além disso, o fato de a política monetária do então presidente George W. Bush manter o preço do dólar baixo levou outros países a parearem suas políticas monetárias de acordo com o valor do dólar (Hoffert, 2019).

Em razão disso, o mundo inteiro sentiu as consequências da crise financeira, sobretudo o cidadão comum. Para sanar os prejuízos causados pelo estouro dessa bolha imobiliária, os Estados Unidos injetaram 700 bilhões de dólares do dinheiro público, seguindo os preceitos liberais que são seguidos pelo país (Hoffert, 2019).

Esses foram os eventos que desencadearam a criação das criptomoedas, em especial o Bitcoin, com a descentralização – ausência de um governo controlando – e a devolução do controle de informação, gerando mais confiança e segurança.

Segundo Hoffert (2019, p. 832-837): "Todavia, pela primeira vez na história moderna, estamos mais próximos de uma realidade econômica menos centralizadora, principalmente por contas das iniciativas de criação de criptomoedas – que surgem no contexto de 2008 – e das transações que já são possíveis através delas".

E é nesse contexto que surgiu Satoshi Nakamoto (pseudônimo), figura atrelada à criação do Bitcoin, como criador dessa criptomoeda. Embora esse nome tenha sido divulgado, sua verdadeira identidade é desconhecida, ensejando inúmeras especulações: se ele é, de fato, japonês ou se seria uma equipe e não apenas uma pessoa.

A despeito de tais polêmicas, de acordo com Slerca (2016), no auge da crise financeira de 2008, Nakamoto identificou dois problemas nos atuais meios de transações digitais:

> A **reversibilidade** causa incerteza, uma vez que o vendedor de um serviço irreversível pode não receber por ele, dado que todos os meios de transações digitais são reversíveis (por fraude ou por procedimentos legais), o que demanda confiança da parte do vendedor em uma transação. O **intermediário** é uma instituição financeira que deve processar o pagamento, cobrando uma taxa para isso, o que torna pequenas transações inviáveis.

Em 2012, Satoshi Nakamoto apresentou o que entendia ser a solução para esses problemas. Ele publicou um artigo detalhando o sistema *peer-to-peer,* que executa as transações de Bitcoin, e, meses depois, forneceu o *software* para realizar as transações (Hollins, 2018).

Conforme Hoffert (2019, p. 832-837, grifo nosso):

> A resposta foi a necessidade de uma forma de moeda completamente descentralizada e aberta a todos, sem um banco central controlando, sem cadeias de transferência e sem qualquer grupo de elite tomando decisões que afetem cada pessoa que usa suas moedas. Essencialmente, **a descentralização significa que todos nós fazemos parte da economia Bitcoin e somos a força motriz, em vez de um banco central que controla o quanto vale e o quanto temos disponível em nossa economia.**

A tecnologia *peer-to-peer* também pode ser definida como uma arquitetura de redes em que cada ponto (ou "nó") funciona tanto como cliente quanto como servidor. Assim, difunde-se a hospedagem dessa rede entre todos esses pontos sem a necessidade de um servidor central, o que, consequentemente, torna a rede descentralizada (Pinheiro; Weber; Oliveira Neto, 2019).

Figura 4.15 – Exemplo visual da rede P2P

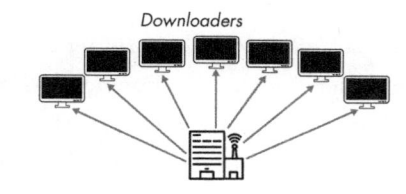

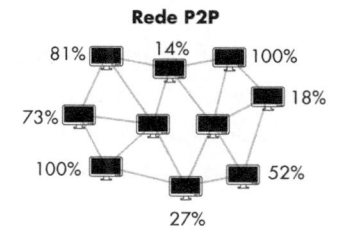

Fonte: Bassotto, 2018.

O Bitcoin, como já expusemos, não está submetido a um governo, banco ou intermediário que possa destacar as formas de sua utilização, pertencendo a quem o utiliza.

Muito embora Nakamoto não tenha sido o primeiro a trabalhar com a ideia de uma moeda eletrônica descentralizada, foi ele o primeiro a apresentar um sistema considerado seguro o bastante para garantir que as transações realizadas com a moeda eletrônica conservassem a integridade das informações (Hollins, 2018).

> *Portanto, a inovação e a genialidade de Satoshi foi a invenção da tecnologia que agora chamamos de '**Blockchain**' ou cadeia de blocos, e que permite manter o livro (**Ledger**) mais seguro usando marcas de tempo, muita potência de processamento computacional descentralizado e a criptografia.* (Hollins, 2018, p. 31)

Ainda sobre *blockchains*:

> *O Blockchain atua como um livro-razão **peer-to-peer** extenso, digital e distribuído que não está restrito a suporte de criptomoedas, podendo servir como instrumento de agilidade, segurança e redução de custos em praticamente qualquer cenário que exija registros sistemáticos (gestão de contratos, registros imobiliários etc).* (Pinheiro; Weber; Oliveira Neto, 2019, p. 113)

O que torna o método de Nakamoto inovador com o *Bitcoin* é que o livro-razão é reiteradamente validado pelo *hardware* dos próprios usuários, que produzem os registros em conjunto, sempre checando se o livro não foi alterado quando necessitarem inserir uma nova entrada.

Zaur Rahimov/Shutterstock

Não obstante a segurança da rede *peer-to-peer*, o tempo de seu processamento é menor do que o tempo de uma transação bancária comum. Isso porque, dado que os computadores na rede *peer-to-peer* são a um só tempo usuários e verificadores, as transações da *blockchain* podem não ter custo, e o efeito cascata de verificar transações significa que uma transação pode ser processada em minutos ou horas, em vez de dias (Hollins, 2018).

A rede *peer-to-peer* seria o terceiro idôneo (*trusted third party*) daquela relação, transformando cada transação e seu respectivo *timestamp**em um registro e, logo após, esse conjunto de registros em blocos (*block*) são "selados" com *hash*, dispostos em uma corrente (*chain*) única, progressiva e cronológica (Pinheiro; Weber; Oliveira Neto, 2019).

> *O primeiro passo na construção de um bloco para a blockchain é acumular e somar todas as transações atuais. Quando um usuário cria uma transação, ela é transmitida para toda a rede e, em seguida, o computador de um membro da rede captura essa transação e revisa, para se certificar de que ela é válida. O computador da rede que tem essa função é conhecido como verificador. (Hollins, 2018, p. 43)*

Na figura a seguir, está ilustrado como essa tecnologia atua com as transações do Bitcoin.

Figura 4.16 – Representação da *blockchain*

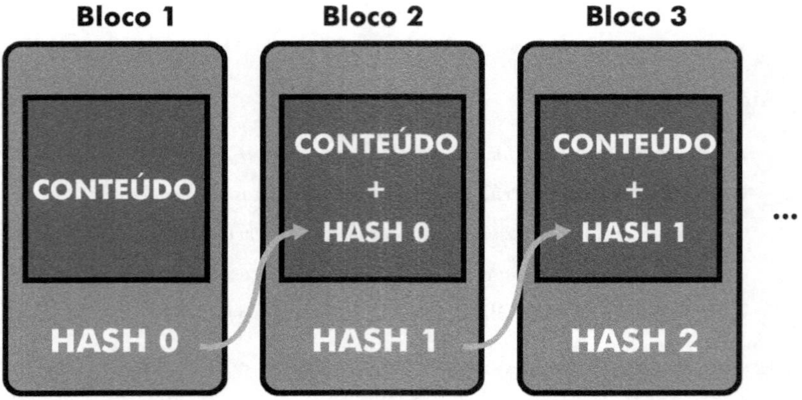

Fonte: Prado, 2018.

* *Timestamp* é um "carimbo de tempo" que atesta que tal fato/ato foi praticado em determinado momento.

Note que as transações com o uso da *blockchain* utilizam diversas máquinas, que garantem a lisura e a segurança das transações – que são chamados de *mineradores* (trataremos sobre esse agente adiante).

A corrente de blocos previne também que a mesma unidade de Bitcoin seja transacionada mais de uma vez, pois a validação dos mineradores presume uma verificação da liquidez daquele usuário que transacionou os Bitcoins, analisando todo o histórico de transações da cadeia para determinar se o usuário de fato tinha a quantidade de moeda envolvida na transação (Pinheiro; Weber; Oliveira Neto, 2019).

Essa arquitetura formada pela *blockchain* não possibilita, em tese, que um registro seja alterado sem simultaneamente sobrescrever as milhares de cópias da cadeia que cada usuário da rede detém (Pinheiro; Weber; Oliveira Neto, 2019).

> *A cada dez minutos, como o batimento cardíaco da rede Bitcoin, todas as transações realizadas são verificadas, liberadas e armazenadas em um bloco que está ligado ao bloco anterior, criando assim uma corrente. Cada bloco deve se referir ao anterior para ser válido. Essa estrutura marca permanentemente o momento e armazena as trocas de valor, impedindo que qualquer pessoa altere o livro-razão. Se quisesse roubar um Bitcoin, você terá que reescrever toda a história da moeda no Blockchain em plena luz do dia. Isso é praticamente impossível. Assim, o Blockchain é um livro-razão distribuído que representa um consenso de cada operação que já ocorreu na rede. É como uma WorldWideWeb de informação, é a WorldWide Ledger de valor – um livro-razão disseminado que todos podem baixar e executar em seus computadores pessoais.* (Tapscott; Tapscott, 2016)

Após a verificação de cada transação pelos mineradores, é gerado um código *hash* da transação, que serve para normalizar os dados, enquanto fornece uma segurança que permite ao usuário se certificar de que esses dados não foram manipulados (Hollins, 2018).

> *Para que a blockchain seja ainda mais difícil de manipular, são realizadas várias etapas de hash. Isso significa que o hash de uma transação é combinado com um hash de outra transação, e um novo hash é feito gerando um código menor. Essa combinação das transações é conhecida como árvore de Merkle.* (Hollins, 2018, p. 43)

Reiterando, a cada final de bloco, é adicionado um carimbo de tempo (*timestamp*) e a vinculação aos blocos anteriores da cadeia, sendo utilizado novamente um *hash* que, de alguma maneira, insere o conteúdo de blocos anteriores no conteúdo do novo bloco (Hollins, 2018).

O *hash*, portanto, é o núcleo de segurança da *blockchain*, permitindo à cadeia de blocos ser pública e segura ao mesmo tempo, tornando muito difícil a invasão e a alteração das transações.

Sobre a utilização da *blockchain*, Nakamoto também explicou, em seu artigo, publicado em 2012, como seria possível a recuperação do espaço em disco com a utilização da *blockchain*, com base no conceito conhecido como árvore de Merkle*, expondo visualmente essa ação, e ilustrando como são gerados os códigos *hash* dentro do bloco.

Recuperação do espaço em disco

Uma vez que a transação mais recente de uma moeda está enterrada sob blocos suficientes, as transações gastas anteriormente podem ser descartadas para economizar espaço em disco. Para facilitar isso sem quebrar o *hash* do bloco, o *hash* das transações é reito em uma árvore de Merkle [7] [2] [5], e apenas a raiz é incluída no *hash* do bloco. Blocos velhos podem então ser compactados removendo galhos da árvore. Os *hashes* internos não precisam ser armazenados.

* Sobre isso, saiba mais em Merkle (1980).

Figura 4.17 – *Hash* em blocos (árvore de Merkle)

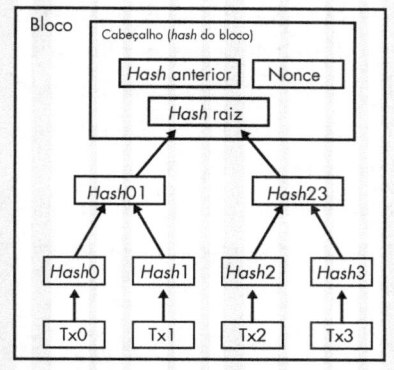
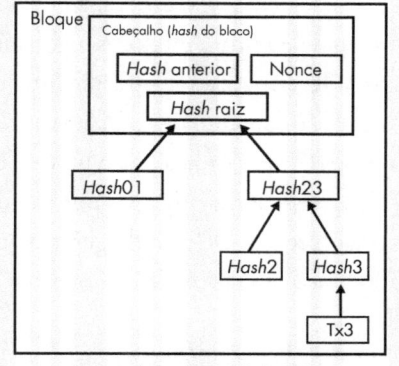

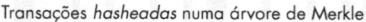
Transações *hasheadas* numa árvore de Merkle   Depois de podar Tx0-2 do Bloco

Fonte: Nakamoto, 2022.

Na figura a seguir, é possível verificar algumas transações em Bitcoin de uma *blockchain* real, com o *hash* de cada transação e o *hash* do bloco. É importante mencionar que essa é uma representação curta do bloco, que conta com milhares de transações.

Figura 4.18 – Transações de *Bitcoin* em um bloco (*blockchain*) (*print* da tela feito em: 11/04/2022)

Transações

Comissão	0.00019199 BTC			-1.07719199 BTC
	(43.833 sat/B - 10.958 sat/WU - 438 bytes)			
Hash	44fb1f18a19c29814f54e54117a3131f7666c1e0c6fdb4641d9dff7f7788c5bc			2016-05-30 14:16
	1CvjihU9gsRkQUYvemHQy5JKj7fs3Hb3mZ	1.07657706 BTC ➡	1CvjihU9gsRkQUYvemHQy5JKj7fs3Hb3mZ	0.00053207 BTC
	1CvjihU9gsRkQUYvemHQy5JKj7fs3Hb3mZ	0.00114700 BTC	1Nsmigw3c7EjBK9jbWJSo49CUhdDgu5KPm	1.07700000 BTC

Comissão	0.00043993 BTC			+1.07657706 BTC
	(150.147 sat/B - 37.537 sat/WU - 293 bytes)			
Hash	855f2e4d54a1919e2ecf96be75680c4a87e41ab05d34984ddb49a6112b45327a			2016-05-30 14:03
	1KHEn2Xq9xivpL6rZ5Vyqzy2UQ6f1okv2b	636.78072615 BTC ➡	1CvjihU9gsRkQUYvemHQy5JKj7fs3Hb3mZ	1.07657706 BTC
			14PPi8yqzRigAo9WFghR5c1U5rvpPmHvmL	0.01000000 BTC
			13aQQK8JveccS9CCi6oawhBZRqet15Fyhc	635.51006628 BTC
			1Pbhm1AitoS7agyy7JM7sap6f1YWBNxPeD	0.18364288 BTC

Comissão	0.00001000 BTC			+1.07657706 BTC
	(2.288 sat/B - 0.572 sat/WU - 437 bytes)			
Hash	f7ac752bfa18eb63d22c2f7f79bd6535a8c5379e48d96b7496cfa5cecfb0e3e2			

Fonte: Blockchain, 2022b.

Assim, já discutimos sobre o conceito de criptomoedas, a criação do Bitcoin e o contexto no qual ele foi criado por Satoshi Nakamoto, as tecnologias envolvidas, a descentralização e o uso da *blockchain*.

No entanto, para que essas transações sejam seguras e livres de burocracia, é necessário um trabalho computacional bastante significativo, por meio de equipamentos desenvolvidos especificamente para esse fim. São os ASIC (Application-specific Integrated Circuit)*, que exigem um poder de processamento de *hardware* para fazer a chamada *prova de trabalho* (*proof- -of- work***) para adicionar o bloco à *blockchain* (Jenkinson, 2018).

As pessoas ou empresas por trás dessas tecnologias e dessa grande capacidade computacional de gerar o *hash* e validar as transações com *Bitcoin* do bloco são chamadas *mineradores*.

Figura 4.19 – *Proof-of-work*

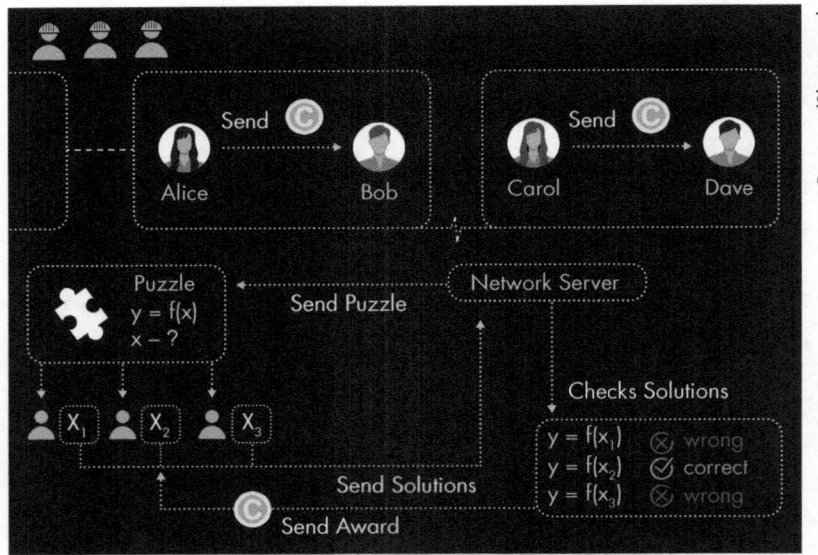

Fonte: Tar, 2018.

---

*   Para encontrar o melhor dispositivo de ASIC, há dois fatores importantes que devem ser observados: (1) taxa de *hash* – Quantos *hashes* por segundo pode fazer o *hardware*? Quanto mais *hashes*, mais custo; (2) consumo de energia elétrica – deve ser adquirido o equipamento mais eficiente possível. Uma vez que os mineradores usam muita energia elétrica, é necessário equipamento que converta toda a energia utilizada em Bitcoins (Hollins, 2018).

**   O *proof- of- work* é um algoritmo de consenso no qual é caro e demorado produzir uma parte dos dados, mas é fácil para outras pessoas verificarem se os dados estão corretos. O Bitcoin utiliza o sistema de *proof- of- work hashcash* (Bastiani, 2019).

Conforme mostra essa figura, após a resolução dos quebra-cabeças matemáticos e a formação dos blocos, os mineradores são recompensados.

> *Esse poder de processamento computacional aplicado na validação pelos mineradores não é aplicado em vão, pois estes mineradores recebem em troca Bitcoins recém-cunhados. Deste ponto surge a primeira deturpação do sistema: maior poder de processamento = mais Bitcoins recebidos.* (Pinheiro; Weber; Oliveira Neto, 2019, p. 116)

Em que pese toda a capacidade de processamento dos ASICs, esses *chips* exigem grande consumo de energia elétrica, o que leva à corrida para alocação dessa tecnologia em locais em que a energia elétrica seja mais barata e que disponham de condições ambientais que ajudem na redução desse consumo, a exemplo de áreas rurais da China ou na Islândia.

Considerando a alta quantidade de mineradores atualmente, a fim de se obter uma recompensa mais estável, os mineradores começaram a se unir nos chamados *grupos de mineração* ou *pools de mineração* e usam seu potencial unificado para obter ganhos mais regulares (Hollins, 2018).

Segundo Hollins (2018, p. 75), "a mineração de Bitcoin tornou-se bastante competitiva, e a maioria das operações são realizadas em grandes instalações industriais, especialmente dedicadas à mineração de Bitcoin, localizadas na Rússia e na China, por isso capturam a maioria das recompensas".

Tabela 4.2 – Mineradores [em 11/04/2022] Blocos mais recentes

Altura	Minado	Mineiro	Tamanho
731498	3 minutos	AntPool	54.774 bytes
731497	4 minutos	Unknown	471.951 bytes
731496	9 minutos	ViaBTC	49.868 bytes
731495	10 minutos	SlushPool	7.745 bytes
731494	10 minutos	Poolin	330.732 bytes
731493	13 minutos	Poolin	43.161 bytes

Fonte: Blockchain, 2022a.

No caso das criptomoedas, um assunto sempre em pauta é a segurança. Sabemos que o Bitcoin atua de forma descentralizada, garante a privacidade de seus usuários nas transações, mas, pode ser considerado seguro?

O grande passo inovador dessa criptomoeda se dá por seus nós, como já enunciamos. Um nó é qualquer computador ou dispositivo conectado à rede Bitcoin. Diz-se que um dispositivo é um "nó completo" quando está *on-line*, tem descarregado um histórico completo da *blockchain* e está transmitindo para a rede (Hollins, 2018).

Em tais transações, portanto, não são transmitidas informações entre o remetente e o destinatário das transações, os dados são transmitidos a um conjunto aleatório de nós que passam essas informações para outros nós. A segurança é ameaçada quando alguém, teoricamente, tem controle desses nós, podendo obter uma visão das informações que são transmitidas entre esses dispositivos e descobrir de onde, de fato, a transação originalmente ocorreu. Entretanto, essa tarefa não é tão simples quanto parece, se considerarmos a quantidade de nós existentes mundo afora.

Figura 4.20 – Nós de Bitcoin no mundo (*print* da tela feito em: 12/04/2022)

REACHABLE BITCOIN NODES
Updated: Thu Apr 28 05:24:28 2022 AEST

15771 NODES   CHARTS

Top 10 countries with their respective number of reachable nodes are as follow.

RANK	COUNTRY	NODES
1	n/a	8588 (54.45%)
2	United States	1979 (12.55%)
3	Germany	1482 (9.40%)
4	France	528 (3.35%)
5	Netherlands	353 (2.24%)
6	Canada	306 (1.94%)
7	Russian Federation	231 (1.46%)
8	United Kingdom	226 (1.43%)
9	Finland	226 (1.43%)
10	Switzerland	134 (0.85%)

All (98) »

NOTE / The data above includes reachable Bitcoin nodes only. View combined estimation of reachable and unreachable Bitcoin nodes »

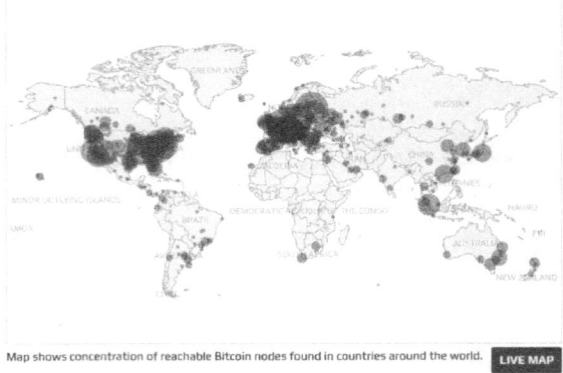

Map shows concentration of reachable Bitcoin nodes found in countries around the world.   LIVE MAP

"Yeow, A. (2022, April 28). Bitnodes Project. Retrieved from https://bitnodes.io"

Fonte: Bitnodes, 2022.

Não há que se falar, portanto, em comprometimento do sistema *blockchain*, já que um dispositivo isolado pode ser invadido por atacantes, mas isso não afeta a rede como um todo. De acordo com Hollins (2018, p. 87), "Apesar de a rede descentralizada Bitcoin não poder ser pirateada, não significa que outras partes da tecnologia Bitcoin sejam imunes a ataques. [...] No entanto, mesmo se um serviço é pirateado, a rede Bitcoin se manterá segura, já que não existe uma conexão direta entre as duas tecnologias".

Embora seja quase impossível do ponto de vista de capacidade computacional atual comprometer a rede Bitcoin, existe uma teoria sobre como efetuar de forma bem-sucedida esse ataque: se um minerador, ou um *pool* de mineradores conseguir atingir a marca de 51% (cinquenta e um por cento) dos *hashes* gerados, poderia alterar a *blockchain*.

Controlando 51% (cinquenta e um por cento) dos *hashes*, o atacante poderia evitar que os outros "mineradores" confirmassem as transações e, dessa forma, tomaria essas transações e as recompensas para si mesmo (Hollins, 2018).

Como já afirmamos, trata-se de uma ação praticamente impossível, especialmente pelo volume de mineradores existentes, mas também pela impossibilidade de se obter tamanho poder computacional capaz de realizar os cálculos necessários para comprometer a *blockchain*.

Por fim, apresentamos uma figura que esquematiza todo o caminho percorrido por usuários do Bitcoin, como as tecnologias sobre as quais comentamos neste capítulo atuam ao longo desse caminho e como essa moeda garante o que Satoshi Nakamoto prometeu em 2012: privacidade e segurança com o controle realizado pelos usuários.

Patrícia Peck Pinheiro

RNGS/Reuters/Fotoarena

Figura 4.21 – A economia Bitcoin

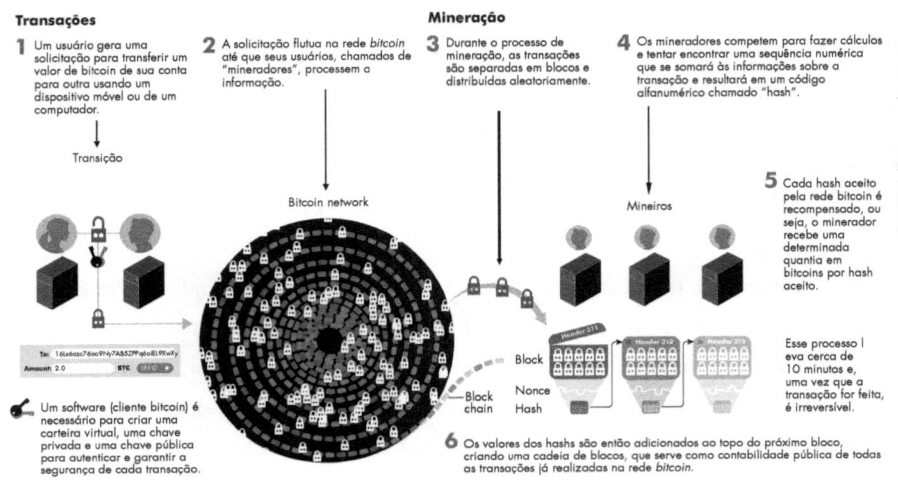

Fonte: CanalTech, 2015.

Já mencionamos que a importância do Bitcoin para as demais cripto-moedas, chamadas *altcoins,* é indiscutível, pois a grande maioria delas são imitações daquela. O termo *altcoins* vem de *alternative to Bitcoin* (Caravina, 2017), o que por definição já demonstra a influência desse criptomoeda pioneira sobre elas. Conforme Caravina (2017, p. 36082), "Altcoins é a denominação empregada para designar as demais moedas digitais cripto-gráficas além do Bitcoin; que é considerado o primeiro experimento que deu certo (mas não a primeira moeda digital ou eletrônica), servindo, portanto, de marco histórico, divisor de águas ou referência".

O que difere as *altcoins* do Bitcoin, na maioria dos casos, são o topo do próximo bloco, o algoritmo de *hash* (criptografia), a quantidade máxima de moedas emitida e as recompensas aos mineradores.

Existem milhares de *altcoins*, até mesmo que levam nomes de animais, como é o caso da *Birdcoin, Beecoin, Blackdragoncoin, Butterfly,* e outras mais exóticas, como *Memecoin* e *Zombiecoin.*

Em razão da quantidade de *altcoins*, não é nossa intenção tratar sobre todas elas. A despeito disso, convém fazer um comparativo de valores das três moedas com maior cotação em 31 de julho de 2020 e a evolução de seu valor de mercado desde a criação, para que você tenha uma evidência mais clara da diferença de mercado entre o Bitcoin e as *altcoins*.

Gráfico 4.1 – Valor de mercado Bitcoin (1ª colocada)

Fonte: CoinMarketCap, 2020a.

Gráfico 4.2 – Evolução de valor *Etherum* (2ª colocada)

Fonte: CoinMarketCap, 2020b.

Gráfico 4.3 – Evolução de valor de mercado *XRP* (3ª colocada)

Fonte: CoinMarketCap, 2020c.

Essas são as três criptomoedas com maior valor de mercado na data de escrita deste texto: o Bitcoin, a Etherum e a XRP, também conhecida como Ripple.

A Etherum* tem, atualmente, uma comunidade de usuários forte e pesam a seu favor seus contratos inteligentes (Caravina, 2017).

A Ripple (XRP), ao contrário do Bitcoin e de outras *altcoins*, não é produzida por meio da mineração. Em vez disso, essa criptomoeda é concebida como uma rede de pagamentos, acomoda outras moedas virtuais e suporta moeda de comércios automatizados (Caravina, 2017).

Vislumbramos que as moedas eletrônicas são uma realidade no sistema financeiro de hoje, mesmo que se considere que muitas dos milhares de *altcoins* disponíveis não chegam a produzir algo tão relevante quanto o Bitcoin, a Etherum e a XRP.

É necessário, portanto, darmos mais um passo rumo ao entendimento das moedas eletrônicas: Como os governos nacionais interpretam esse mercado, de qual forma pretendem atuar? Existem países que proibiram

*   Para saber mais, consulte: Etherum.org, 2022.

a utilização de Bitcoin em seu território, a exemplo da Bolívia e de outros que declararam o Bitcoin como se moeda fosse.

Diante desse questionamento, analisaremos a posição do Brasil sobre as moedas eletrônicas e como seu sistema jurídico e financeiro regula – ou não – a utilização das criptomoedas no país.

Para iniciar esse levantamento dos atos do governo brasileiro quanto à regulamentação das criptomoedas, apresentamos a seguir um quadro com os principais fatos que ocorreram no país envolvendo esse tema.

Quadro 4.7 – Marcos regulatórios das criptomoedas no Brasil

Bitcoin como arranjo de pagamento • Em 7 de julho de 2015, foi apresentado o Projeto de Lei n. 2.303/2015, dispondo sobre a inclusão das moedas virtuais e programas de milhagem aéreas na definição de "arranjos de pagamento".
Conselho de Atividades Financeiras (Coaf) • Em audiência pública realizada no dia 13 de setembro de 2017, o Coaf manifestou-se favorável à regulamentação das criptomoedas, defendendo que tal questão era de competência do BCB, competindo ao Coaf apenas a fiscalização.
BCB • O BCB emitiu o Comunicado n. 25.306, de 19 de fevereiro de 2014, no qual esclarece sobre os riscos decorrentes da aquisição das chamadas *moedas virtuais* ou *moedas criptografadas* e da realização de transações com elas. • O BCB mostrou-se desfavorável ao Projeto de Lei n. 2.303/2015. No dia 26 de agosto de 2019, o órgão publicou um documento classificando o Bitcoin e outros criptoativos como "ativos não financeiros produzidos".
CVM • Mediante o Ofício Circular n. 1/2018/CVM/SIN, a CVM esclareceu sobre a proibição de gestores e administradores de fundos de investirem em criptomoedas, afirmando que estas não podem ser classificadas como ativos financeiros. • No dia 19 de setembro de 2018, publicou o Ofício Circular n. 11/2018, autorizando os fundos de investimento a investirem indiretamente em criptomoedas, desde que admitidas e regulamentadas nos mercados em que os fundos investem.
Associações brasileiras • Criação da Associação Brasileira de Criptomoedas e *Blockchain* (ABCB) em abril de 2018. • Criação da Associação Brasileira de Criptoeconomia (ABCripto) em setembro de 2018.

(continua)

Receita Federal do Brasil (RFB)

- Mesmo não as reconhecendo como moeda, a RFB considera as criptomoedas, desde 2014, como um ativo financeiro, devendo ser declarado na Ficha Bens e Direitos como "outros bens", conforme Manual de Perguntas e Respostas publicado pela RFB em 2016 (Brasil, 2016a).
- Realizada uma Consulta Pública RFB n. 06/2018, em 30 de outubro de 2018, elaborou-se uma instrução normativa que obrigaria a prestação de informações relativas às operações realizadas com criptoativos pelas *exchanges*.
- Publicada, em 3 de maio de 2019, a Instrução Normativa n. 1.888 disciplina a obrigatoriedade de prestação de informações relativas às operações realizadas com criptoativos à Secretaria Especial da RFB (Brasil, 2019a).
- Publicada, em 10 de julho de 2019, a Instrução Normativa n. 1.899 altera a Instrução Normativa n. 1.888.

Superior Tribunal de Justiça (STJ), Mercado Bitcoin e Itaú

- A empresa Mercado Bitcoin interpôs, no STJ, o Recurso Especial n. 1.696.214/SP em face do Banco Itaú após encerramento da conta, alegando prática contra o Código de Defesa do Consumidor.
- O STJ decidiu, por quatro votos a um, pela legalidade do encerramento da conta do Mercado Bitcoin unilateralmente pelo banco, uma vez que o CMN permite aos bancos encerrar contas após uma notificação ao cliente, sem necessidade de apresentar justificativa.
- Posteriormente, o assunto foi levado ao Conselho Administrativo de Defesa Econômica (Cade) pela ABCB, sob recomendação da Ministra Nancy Andrighi do STJ, para melhor apuração dos fatos, visando proteger o mercado financeiro de possíveis abusos das instituições financeiras.

Cade, Atlas, Banco do Brasil e ABCB: Inquérito 08700.003599/2018-95

- O Cade iniciou, em 18 de setembro de 2018, um inquérito contra as instituições financeiras que estariam abusando do poder de mercado de forma a prejudicar as empresas de criptomoedas.
- O inquérito ainda não foi finalizado. Em 21 de maio de 2020, o Cade emitiu uma nota informando que está buscando mais informações sobre o caso.

Frente Parlamentar Mista de *Blockchain* e Ativos Digitais

- No dia 5 de setembro de 2018, foi criada, na Câmara dos Deputados, a Frente Parlamentar Mista de *Blockchain* e Ativos Digitais, que recebe o suporte da ABCB visando, nas palavras do deputado Antonio Goulart (citado por Romano, 2019), "fomentar o debate, trazer perspectivas, discutir o que outros países vêm fazendo em termos de regulação".

STJ
• Em dezembro de 2018, a Terceira Seção do STJ decidiu, em análise à Consulta Processual CC n. 161.123, que compete à Justiça Estadual processar e julgar os casos que envolvam crimes com criptomoedas.
• Ainda segundo o STJ, as criptomoedas não apresentam natureza jurídica, nem de moeda nem de valor mobiliário, e devem ser julgadas em Justiça Estadual.

Projeto de Lei n. 2.060/2019
• Busca regulamentar os criptoativos a partir de sua inclusão na categoria de programas de milhagens aéreas, classificando-os como reserva de valor, meio de pagamento e *commodity* digital.
• O projeto aguarda formação de comissão especial.

Conforme exposto, diversos países já se pronunciaram sobre o Bitcoin e outras moedas digitais, e alguns deles chegaram a bani-la.

No Brasil, muito embora não haja uma regulação até o momento sobre o enquadramento da moeda digital, as entidades responsáveis pelo SFN e autoridades judiciais já deram suas opiniões em diversas ocasiões, como apontado no quadro anterior.

A Lei n. 12.865/2013, em seu art. 6º, inciso VI, enunciou a seguinte definição de moeda eletrônica, que compreende "recursos armazenados em dispositivo ou sistema eletrônico que permitem ao usuário final efetuar transação de pagamento" (Brasil, 2013).

Essa definição, no entanto, não se confunde com a chamada *moeda virtual* (ou criptomoeda), pois esta tem denominação própria e unidade diversa e, sobretudo, não se trata de um sistema eletrônico de armazenamento da moeda corrente nacional (no caso, o Real) (Caravina, 2017).

Não obstante, reforçamos que uma criptomoeda não é emitida por autoridade governamental, algo que é justamente uma de suas principais características: a descentralização.

O BCB (2014) também se manifestou no mesmo sentido, por meio do Comunicado n. 25.306, de 19 de fevereiro de 2014, que esclarece sobre os riscos de utilização das criptomoedas:

> *O Banco Central do Brasil esclarece, inicialmente, que as chamadas moedas virtuais não se confundem com a "moeda eletrônica" de que tratam a Lei nº 12.865, de 9 de outubro de 2013, e sua regulamentação infralegal. Moedas eletrônicas,*

conforme disciplinadas por esses atos normativos, são recursos armazenados em dispositivo ou sistema eletrônico que permitem ao usuário final efetuar transação de pagamento denominada em moeda nacional. Por sua vez, as chamadas moedas virtuais possuem forma própria de denominação, ou seja, são denominadas em unidade de conta distinta das moedas emitidas por governos soberanos, e não se caracterizam dispositivo ou sistema eletrônico para armazenamento em reais.

No mesmo comunicado, conforme aponta Crespo (2016a, grifo nosso), o BCB:

b) Alertou para o fato de que as criptomoedas não são emitidas nem garantidas por uma autoridade monetária, não têm garantia de conversão para a moeda oficial, tampouco são garantidos por ativo real de qualquer espécie;

c) Informou que não há mecanismo governamental que garanta o valor em moeda oficial;

d) Alertou que pode haver grande variação dos preços das criptomoedas, até mesmo a perda total do seu valor;

e) Informou que seu uso em atividades ilícitas pode ensejar investigações pelas autoridades públicas, as quais poderá envolver o usuário destas, ainda que imbuídos de boa-fé;

f) Alertou que o armazenamento das criptomoedas pode representar risco de perda porque as carteiras digitais não estão imunes [a] vulnerabilidades tecnológicas e respectivos ataques;

g) Informou que o uso das criptomoedas no país ainda não se mostra suficientemente perigoso para oferecer riscos ao Sistema Financeiro Nacional, particularmente quanto às transações de pagamentos de varejo (art. 6°, § 4°, da Lei n° 12.685/2013);

h) Esclareceu, ao final, que o Bacen tem acompanhado a evolução da utilização das criptomoedas para fins de adoção de eventuais medidas no âmbito de sua competência legal, se for o caso.

O posicionamento do BCB se mostra importante, especialmente se considerarmos o Projeto de Lei n. 2.303/2015, que pretende incluir as criptomoedas e os pontos de milhagem como arranjos de pagamento.

Nesse sentido, a Resolução do BCB n. 4.282, de 4 de novembro de 2013 (BCB, 2013b) estabelece diretrizes que devem ser observadas na regulamentação, vigilância e supervisão das instituições de pagamento e dos arranjos de pagamento, não estando as criptomoedas enquadradas nessa definição até o momento.

Ainda que o BCB não tenha regulamentado as criptomoedas no Brasil, demonstrou à sociedade que está atento às regulamentações e discussões ao redor do mundo, entendendo, porém, que as criptomoedas não apresentam um número significativo de transações a ponto de demandar regulação.

A Bitcoin (moeda) é um bem, incorpóreo (imaterial), móvel (passível de movimentação ou transferência de lugar), fungível (pode ser substituído ou restituído por outro igual na mesma medida), inconsumível (não se destrói com o uso, mas continua existindo), singular (individualizado ou unidade independente), divisível (comporta desmembramento), principal (existe por si só, não sendo acessório, dependente ou componente de outro bem), particular (iniciativa privada) e alienável (negociável ou comerciável). (Caravina, 2017, p. 19824-19832)

De outro lado, a RFB também não considera a criptomoeda uma moeda, haja vista que, de acordo com a definição de moeda do art. 21 e do art. 164 da Constituição Federal (Brasil, 1988), apenas a União pode emitir moedas, sendo competência exclusiva do BCB.

A Receita Federal do Brasil costuma considerar como rendimento bruto do contribuinte todo o produto do capital, do trabalho ou da combinação de ambos, os alimentos e pensões percebidos em dinheiro, os proventos de qualquer natureza; assim também entendidos os acréscimos patrimoniais não correspondentes aos rendimentos declarados (Lei n° 5.172, de 1966, art. 43, incisos I e II, e Lei n° 7.713, de 1998, art. 3°, §1°). E, a tributação independe da denominação dos rendimentos, títulos ou direitos, da localização, condição jurídica ou nacionalidade da fonte, da origem dos bens produtores da renda e da forma de percepção das rendas ou proventos, bastando, para a incidência do imposto, o benefício do contribuinte por qualquer forma e a qualquer título [...] os rendimentos derivados de atividades ou transações ilícitas ou percebidos com infração à lei, independentemente das sanções que couberem. Ora, se até atividades ilícitas são tributáveis, e o mercado Bitcoin, em sentido oposto, é uma atividade plenamente lícita, então os recursos nessa moeda devem ser declarados pelo titular no ajuste anual de Rendimentos. (Caravina, 2017, p. 19683-19696, grifo nosso)

Em 2016, a RFB realizou o *Perguntão*, sendo destinados dois tópicos (447 e 607) para esclarecer o processo de declaração e pagamento do Imposto de Renda no caso de ganhos com criptomoedas.

Já em 2018, a RFB lançou Consulta Pública n. 06, de 30 de outubro de 2018 (Brasil, 2018c), a partir da qual instituiu uma Instrução Normativa n. 1.888/2019, que obrigaria a prestação de informações relativas às operações realizadas com criptoativos* pelas *exchanges***.

Da Consulta Pública n. 06/2018, destacamos as seguintes questões sobre a Instrução Normativa n. 1.888/2019 (Brasil, 2018c):

• Detalha instruções sobre as declarações de ganho, emissões mensais das informações das operações dos clientes em reais, quantidade e valor negociado e criptoativos que foram negociados.

• Em dezembro de 2017, cerca de 4 (quatro) bilhões de reais haviam sido movimentados no Brasil com compra e venda de Bitcoin.

• A obrigação acessória de prestação de informações pelas *exchanges* viabiliza a verificação de conformidade tributária e aumenta a eficiência do combate à lavagem de dinheiro e corrupção.

---

* Instrução Normativa n. 1.888/2019 da RFB: "Art. 5º Para fins do disposto nesta Instrução Normativa, considera-se: I – criptoativo: a representação digital de valor denominada em sua própria unidade de conta, cujo preço pode ser expresso em moeda soberana local ou estrangeira, transacionado eletronicamente com a utilização de criptografia e de tecnologias de registros distribuídos, que pode ser utilizado como forma de investimento, instrumento de transferência de valores ou acesso a serviços, e que não constitui moeda de curso legal" (Brasil, 2019a).

** Instrução Normativa nº 1.888/2019 da RFB: "Art. 5º Para fins do disposto nesta Instrução Normativa, considera-se: II – exchange de criptoativo: a pessoa jurídica, ainda que não financeira, que oferece serviços referentes a operações realizadas com criptoativos, inclusive intermediação, negociação ou custódia, e que pode aceitar quaisquer meios de pagamento, inclusive outros criptoativos" (Brasil, 2019a).

A consulta pública da RFB contou com a participação da ABcripto e da ABCB, tendo sido sugerido na ocasião um aumento no prazo para entrada em vigor das disposições da Instrução Normativa n. 1.888/2019, bem como o pedido de troca do valor mínimo de declaração das operações de R$ 10 mil para R$ 35 mil (Romano, 2019).

Já a Instrução Normativa n. 1.888/2019, nos art. 6º a 8º, trata dos requisitos em prestar informações, prazo para cumprimento do dever, que manteve a periodicidade mensal e quais informações devem ser passadas à RFB:

> *Art. 6º Fica obrigada à prestação das informações a que se refere o art. 1º:*
>
> *I — a exchange de criptoativos domiciliada para fins tributários no Brasil;*
>
> *II — a pessoa física ou jurídica residente ou domiciliada no Brasil quando:*
>
> *a) as operações forem realizadas em exchange domiciliada no exterior; ou*
>
> *b) as operações não forem realizadas em exchange.*
>
> *§ 1º No caso previsto no inciso II do caput, as informações deverão ser prestadas sempre que o valor mensal das operações, isolado ou conjuntamente, ultrapassar R$ 30.000,00 (trinta mil reais).*
>
> *§ 2º A obrigatoriedade de prestar informações aplica-se à pessoa física ou jurídica que realizar quaisquer das operações com criptoativos relacionadas a seguir:*
>
> *I — compra e venda;*
>
> *II — permuta;*
>
> *III — doação;*
>
> *IV — transferência de criptoativo para a exchange;*
>
> *V — retirada de criptoativo da exchange;*
>
> *VI — cessão temporária (aluguel);*
>
> *VII — dação em pagamento;*
>
> *VIII — emissão; e*
>
> *IX — outras operações que impliquem em transferência de criptoativos. (Brasil, 2019a)*

Portanto, é possível inferir que ainda há muito espaço para debates sobre a regulação e a natureza jurídica desses ativos financeiros.

O BCB já se mostrou atento à movimentação das criptomoedas no mundo e a forma de regulação (ou não) dos outros governos. De igual modo ocorreu com outras entidades brasileiras, como a CVM e, principalmente, a RFB, que, desde 2014, expôs a necessidade de se declarar Imposto de Renda sobre criptomoedas como se bens fossem.

Quando se fala em tecnologia, embora as inovações ocorram com maior velocidade e passem a fazer parte do cotidiano das pessoas de forma que nem percebem que ocorreu uma mudança importante, a utilização e possível regulação das criptomoedas precisam ser debatidas na sociedade, ainda mais se considerarmos que se trata de uma moeda com escalabilidade global.

Portanto, para finalizar a questão sobre se criptomoedas podem se encaixar no conceito de moeda, convém citar que recentemente uma juíza nos Estados Unidos decidiu que Bitcoin pode, sim, ser considerado dinheiro: "'Dinheiro geralmente significa um meio de troca, método de pagamento ou reserva de valor', escreveu a juíza Howell para o Tribunal Distrital de Columbia. 'Bitcoin é essas coisas'" (Amaro, 2020a).

O uso da tecnologia *blockchain* e das criptomoedas exigem muito debate para que usuários em potencial se sintam cada vez mais confortáveis e dispostos a aprender sobre elas e utilizá-las, e certamente se trata, como vem demonstrando, de um grande potencial para a sociedade no futuro.

Essa falta de confiança se dá, principalmente, por fraudes pelas quais alguns usuários de criptomoedas passaram, o que faz aumentar a desconfiança no mercado e atrasa a regulação esperada. Essas fraudes e as formas de lavagem de dinheiro com as criptomoedas serão comentadas a seguir.

4.5 Kriptacoin

Kriptacoin é a denominação a um esquema fraudulento, vinculado a uma moeda falsa e montado em uma pirâmide financeira, por meio da suposta empresa brasileira intitulada Wall Street Corporate.

O esquema teve início no final de 2016 e se consolidou no Distrito Federal logo no início de 2017, sendo descoberto nesse mesmo ano pela Polícia Civil, por meio de uma megaoperação denominada *Operação Patrick*. Na época, a Wall Street Corporate ganhou força por demonstrar como a "criptomoeda" permitia uma operacionalização acessível, com a realização de operações em qualquer parte do mundo e mediante a economia de aproximadamente 83% em comissões em comparação às taxas bancárias (Romão, 2019).

De acordo com as investigações, os integrantes da organização criminosa afirmavam ser executivos do mercado financeiro e prometiam altos rendimentos com o negócio, mediante o ganho de 1% ao dia sobre a Kriptacoin. O resgate do saldo, por sua vez, só poderia ser realizado após um ano contado da data de admissão do participante na pirâmide. Quanto mais investidores fossem recrutados, maior a promessa de ganhos com a oferta de um bônus de 10% por cada pessoa atraída a participar do investimento (Puljiz, 2017).

Pela apuração da Política Civil, a Kriptacoin foi comprada por cerca de 40 mil pessoas e rendeu R$ 250 milhões aos estelionatários.

A mencionada Operação Patrick resultou na condenação, em abril de 2018, de 13 pessoas pelos crimes contra a economia popular, ocultação de bens, falsidade ideológica e organização criminosa. (MPDFT, 2019)

Apesar de o esquema ter se desenrolado em meados de 2017 e a captura dos articuladores da pirâmide fraudulenta ter ocorrido pouco tempo depois, a circulação da Kriptacoin continuou causando efeitos negativos para a população.

Isso porque, em abril de 2020, foi noticiado que uma mulher havia recebido ordem de despejo para se retirar de imóvel de sua propriedade, que foi objeto de transação de compra e venda ocorrida poucos meses antes da operação fraudulenta ser descoberta. Na época, a proprietária recebeu o pagamento em Kriptacoins pela venda do terreno avaliado em 80 mil reais (Amaro, 2020b).

Ante a decisão que determinou a desocupação do imóvel sob pena de despejo compulsório, a proprietária interpôs recurso ao Tribunal de Justiça do Distrito Federal, alegando que o comprador do imóvel tinha conhecimento do caráter fraudulento do esquema e, por consequência, tinha ciência de que havia realizado a compra do imóvel mediante o uso de moeda falsa (Amaro, 2020b).

Patricia Peck Pinheiro

Infelizmente, a Kriptacoin não é considerada episódio único. Diversos são os esquemas fraudulentos no mercado financeiro, principalmente no mercado de investimentos.

A propósito, outros esquemas atrelados a criptomoedas falsas foram descobertos ou estão sob investigação pelas autoridades brasileiras. Segundo Jaquitas (2019), ao menos sete empresas de investimentos clandestinos estavam sob investigação e atraíam aproximadamente 4 milhões de pessoas.

Quadro 4.8 – Pirâmides financeiras de criptomoedas: casos recentes no Brasil

Unick Forex
• Empresa do Rio Grande do Sul que ofertava investimentos em Bitcoin com a promessa de dobrar o capital investido em seis meses.
• Em outubro de 2019, após a estimativa de a empresa ter movimentado uma média de R\$ 2 bilhões, os principais sócios foram presos pela Polícia Federal e tiveram seus bens apreendidos.
InDeal Investimentos
• O esquema fraudulento teria movimentado R\$ 700 milhões prometendo ganhos de 15% (quinze por cento) ao mês.
FX Trading
• Com alegação de atuação em transações envolvendo forex e criptomoedas, chegou a ter aproximadamente 2 milhões de clientes.
• Em maio de 2019, a CVM determinou a suspensão de suas atividades.

Fonte: Elaborado com base em Massadar, 2019.

A prática de pirâmide financeira no Brasil é proibida e configura crime contra a economia popular, nos termos da Lei n 1.521, de 26 de dezembro de 1951 (Brasil, 1951). Os esquemas de pirâmide financeiras estão vinculados a promessas de retorno expressivo em pouco tempo e são sustentados por diversos aportes monetários realizados por aqueles que passam a integrá-la (Takar; Marins, 2019).

E o que é uma pirâmide financeira?

De acordo com o Federal Trade Comission, órgão norte-americano de defesa do consumidor, a pirâmide financeira consiste em esquema mediante a oferta de lucros baseados no recrutamento de novos participantes.

Em alguns casos até existe a venda de produtos pelas empresas "de facha-da", mas essas vendas normalmente são utilizadas para ocultar o esquema fraudulento (Takar; Marins, 2019).

A cada camada, são inseridos mais e mais investidores na base – por isso a vinculação com a forma geométrica da pirâmide. Matematicamente, ela não se sustenta, pois o lucro inicialmente dividido é diretamente atrelado ao dinheiro aportado pelos novos participantes. Se, por algum motivo, todos os integrantes da pirâmide decidem sacar o dinheiro investido ao mesmo tempo, a pirâmide desaba (Rodrigues, 2016). Ademais, não tem validade à longo prazo, uma vez que o esquema em pouco tempo fica saturado, tendo em vista a quantidade de participantes e a falta de rotatividade do dinheiro.

Os participantes das pirâmides financeiras são distribuídos e agrupados de acordo com as "funções" desempenhadas: **faraó, príncipes** e **servos**.

- **Faraó** – Articula e convence as pessoas a ingressarem no esquema. É possível que haja mais de um faraó "encabeçando" a pirâmide.
- **Príncipes** – Participantes que, pelo ingresso logo no início das operações, ainda conseguem lucrar algum dinheiro, pois recebem a comissão sobre o valor pago por aqueles que foram convidados a participar por seu intermédio.
- **Servos** – Quanto mais participantes, mais difícil recuperar o dinhei-ro investido, considerando que seria necessário indicar ainda mais pessoas em um sistema cuja estrutura já se encontra saturada.

Fonte: Elaborado com base em Rodrigues, 2016.

Não se deve confundir, entretanto, pirâmide financeira com a ferra-menta de *marketing* de rede, até porque a primeira consiste em atividade criminosa, ao passo que a segunda é permitida por lei.

A pirâmide financeira, também chamada de *Esquemas de Ponzi*, objetiva o recrutamento de pessoas, e não a intermediação de venda de produtos, além de, conforme já assinalado, consistir em prática lesiva e ilegal.

Por sua vez, o *marketing* multinível, como também é conhecido o referido *marketing* de rede, é baseado na distribuição de produtos e serviços por meio da indicação de distribuidores independentes, os quais recebem bônus pelas vendas realizadas. (Urquiza, citado por Takar; Marins, 2019). Entre as vantagens do *marketing* de rede está o investimento mínimo na compra de produtos, pois o "distribuidor independente" não precisa investir na infraestrutura operacional com locação de espaço, contratação de funcionário, despesas fixas de infraestrutura (Agência Sebrae de Notícias, 2017). Isso porque esse tipo de proposta promove a realização de uma atividade "itinerante" baseada na confiança estabelecida junto ao consumidor final.

E por qual motivo as pirâmides financeiras têm se aproveitado das criptomoedas para basilar seus esquemas?

Segundo Téo Takar e Lucas Marins (2019), a falta de legislação que permita controlar e fiscalizar a negociação de moedas digitais no Brasil e a grande valorização do Bitcoin colaboram para atrair tanto os golpistas quanto aqueles que – muitas vezes por falta de conhecimento – acreditam na oferta de alto retorno e um curto período.

Cumpre salientar, entretanto, que o Poder Legislativo brasileiro, mesmo que a curtos passos, vem atentando para a necessidade de legislar sobre o tema.

Indo além das pirâmides financeiras, você já ouviu falar em **scam**?

No universo das criptomoedas, o termo *scam* é utilizado para se referir às fraudes e aos golpes cibernéticos praticados por pessoas mal-intencionadas que visam obter vantagem financeira. Em geral, são caracterizados por muitas promessas, pouca informação e falta de profissionalismo (Chaves, 2019)

A pirâmide financeira é considerada uma espécie de *scam*. E quais são os tipos de *scam* mais comuns? Isso pode ser visualizado no Quadro 4.9, a seguir.

Quadro 4.9 – Quadro comparativo dos tipos de *scam*

Criptomoedas falsas	Pirâmides financeiras
Criação de criptomoeda falsa para atrair investidores, a exemplo da já citada Kriptacoin e da One Coin, que envolveu um forte esquema de *marketing*, por meio do qual empresas afirmaram que faziam uso da moeda, apenas com o intuito de gerar confiança e promover a atração de investidores. Existe, entretanto, uma facilidade sistêmica para a ampliação do uso de criptomoedas falsas. Por meio de plataformas, como Ethereum e Waves, é possível criar uma criptomoeda de forma bastante ágil, as quais rapidamente podem ser registradas no CoinMarketCap (2021), ainda que o *site* se esforce para divulgar apenas as criptomoedas válidas.	Esquema financeiro que visa à captura de novos investidores para as criptomoedas com a promessa de grande montante de lucro em pouco tempo. De forma geral, as promessas de lucro são incompatíveis com os valores praticados pelo mercado e algumas chegam a alegar que o investimento está livre de qualquer prejuízo. Em alguns casos, os esquemas são denunciados e os responsáveis são capturados, mas em muitos outros, os criadores do esquema simplesmente desaparecem e abandonam os investidores com prejuízos vultosos.
ICOs falsas	**Carteiras falsas**
As ICOs (Initial Coin Offering), ou Ofertas Iniciais de Moeda, são comumente utilizadas quando um grupo de desenvolvedores deseja lançar uma criptomoeda no mercado, funcionado de forma semelhante a um financiamento coletivo. No caso, cada investidor recebe uma quantidade determinada da criptomoeda em pagamento. Quando bem-executadas, as ICOs são consideradas uma ótima oportunidade para se lucrar no mundo das *altcoins*, uma vez que o valor de mercado da nova criptomoeda será mais vantajoso do que as demais que já estão em circulação. O problema, entretanto, ocorre quando os desenvolvedores das ICOs não criam a criptomoeda ou não se dedicam a promovê-la. Assim, há um esforço inicial dos golpistas para que a criptomoeda aparentemente seja legítima, mas, depois de captarem os investimentos, eles acabam desaparecendo ou deixam uma moeda fraca, sem continuidade, no mercado.	As chamadas *carteiras de criptomoedas* são consideradas item indispensável para aquele que quer atuar no mundo da *cryptocurrency*. Cientes dessa necessidade, os golpistas promovem a criação de *wallets* falsas. Com isso, rebebem os depósitos de criptomoedas verdadeiras realizados por aqueles indivíduos desavisados, que não realizam uma análise prévia da empresa que está ofertando o serviço. Como resultado, essas pessoas perdem as criptomoedas depositadas nas mencionadas carteiras falsas.

(continua)

Patricia Peck Pinheiro

Grupos de *pump*	Exchanges falsas
Os grupos de *pump* consistem em conjuntos de pessoas que concordam em comprar determinado ativo, com o objetivo comum de aumentar seu preço de mercado. No mercado tradicional, esse *pump* é proibido, mas não existe regulamentação nesse sentido no mercado das criptomoedas. Esses grupos são estruturados de forma "hierárquica", pois os organizadores ficam "no topo" e sempre sabem quando o preço vai subir ou cair. Também existem aqueles participantes que pagam para saber quais moedas serão "pumpadas" e os que recebem as informações daqueles que pagam. Por fim, existem os usuários que tentam se aproveitar do aumento do preço da moeda com o crescimento repentino dela. De modo geral, apenas os organizadores do *pump*, aproveitando-se do público de participantes – que normalmente são as pessoas que não têm muito conhecimento no mercado de criptoativos – costumam ficar com a maior parte dos lucros e aqueles que entram por último são os que mais perdem. Todo cuidado e atenção são necessários ao participar de tais grupos, a fim de se afastar das promessas sem garantia.	As "exchanges", assim como o nome sugere, atuam como se fossem uma casa de câmbio virtual, por meio da qual é possível realizar a compra e a venda de criptomoedas ou trocar variados tipos de moedas virtuais. Assim como as carteiras falsas, já mencionadas, existem as "exchanges" falsas, criadas por golpistas que desejam roubar as moedas dos demais usuários. Existem algumas "exchanges" que fazem uso das técnicas de *phishing*[*], induzindo o usuário – por meio de artimanhas – a informar, por conta própria, seus dados e informações pessoais, de modo a facilitar o acesso dos golpistas às contas de terceiros e a proporcionar o roubo de criptomoedas.

Fonte: Elaborado com base em Chaves, 2019.

[*] A prática de *phishing* consiste em ato fraudulento que visa ao roubo de dados cadastrais e informações financeiras de terceiros. Para isso, os criminosos costumam projetar um ambiente apto a recepcionar tais informações que são inseridas pelo próprio usuário, ou seja, muitas vezes se utilizam de *e-mails*, *sites*, aplicativos, que visualmente parecem estar atrelados à venda de algum produto ou serviço para atrair a isca (por isso a expressão se assemelha ao termo *fishing*, "pescando"). A real intenção é apenas ter acesso aos dados para, em posse deles, os destinar a usos indevidos e não autorizados, geralmente vinculados ao acesso às contas bancárias de terceiros.

E de que forma é possível evitar o *scam*? O primeiro passo é tomar conhecimento de como funcionam. Uma vez ciente dos esquemas fraudulentos, o usuário torna-se mais atento.

Informação nunca é demais, portanto, antes de realizar qualquer operação ou quando se recebe uma oferta de novo produto ou serviço é importante pesquisar! É recomendável buscar alternativas já conhecidas e com boas referências.

Por fim, o usuário deve desconfiar sempre quando solicitado o preenchimento de formulários ou acesso a *links* suspeitos, mesmo que enviados por *e-mail* com *layout* amigável e conhecido. Muitos ataques ocorrem mediante o uso indevido de marcas conhecidas. Se for o caso, o usuário deve entrar em contato com a empresa para se certificar da autenticidade da mensagem.

Ainda a respeito dos esquemas fraudulentos envolvendo criptomoedas, o Federal Bureau of Investigations, popularmente conhecido como FBI, emitiu um comunicado[*] oficial para alertar sobre o aumento dos casos em tempos da pandemia de Covid-19 e recomendou algumas precauções, listadas no quadro a seguir.

Quadro 4.10 – Esquemas fraudulentos envolvendo criptomoedas

> **Tentativas de chantagem**
> Recebimento de mensagens ameaçadoras nas quais os golpistas afirmam para a vítima ter acesso a suas informações pessoais ou ter conhecimento de seus "segredos mais sujos". Ao recebê-las, a pessoa é chantageada, tendo de realizar o pagamento em Bitcoin para prevenir a divulgação das informações.
> Com o advento do Covid-19, esse esquema ganhou uma nova versão. O teor da correspondência afirma que – além de divulgar informações confidenciais – o golpista infectará a vítima e/ou sua família com o coronavírus salvo se Bitcoins forem transferidos a uma carteira virtual designada pelo golpista.
>
> **Golpes domésticos**
> Alegando ser "empregadores", os golpistas solicitam que você aceite uma "doação" de renda em sua conta bancária e a deposite em um quiosque de criptomoedas. A então chamada "doação" é provavelmente dinheiro roubado de terceiros. A aceitação para que a transferência ocorra é considerada uma atividade ilegal, vinculada ao "laranja", de dinheiro e transmissão de dinheiro potencialmente não licenciada.

(continua)

---

[*] A versão original do comunicado, em inglês, foi publicada no *site* oficial da agência norte-americana de inteligência. Consulte: United States, 2020.

Pagamento por um tratamento ou equipamento inexistente
Foram detectados golpistas que se utilizam de *sites* confiáveis de comércio eletrônico para oferecer produtos sob a alegação que são preventivos a Covid-19. O objetivo é atrair os consumidores para uma plataforma de pagamento não vinculada ao *site* original. Por meio dessa plataforma falsa, dispõem que o pagamento pode ser feito com criptomoedas. O problema? Os produtos ou serviços ofertados nunca existiram...

Golpes de investimento
Os golpistas costumam lançar investimentos fraudulentos em uma "nova" criptomoeda em desenvolvimento, a exemplo de uma oferta inicial de moeda (ICO) ou outro veículo de investimento com o intuito de roubar o dinheiro da vítima. Esses golpes geralmente envolvem cenários que aparentam ser "muito bons para ser verdade", oferecendo grande montante de lucros em um curto prazo e relacionado a uma pequena quantia investida. A verdade é que os golpistas roubam o dinheiro investido, o destinam para utilização pessoal e se utilizam da complexidade das criptomoedas para esconder a verdadeira destinação dos fundos roubados.

Fonte: Elaborado com base em Santos, 2020.

Por mais que as criptomoedas estejam ligadas à ideia de ambiente seguro, infelizmente é comum perceber a ação de pessoas mal-intencionadas que fazem uso do desconhecimento alheio sobre o tema para ganhar vantagem sobre o patrimônio de terceiros, por meios de esquemas fraudulentos e, muitos deles, com grande fluxo de capital.

Aqui expusemos os temas vinculados ao caso da Kriptacoin, esquema brasileiro de criptomoeda falsa e pirâmide financeira que vitimou uma parcela significativa de pessoas. Na próxima seção, seguiremos com a abordagem sobre os demais problemas envolvendo as moedas digitais.

4.6 Cryptocurrency wash

Apesar dos benefícios inegáveis proporcionados pela rapidez dos avanços tecnológicos em uma sociedade cada vez mais conectada, tais mudanças têm posto à prova a eficiência dos controles de segurança e, principalmente, do poder coercitivo do Estado.

Se as leis precisam refletir os aspectos sociais, como mantê-las atualizadas em uma sociedade em constante mutação?

Enquanto as medidas de combate a ilegalidades – entre as quais citamos a prevenção a fraudes, lavagem de dinheiro e financiamento ao terrorismo – são alvo de longos debates e estudos dos diversos setores econômicos e sociais, as novas tecnologias evoluem de modo exponencial e, na maioria das vezes, à margem da burocracia estatal. Assim, novos modelos de negócios surgem e continuarão surgindo sem qualquer referência a quais normas estão submetidos ou a qual regulador devem prestar contas (Dias, 2017).

Nos últimos anos, a lavagem de dinheiro vem sendo considerada uma das principais preocupações não só no âmbito público, mas também entre as relações privadas. A fim de impedir a ocorrência desse crime, foi criado um conjunto de normas e procedimentos conhecido como *Prevenção à Lavagem de Dinheiro* (PLD) ou a também conhecida expressão, em inglês, *Anti-Money Laudering* (AML). Ambas servem ao propósito de promover, de forma mais estruturada, o monitoramento e a investigação de clientes e/ou parceiros por organizações, sejam elas empresas, sejam instituições financeiras ou Governo (Paz, 2019).

> *A maioria dos cargos recentes dos analistas PLD, contratados para remediar as deficiências passadas e evitar as normas, requer formação, orientação e experiência adequadas. A execução eficaz de um esquema de lavagem de dinheiro pode ser difícil de detectar, mesmo para o investigador mais experiente. Com a problemática de navegação em mar desconhecido apresentado pelos novos produtos de pagamento rapidamente implementados por empresas que procuram conquistar uma fatia do mercado, os programas de PLD podem questionar se visibilidade dos cenários completo das transações é assim tão clara.* (McCrossan, 2015, p. 5, tradução nossa)

Antes de tratarmos especificamente sobre lavagem de dinheiro no âmbito das criptomoedas (*cryptocurrency wash*), temos de descrever certas premissas para clarificar o tema.

Em 1998, foi aprovada a Lei n. 9.613, de 3 de março de 1998 (Brasil, 1998b), que ficou popularmente conhecida como *Lei de Lavagem de Dinheiro.*

Sua promulgação foi estimulada pelo Brasil a partir da assinatura da Convenção de Viena de 1988*.

A Lei de Lavagem de Dinheiro atribuiu às pessoas, físicas e jurídicas, atuantes nos diversos setores econômico-financeiro maior responsabilidade no monitoramento e na comunicação de operações tidas como suspeitas no âmbito da lei. Em linha com as informações arroladas pelo portal do Ministério da Economia (Brasil, 2022):

> O crime de lavagem de dinheiro caracteriza-se por um conjunto de operações comerciais ou financeiras que buscam a incorporação na economia de cada país, de modo transitório ou permanente, de recursos, bens e valores de origem ilícita e que se desenvolvem por meio de um processo dinâmico que envolve, teoricamente, três fases independentes que, com frequência ocorrem simultaneamente.

Após a publicação, em 2011, de relatório elaborado pelo Grupo de Ação Financeira contra a Lavagem de Dinheiro e Financiamento ao Terrorismo (Gafi)**, foi possível verificar que o Brasil não detinha um bom histórico no combate do crime de lavagem de dinheiro (Saadi, citado por Pereira Neto, 2019), o que prejudicou a imagem internacional do país.

---

* Em 1988, os Estados-membros da Organização das Nações Unidas reuniram-se em Viena para a Convenção das Nações Unidas Contra o Tráfico Ilícito de Entorpecentes e Substâncias Psicotrópicas, também conhecida como *Convenção de Viena de 1988*, com o intuito de fortalecer as ações no combate ao tráfico de drogas, o que acabou por se tornar o terceiro pilar do sistema internacional de controle de drogas universalmente aprovado. Na época, a Convenção de Viena de 1988 destacou o caráter lucrativo do tráfico de drogas ao afirmar ser fonte de rendimentos e fortunas consideráveis e colocou à tona o fato de que as legislações penais em todo o mundo não eram suficientemente capazes de deter ou punir tal crime, tornando-se necessária fonte normativa diversa a funcionar de forma auxiliar. Pela primeira vez, falou-se em ocultação da natureza, origem, localização, destino, movimentação ou propriedade verdadeira dos bens, motivo pelo qual se apontou "a necessidade de verificar a origem de bens e valores passíveis de serem adquiridos com os frutos de crimes como o tráfico ilícito de substâncias entorpecentes e crime organizado, pois esses poderiam ser o instrumento de lavagem daqueles" (Viviani, 2005).

** Entidade intergovernamental estabelecida em 1989 por iniciativa dos países que compunham o G7 à época, cujo propósito é o estabelecimento e a promoção de padrões, bem como de políticas internacionais para combater a lavagem de dinheiro, o financiamento do terrorismo e outras ameaças à integridade do SFN. Em 2000, o Brasil tornou-se país-membro do referido grupo. O GAFI monitora a aderência dos seus membros na implementação dos padrões internacionais mediante de avaliações periódicas (BCB, 2022e).

Com o intuito de tornar mais eficiente a persecução penal do crime de lavagem de dinheiro, considerando as estatísticas insuficientes sobre investigações, denúncias e condenações demonstradas pelo relatório do Gafi (Saadi, citado por Pereira Neto, 2019), a Lei de Lavagem de Dinheiro foi alterada, em 2012, pela Lei 12.683, de 9 de julho de 2012 (Brasil, 2012a).

Instituída em 2003, a **Estratégia Nacional de Combate à Corrupção e à Lavagem de Dinheiro** (ENCCLA) é uma articulação formada por mais de 90 (noventa) entidades dos Poderes Executivo, Legislativo e Judiciário, além de Ministérios Públicos e associações que atuam, direta ou indiretamente, na prevenção e no combate à corrupção e à lavagem de dinheiro. A ENCCLA tem como objetivo a coordenação e a sistematização de políticas públicas de forma a aperfeiçoar os resultados de prevenção dos mencionados crimes (ENCCLA, 2022).

O Gafi, por sua vez, estabeleceu, na década de 1990, 40 recomendações para Prevenção à Lavagem de Dinheiro e Financiamento do Terrorismo (PLD/FT), as quais são periodicamente atualizadas e se encontram distribuídas entre os seguintes temas macro (BCB, 2022e):

- políticas de coordenação de PLD/FT;
- lavagem de dinheiro e confisco;
- financiamento do terrorismo e financiamento da proliferação;
- medidas preventivas;
- transparência e propriedade efetiva de pessoas jurídicas e outras estruturas jurídicas;
- poderes e responsabilidades de autoridades competentes e outras medidas institucionais;
- cooperação internacional.

Assim, com a Lei n. 12.683/2012, a lavagem de dinheiro passou a ser vinculada a todo e qualquer ilícito precedente, isto é, qualquer tentativa de legalizar recursos advindos de qualquer atividade ilícita passou a ser tipificada como crime de lavagem de dinheiro (BCB, 2022e). Não obstante, a lei mencionada também promoveu:

- extinção do rol taxativo de crimes antecedentes, admitindo-se agora como crime antecedente da lavagem de dinheiro qualquer infração penal;
- inclusão das hipóteses de alienação antecipada e outras medidas assecuratórias que garantam que os bens não sofram desvalorização ou deterioração;
- inclusão de novos sujeitos obrigados, tais como cartórios, profissionais que exerçam atividades de assessoria ou consultoria financeira, representantes de atletas e artistas, dentre outros; e
- aumento no valor máximo da multa para R$ 20 milhões.

E, nos termos da atual redação da Lei de Lavagem de Dinheiro, o tipo penal restou caracterizado da seguinte forma:

> Art. 1º Ocultar ou dissimular a natureza, origem, localização, disposição, movimentação ou propriedade de bens, direitos ou valores provenientes, direta ou indiretamente, de infração penal.
>
> Pena: reclusão, de 3 (três) a 10 (dez) anos, e multa.
>
> § 1º Incorre na mesma pena quem, para ocultar ou dissimular a utilização de bens, direitos ou valores provenientes de infração penal:
>
> I – os converte em ativos lícitos;
>
> II – os adquire, recebe, troca, negocia, dá ou recebe em garantia, guarda, tem depósito, movimenta ou transfere;
>
> III – importa ou exporta bens com valores não correspondentes aos verdadeiros.
>
> § 2º Incorre, ainda, na mesma pena quem:
>
> I – utiliza, na atividade econômica ou financeira, bens, direitos ou valores provenientes de infração penal;
>
> II – participa de grupo, associação ou escritório tendo conhecimento de que sua atividade principal ou secundária é dirigida à prática de crimes previstos nesta Lei. (Brasil, 1998b)

Reiterando, o crime de lavagem de dinheiro costuma se dividir em três fases, as quais com frequência são efetuadas de forma simultânea.

A primeira fase, a de **colocação**, compreende a inserção inicial dos valores ilícitos no sistema econômico, com o intuito de ocultar a origem do dinheiro criminoso. Há diversos meios de praticá-la, sendo os mais comuns a realização de transações em países com regras financeiras mais permissivas, o fracionamento dos depósitos bancários, a aquisição de bens móveis ou imóveis, entre outros.

Já a segunda fase, cuja denominação costuma variar entre **ocultação**, **estratificação**, **atribuição de camadas**, consiste na inserção de mecanismos para dificultar o rastreamento contábil dos recursos ilícitos, com o intuito de quebrar a cadeia de evidências que permitam o rastreamento contábil da trajetória dos bens.

Por fim, tem-se a terceira fase, a **integração**, na qual os ativos ilícitos são incorporados ao sistema econômico mascarados por transações legais, com o intuito de legitimar a posse do dinheiro ilegal.

Na hipótese de descumprimento de quaisquer das diretrizes contempladas na Lei de Lavagem de Dinheiro, aquelas submetidas à referida legislação – as "pessoas obrigadas" – estão sujeitas a sanções legais cabíveis.

Ainda, o art. 14 da Lei de Lavagem de Dinheiro previu a criação do Coaf, com o objetivo de regular, fiscalizar e aplicar penas administrativas relativas à prevenção à lavagem de dinheiro e ao financiamento do terrorismo. Desse modo, é de competência do Coaf a edição de normas norteadoras dos setores submetidos às disposições da Lei de Lavagem de Dinheiro.

Em janeiro de 2020, foi promulgada a Lei n. 13.974, de 7 de janeiro de 2020 (Brasil, 2020), que conferiu ao Coaf autonomia técnica e operacional, com atuação em todo o território nacional e vinculado administrativamente ao BCB.

O fluxograma indicado a seguir, disponibilizado pelo BCB, facilita a visualização dos procedimentos relacionados à Lei de Lavagem de Dinheiro e as disposições de órgãos nacionais envolvidos.

Figura 4.22 – Fluxograma da Lei de Lavagem de Dinheiro

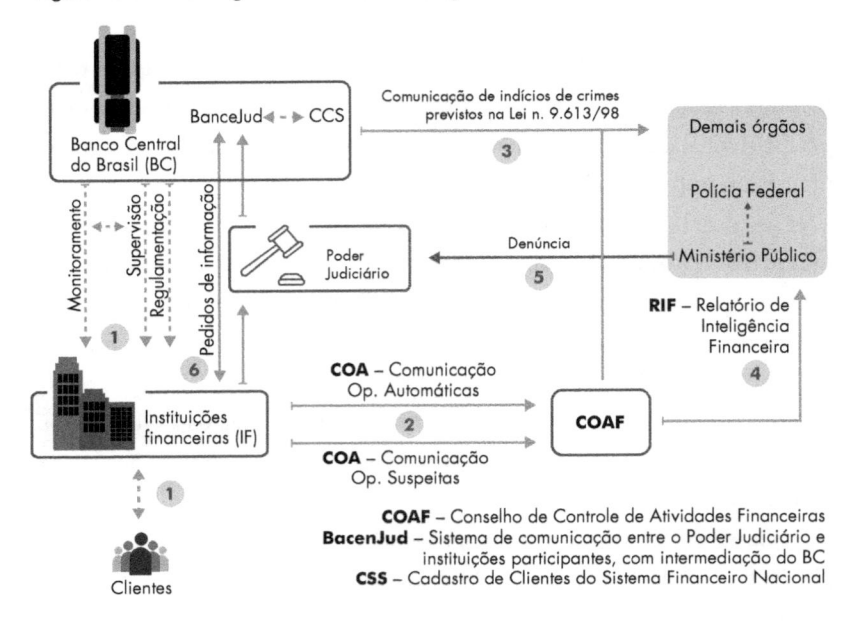

Fonte: BCB, 2022e.

No âmbito do BCB, em janeiro de 2020, foi editada a Circular n. 3.978, de 23 de janeiro de 2020 (BCB, 2020a)*, que determinou novas diretrizes regulatórias aplicáveis a políticas, procedimentos e controles internos voltados à prevenção da utilização do sistema financeiro para a prática dos crimes de lavagem de direito e de financiamento ao terrorismo, as quais devem ser adotadas por aquelas instituições autorizadas a funcionar pelo BCB (Russo; Cruz; Salomão, 2020).

As disposições do novo normativo aproximam o Brasil das práticas internacionais aplicadas pela OCDE, proporcionando um maior nível de segurança e transparência (Castro, 2020).

---

* Com a entrega em vigor da nova normativa, a Circular BCB n. 3.461/2009 foi revogada. Também foram revogadas as demais regras aplicáveis sobre PLD/FT e voltadas para nichos mais específicos de instituições submetidas à regulação do Banco Central, a exemplo de câmbio e pagamentos, objetivando a consolidação das diretrizes (Russo; Cruz; Salomão, 2020).

Entre as principais novidades, estão as seguintes:

- a realização de avaliação interna de risco pelas instituições financeiras, devendo considerar, no mínimo, os perfis de riscos dos clientes, da própria instituição, das operações – incluindo transações, produtos, serviços – e das atividades executadas por funcionários, parceiros e prestadores de serviços terceirizados;
- a expansão da definição de Pessoa Politicamente Exposta (PEP) com o intuito de alcançar cargos anteriormente não previstos, inclusive de cargos ocupados no exterior;
- o monitoramento, a seleção e a análise das situações que podem indicar suspeitas de lavagem de dinheiro e de financiamento ao terrorismo;
- a elaboração de manual de procedimentos aplicáveis a identificação, qualificação e classificação do cliente, cuja abordagem deverá ser baseada na análise de risco;
- a implementação de procedimentos de identificação e qualificação de funcionários, parceiros e prestadores de serviços terceirizados;
- a adoção de mecanismos de acompanhamento, controle e avaliação da aplicabilidade e efetividade das políticas e procedimentos estabelecidos pela normativa.

Embora sejam notórios os esforços normativos para combater os métodos clássicos de ilícitos financeiros, o fluxo legislativo não é capaz de acompanhar o ritmo desenfreado da evolução social e tecnológica. Com isso, as novas tecnologias diariamente desenvolvidas, inclusive no âmbito das criptomoedas, viabilizam o cometimento de crimes como o de lavagem de dinheiro em nível global (Dias, 2017).

É verdade que essas novas tecnologias guardam benefícios econômicos palpáveis, como a acessibilidade a novas possibilidades de financiamento e circulação de riquezas, que antes não seriam possíveis em decorrência de embargos políticos, limitações burocráticas ou altíssimas taxas praticadas no mercado (Dias, 2017). Contudo, elas abrem margem para práticas fraudulentas e criminosas, principalmente com vítimas que não detêm conhecimento financeiro e tecnológico suficiente diante do desconhecimento natural e da desconfiança provocados por uma tecnologia há poucos anos no mercado e em constante atualização.

Entre os tópicos sobre os quais os principais interessados, nacional e internacionalmente, vêm se debruçando nos últimos anos, figuram: o uso das criptomoedas para ilícitos, tributação dos ganhos provenientes das operações que as envolvem, proteção a investidores e consumidores e até mesmo impactos ambientais na indústria. (Rodrigues; Kurtz, 2019)

Malgrado o uso de tecnologias aliadas a técnicas criptográficas permita um maior nível de segurança aos usuários, conferindo maior transparência e confiabilidade às transações – a exemplo de uso da *blockchain* –, elas dificultam a identificação de quem as utiliza (Antunes, 2018, p. 21), com altos níveis de anonimidade.

Assim, os aspectos da infraestrutura dessas tecnologias que mais põem em xeque os mecanismos tradicionais de prevenção à lavagem de dinheiro são a **descentralização** e o **pseudoanonimato**.

As transações de criptomoedas em *blockchain* são verificadas por meio de uma rede *peer-to-peer* descentralizada e, então, transmitidas no "livro- -razão" de forma codificada. Essa descentralização, por sua vez, afasta-se diametralmente dos modelos centralizados adotados pelas instituições financeiras, para os quais são voltadas as normativas de PLD aplicáveis. Sem a instituição centralizadora no comando, a quem se pode atribuir a responsabilidade para invocar requisitos procedimentais de proteção à lavagem de dinheiro? Existem, entretanto, diversos "nós" no ecossistema das criptomoedas que podem se tornar alvo nos esforços mundiais à PLD (Campbell-Verduyn, 2018).

Conforme pontuamos, a outra questão seria o pseudoanonimato. Em teoria, os endereços de usuários de criptomoedas não podem ser vinculados à identidade do indivíduo "no mundo real", em consequência do emprego de fluxos matemáticos complexos na criptografia de chaves subjacentes e embutidos em tais ambientes (Campbell-Verduyn, 2018).

Ao desvincular as identidades das partes na plataforma de qualquer dado que as identifique fora dela, as criptomoedas automatizam o sigilo financeiro de forma que não pode ser revertida pela via regulatória. Isso é agravado pela existência de misturadores de criptomoedas (cryptocurrecy tumblers ou mixers), os quais dificultam ainda mais a identificação das partes. (Rodrigues; Kurtz, 2019, p. 12)

O pseudoanonimato no uso de criptomoedas desafia as metodologias tradicionais de prevenção à lavagem de dinheiro voltadas à identificação da pessoa envolvida na ação criminosa, confrontando-se dois pontos de forma dual: **"partes conhecidas/transações desconhecidas"** *versus* **"transações conhecidas/partes desconhecidas"** (Campbell-Verduyn, 2018, tradução nossa). As primeiras são o grande contraponto existente no esquema clássico de lavagem de dinheiro, conforme já destrinchado, ao passo que as segundas são o contraponto que põe em prática o grande desafio em se adotar mecanismos PLD atribuído às criptomoedas.

A capacidade de promover estabilidade monetária associada à vantagem da privacidade financeira a seus usuários, e a não incidência de tributação decorrentes do controle do Banco Central, faz com que o uso de criptomoedas se materialize como uma forte tendência para as operações eletrônicas realizadas via ciberespaço; o que apresenta um desafio para a compreensão em termos políticos (visto que a política determina a cotação), econômicos (na medida em que a oferta monetária é controlada pelo Estado e regulamentada pelas instituições financeiras) e jurídicos (dadas as incertezas quanto ao seu futuro, as moedas digitais representam uma modificação com consequências para a legislação, uma vez que é impossível falar sobre a conduta humana sem abordar possíveis desvios de comportamento que devam ser previstos pela norma jurídica). (Andrade, 2017)

O quadro a seguir, traduzido dos estudos de Campbell-Verduyn (2018), proporciona uma visão ampla dos riscos atrelados às práticas de lavagem de dinheiro no cenário de criptomoedas.

Quadro 4.11 – Os riscos do uso de criptomoedas em crimes de lavagem de dinheiro

Fator geral de risco	Exploração potencial de vulnerabilidades em cada etapa		
	Colocação	Ocultação	Integração
Transações em tempo real	Criptomoedas podem ser utilizadas por criminosos e associações criminosas.	Nomes suspeitos, particularmente se houver envolvimento de "laranjas" que não podem ser sinalizados.	Permissão para retirada dos lucros auferidos com a prática criminosa para transmitir anonimamente a indivíduos que não podem ser rastreados.
Pseudoanonimato	Lucros auferidos pela atividade criminosa podem ser transferidos a outra criptomoeda, em país distinto.	Transações ocorrem em tempo real, permitindo um pequeno intervalo de tempo para interrompê-las caso se suspeite da ocorrência de lavagem de dinheiro.	Lucros auferidos pela atividade criminosa podem ser movidos rapidamente por meio do sistema financeiro global e sacados em outro país.

Fonte: Campbell-Verduyn, 2018, p. 287, tradução nossa.

Em outubro de 2018, o Gafi atualizou suas recomendações e o glossário informativo para inclusão dos termos *ativos virtuais* e *provedores de serviços de ativos virtuais* (Vasps, na sigla em inglês). Ainda, determinou que ambos sejam submetidos à regulação e à supervisão desse grupo, além de ser obrigatória a atribuição de licença ou registro (Rodrigues; Kurtz, 2019).

O posicionamento do Gafi, ciente dos impactos das criptomoedas no cenário mundial e sabendo que riscos proeminentes pela associação de práticas de lavagem de dinheiro a tais ativos, objetivou, de forma clara, a submissão de criptoativos aos pilares preventivos das normas de PLD.

Ainda, o Gafi, em junho de 2019, atualizou seu guia para estabelecer diretrizes para a aplicação aos "ativos virtuais" de uma abordagem embasada em riscos, destacando o crescente uso de esquemas envolvendo diversos tipos de criptomoedas (Rodrigues; Kurtz, 2019). Aliás, a proposta era que cada país assumisse a responsabilidade de resguardar o alinhamento entre as normas de PLD com os regulamentos de proteção de dados pessoais. São inegáveis os esforços e as preocupações da comunidade internacional em adequar as particularidades das criptomoedas nas práticas de governança de PLD, porém, ao mesmo tempo, se nota que restam na discussão muitos pontos em aberto, e o debate se alastra ante a ausência de um entendimento majoritário.

Partindo desse pressuposto, um relevante ponto de discussão recai sobre o enquadramento da natureza das criptomoedas. Essa questão provoca a reflexão: Por que se debate sobre a adoção de práticas de PLD se, na realidade, poucas pessoas percebem o Bitcoin como "dinheiro" sob os moldes tradicionais?

O regime jurídico das criptomoedas ainda paira no campo da incerteza. Para a RFB, os Bitcoins são equiparados a ativos financeiros. Observe o que dispõe a Instrução Normativa n. 1.888/2019:

> *Art. 5º Para fins do disposto nesta Instrução Normativa, considera-se:*
>
> *I — criptoativo: a representação digital de valor denominada em sua própria unidade de conta, cujo preço pode ser expresso em moeda soberana local ou estrangeira, transacionado eletronicamente com a utilização de criptografia e de tecnologias de registros distribuídos, que pode ser utilizado como forma de investimento, instrumento de transferência de valores ou acesso a serviços, e que não constitui moeda de curso legal;* (Brasil, 2019a)

Nessa linha, a RFB já vem adotando o posicionamento de permissibilidade de declaração de criptomoedas na Declaração do Imposto sobre a Renda da Pessoa Física (DIRPF), na seção "Outros bens" dentro da Ficha de Bens e Direitos, reiterando, portanto, o entendimento do órgão quanto à equiparação aos ativos financeiros (Brasil, 2016a).

A despeito do cenário de dúvidas, muitas delas geradas pela posição adotada pela RFB quanto ao regime jurídico das criptomoedas, ainda cumpre esclarecer: Por que tratar as criptomoedas no contexto das políticas de prevenção à lavagem de dinheiro?

Estudos recentes sobre o que se entende por dinheiro (Cohen, citado por Campbell-Verduyn, 2018) apontaram, pelo menos, dois motivos pelos quais as criptomoedas são enquadradas como relevantes aos esforços globais de prevenção à lavagem de dinheiro.

> Primeiramente, a governança global de prevenção à lavagem de dinheiro preocupa-se com a realização de transações e fluxos financeiros ilícitos, independentemente de estarem vinculados, ou não, aos padrões teóricos sobre dinheiro. Esses esforços globais buscam combater a popularização dos processos originados de uma atividade ilícita e incorporado de forma legítima ao sistema financeiro, ao prevenir a ligação entre "crimes de colarinho branco" e "quadrilhas financeiras". Um segundo motivo pelo qual criptomoedas permanecem relevantes às práticas de governança global de prevenção à lavagem de dinheiro refere-se aos novos permissivos das altcoins para realização, verificação e publicação das transações de maneira interfronteiriça quase em tempo real. (Campbell-Verduyn, 2018, p. 286, tradução nossa)

Pesquisadores do Chainalysis calcularam que, em 2018, cerca de 64% das transações duvidosas por meio de criptomoedas – as quais aumentaram cerca de U\$ 1 bilhão comparado ao ano anterior – foram submetidas ao ilícito de lavagem de dinheiro, por meio de um simples depósito em uma conta digital seguida de uma permuta de ativos (Canellis, 2019).

Ainda de acordo com o estudo divulgado pelo Chainalysis, os criminosos costumam utilizar outros serviços de câmbio *peer-to-peer* para "limpar" mais de 12% de suas atividades ilícitas (Canellis, 2019).

O estudo também revelou que a maioria desses fundos digitais foi adquirida por meio de atividade de *"hackers"* diretamente nas *exchanges* de criptomoeda. Os pesquisadores observaram que 36 milhões de Ethereum foram roubados em 2018, por meio de esquemas geralmente relacionados a *phishing*, pirâmides financeiras, entre outros tipos de atividade fraudulenta (Canellis, 2019).

Observamos que são notórios, portanto, os números atrelados aos ilícitos vinculados às criptomoedas e ao ambiente a ela vinculados.

A regulação normativa da questão, principalmente no que tange à adoção de práticas de prevenção, é considerada tarefa árdua. Por mais que atualmente o contexto mundial venha tratando a situação de forma vinculada às práticas de PLD, existem diferenças palpáveis: a utilização de rede descentralizada e de mecanismos que visam afastar a pessoalidade das transações são fatores cruciais que impossibilitam a equiparação de tratativas.

Assim, o estado regulatório com relação a criptomoedas e lavagem de dinheiro transpassa a indefinição e a incompletude. Alguns possíveis entraves podem ser listados, conforme Rodrigues e Kurtz (2019): (1) incompreensão das *nuances* da tecnologia empregada, a qual se apresenta inclusive como algo difícil de conceituar e delimitar por meio de texto normativo; e (2) desconhecimento da dimensão dos riscos inerentes à sua utilização.

Pagamentos eletrônicos

Finalmente, neste capítulo que encerra nossa aborda-gem, versaremos sobre as modalidades de pagamen-to eletrônico. Comentaremos conceitos que são basi-lares para o entendimento desse tipo de pagamentos, bem como demonstraremos a estrutura administrativa e tecnológica necessária para que se processem e se disponibilizem para os usuários essas modalidades de transação.

Ainda, faremos um breve percurso histórico para tratar, por exemplo, da criação e da difusão dos cartões de pagamento, ou cartões de crédito.

E, por fim, discorreremos sobre como a Geração Z tem recepcionado e estimulado as inovações nesse âmbito.

5.1 Princípios de pagamentos eletrônicos

Pagamento eletrônico é qualquer tipo de pagamento que dispensa o uso de dinheiro em papel, como cédula bancária ou cheque (Hord, 2022).

Com o avanço da tecnologia e a ampliação do uso da internet, é notória a migração de oferta de produtos e serviços do meio *off-line* para o *on-line*. Esse movimento dinamizou o setor financeiro, forjando novas formas de transações, inclusive no que diz respeito à oferta de seus produtos e serviços, a exemplo do fenômeno do *mobile banking*, que detalharemos ao longo deste capítulo.

Entre os meios mais comuns de pagamento eletrônico, os quais não estão restritos a compras à distância, destacam-se os cartões de pagamento (crédito, débito, pré-pago, *private label* etc.), o *mobile payment* (pagamentos, transferências, utilização de recursos por meio do celular), as moedas eletrônicas, entre outros, contemplando a mais recente aposta do Banco Central do Brasil (BCB), os pagamentos instantâneos, também conhecidos como PIX.

De acordo com o estudo elaborado pela empresa IDC sobre mudança nos hábitos de consumo diante de novas tecnologias, verificou-se que seis a cada dez brasileiros das classes A, B e C fazem uso de meios digitais de pagamentos, canais de pagamento de contas, compras e transação pela internet.

Segundo o levantamento, entre 2014 e 2018, o número de pessoas que usam aplicativos de celular para usar serviços bancários triplicou, passando de 25 para 70 milhões.

O Brasil também lidera o uso de cartões de crédito, com um total de 57% dos entrevistados afirmando que fazem uso desse meio de pagamento com mais frequência do que o débito.

Fonte: Elaborado com base em Valente, 2019.

Com a rápida propagação da pluralidade dos meios de pagamento eletrônico, o comércio consequentemente vem sofrendo um processo contínuo de expansão. Por esse inevitável vínculo de causa e consequência, a história dos meios de pagamento eletrônico está diretamente vinculada às características comerciais.

Assim sendo, iniciamos a explanação dos princípios relacionados aos pagamentos eletrônicos trazendo à tona aqueles que permeiam as relações consumeristas e que se encontram dispostos no ordenamento jurídico brasileiro vigente.

A Lei n. 8.078, de 11 de setembro de 1990 (Brasil, 1990b), mais conhecida como *Código de Defesa do Consumidor* (CDC), é a norma de proteção aos direitos inerentes aos consumidores, que buscou harmonizar os interesses dos participantes da relação de consumo com as necessidades do desenvolvimento econômico e tecnológico (TJDFT, 2021).

O CDC tem como premissa* a busca pelo equilíbrio do princípio da boa-fé objetiva e a compatibilização da proteção do consumidor, sempre de modo a viabilizar os princípios nos quais se funda a previsão constitucional da ordem econômica e que se encontram dispostos no art. 170 da Constituição Federal (Brasil, 1988).

Princípios gerais da atividade econômica

A Constituição Federal enfatiza a ordem econômica e financeira, destinando um capítulo específico para a abordagem do tema, no qual são dispostas as bases constitucionais do atual sistema econômico brasileiro.

Fundada na valorização do trabalho humano e na livre iniciativa, a ordem econômica encontra-se pautada nos seguintes princípios:

- Soberania nacional
- Propriedade privada
- Função social da propriedade
- Livre concorrência
- Defesa do consumidor
- Defesa do meio ambiente (inclusive mediante tratamento diferenciado conforme o impacto ambiental dos produtos e serviços e de seus processos de elaboração e prestação)
- Redução das desigualdades regionais e sociais
- Busca do pleno emprego
- Tratamento favorecido para as empresas de pequeno porte constituídas sob as leis brasileiras e que tenham sua sede e administração no país

Fonte: Elaborado com base em Brasil, 1988.

* A premissa destacada está prevista no art. 4°, inciso III, do CDC: "Art. 4° A Política Nacional das Relações de Consumo tem por objetivo o atendimento das necessidades dos consumidores, o respeito à sua dignidade, saúde e segurança, a proteção de seus interesses econômicos, a melhoria da sua qualidade de vida, bem como a transparência e harmonia das relações de consumo, atendidos os seguintes princípios: [...] III – harmonização dos interesses dos participantes das relações de consumo e compatibilização da proteção do consumidor com a necessidade de desenvolvimento econômico e tecnológico, de modo a viabilizar os princípios nos quais se funda a ordem econômica (art. 170 da Constituição Federal), sempre com base na boa-fé e equilíbrio nas relações entre consumidores e fornecedores. [...]" (Brasil, 1990b).

Patricia Peck Pinheiro

O Superior Tribunal de Justiça (STJ), no Agravo Interno no Recurso Especial n. 1.278.178/MG, já tratou do tema:

CONSUMIDOR E PROCESSUAL CIVIL. RECURSO ESPECIAL. PRESSUPOSTOS DE ADMISSIBILIDADE DO RECURSO ESPECIAL. EXISTÊNCIA ATENDIMENTO MÉDICO EMERGENCIAL, POR HOSPITAL QUE NÃO ATENDE PELO SUS. RELAÇÃO DE CONSUMO. NECESSIDADE DE HARMONIZAÇÃO DOS INTERESSES RESGUARDANDO O EQUILÍBRIO E A BOA-FÉ. PRINCÍIOS CONTRATUAIS QUE SE EXTRAEM DO CDC. INSTRUMENTÁRIO HÁBIL A SOLUCIONAR A LIDE. 1. O legislador ordinário, em observância ao disposto no artigo 48 do Ato das Disposições Constitucionais Transitórias e, sobretudo, aos princípios e valores que a Carga Magna alberga, editou o Código de Defesa do Consumidor (Lei 8.078/90). Com efeito, o artigo 4º, inciso III, do Código de Defesa do Consumidor esclarece que os objetivos e princípios da Política Nacional das Relações de Consumo, que contempla a harmonização dos interesses dos parti- cipantes das relações de consumo, compatibilizando a proteção ao consumidor com a necessidade de desenvolvimento econômico, viabilizando os princípios nos quais se funda a ordem econômica, e resguardando o equilíbrio e a boa-fé. 2. Trata-se de uma relação contratual de direito privado, em que a parte ré invoca a inusitada tese de nada ter de pagar, embora seja incontroverso que tenha mesmo ocasionado custos ao hospital privado — que não atende pelo SUS. Com efeito, evidentemente, não pode ser imposto pelo Estado — ainda que em sua função jurisdicional — que a sociedade empresária assuma as despesas decorrentes da prestação do serviço emergencial, cuja prestação, como expressamente reconhece a Corte local, nem mesmo poderia ser recusada pelo nosocômio — ensejando enriquecimento sem causa para o consumidor. 3. A defesa do consumidor carece de não serem gerados novos ou mais significativos atritos, observando-se os critérios de reciprocidade. Paciência, moderação, capacidade de influir pacificamente para solução dos conflitos e compreensão exata dos limites dos direitos são os melhores instru- mentos da boa ética de conduta da autoridade estatal. (GAMA, Helio Zaghetto. Curso de direito do consumidor. 3 ed. Rio de Janeiro: Forense, 2006, ps. 24-27).

4. Os princípios da função social do contrato, boa-fé objetiva, equivalência material e moderação impõem, por um lado, seja reconhecido o direito à retribuição pecuniária pelos serviços prestados e, por outro lado, constituem instrumentário que proporcionará ao julgador o adequado arbitramento do valor a que faz jus o hospital. (REsp 1256703/SP, Rel. Ministro LUIS FELIPE SALOMÃO, QUARTA TURMA, julgado em 06/09/2011, DJe 27/09/2011). 5. Agravo interno não provido. (Brasil, 2017a)

Desse modo, por mais que as premissas elencadas não tenham sido desenhadas especificamente para o ambiente eletrônico, elas devem ser aplicadas de maneira geral às relações financeiras – em especial os princípios norteadores expressos na Constituição Federal – e consumeristas, sendo aplicável, por conseguinte, o referido CDC.

Apesar da possibilidade de aplicação, é inegável o vazio jurídico a ser preenchido com regras específicas e voltadas ao setor, tendo em vista as particularidades inerentes ao suporte eletrônico utilizado e o consequente aumento de vulnerabilidades sistêmicas.

Nesse sentido, o Fórum do Comércio Eletrônico, criado em fevereiro de 2010, reuniu-se por diversas vezes em seu ano de criação, por meio de um grupo de trabalho, para debater melhorias e possíveis contribuições ao bom funcionamento do mercado, assegurando proteger o consumidor, identificar as questões emergentes do comércio eletrônico e facilitar a interação de seus atores. O resultado dos debates foi a publicação de uma cartilha de **princípios sugeridos** ao comércio eletrônico no contexto brasileiro (Carta..., 2010).

Quadro 5.1 – Princípios do comércio eletrônico propostos pelo Fórum de Comércio Eletrônico em 2010

Estabelecimento virtual
• A atividade desenvolvida no âmbito do estabelecimento virtual não pode se sujeitar à autorização prévia ou a outro requisito com efeito equivalente.
• Esse princípio não prejudica os regimes de autorização que não visem especialmente o comércio eletrônico.

(continua)

Prospecção *on-line* • Aquele que oferta produto ou serviço fazendo uso das redes de informação deve prestar o máximo de informações detalhadas, tendo em vista a impossibilidade de o destinatário verificar as características do bem, permitindo desse modo que efetive seu direito de escolha de forma consciente e qualificada, sendo vedada qualquer oferta que induza o destinatário em erro ou possibilite a compra de bem distinto ou na forma diversa daquela pretendida. • Os recursos de prospecção devem favorecer a concorrência leal, a boa-fé, a segurança e a proteção da privacidade e dos dados. A prospecção deve respeitar a ordem judicial nacional, os direitos e as garantias fundamentais previstos na Constituição Federal e no CDC.
Contratos celebrados por meios eletrônicos • O princípio da forma livre deve ser observado nos contratos eletrônicos, respeitando os princípios de boa-fé, transparência e equilíbrio entre as partes e desde que não haja disposição estabelecendo forma especial. • A segurança técnica é o princípio geral dos contratos de prestação de serviços de pagamento específicos para o ambiente do comércio eletrônico.
Responsabilidade dos prestadores • A edição de conteúdo nas redes de comunicação eletrônica pode ensejar a responsabilidade da pessoa que o criou. O regime de responsabilidade será fixado à vista da legislação em vigor, em especial o do Código Civil, Lei n. 10.406, de 10 de janeiro de 2002 (Brasil, 2002) e do CDC. • A compra e a venda de bens e serviços realizadas por meio de plataforma de comércio eletrônico não deve ensejar a responsabilidade da pessoa que mantém a plataforma e do prestador do serviço de pagamento. A regulação deve, contudo, zelar pela legalidade do comércio em tais plataformas.

Fonte: Elaborado com base em Carta..., 2010.

Datando de 2010 essa sugestão de princípios, já se fizeram notar algumas mudanças, incluindo, por exemplo, a preocupação já exposta à época sobre a segurança e a proteção das informações vinculadas ao fluxo transacional da comercialização. Esta passou a ser positivada no ordenamento jurídico em 2018 com a edição da legislação específica para tratar sobre a proteção de dados pessoais: a Lei n. 13.709, de 14 de agosto de 2018 (Brasil, 2018a), conhecida como *Lei Geral de Proteção de Dados Pessoais*.

Vale salientar que – por mais que haja clara intersecção dos meios de pagamento eletrônicos com as atividades comerciais e consumeristas, motivo pelo qual expusemos as considerações preliminares citadas – os pagamentos eletrônicos têm natureza financeira intrínseca, sendo recomendável também uma análise dos princípios que norteiam o sistema de pagamento brasileiro.

> *o mundo das transações eletrônicas tem sua origem nas empresas financeiras. Bancos e corretoras de valores operam eletronicamente processando informações, compensando cheques, créditos e débitos, efetuando negócios há muito tempo. Há outros princípios importantes para se pensar a partir do momento em que esse mundo é transposto para o universo da Internet, chegando a um número cada vez maior de pessoas: os princípios de **segurança, solidez** e **credibilidade**, tão velhos como as próprias instituições financeiras.* (Pinheiro, 2016, p. 295, grifo nosso)

De fato, já existe uma expectativa do cliente de que a segurança é a premissa básica para as transações financeiras, motivo pelo qual justamente a figura do "banco" guarda relevância no contexto: a segurança é depositada na atuação da referida instituição.

Com a migração contínua dos serviços para o ambiente *on-line* e o surgimento e a diversidade de novos *players* no mercado, por mais que a descentralização bancária ocorra (isto é, por mais que os bancos não sejam os únicos a viabilizarem transações eletrônicas, haja vista o surgimento das *fintechs* e dos novos meios de pagamento, por exemplo), o pressuposto da segurança é mantido: ora, se não houvesse confiança de que se está em um ambiente seguro, extremamente difícil se tornaria a operacionalização das transações financeiras.

> *Para nós está claro que no mundo virtual as instituições bancárias têm de ter a mesma segurança, solidez e credibilidade perante seus clientes que no mundo real — ou até mais, pelas características da rede. O custo de uma operação bancária feita na agência é superior ao daquela feita por telefone, e este é, por sua vez, superior ao da feita pela Internet. [...] A credibilidade do uso dos recursos de tecnologia da informação no mercado financeiro é fator crucial para sua própria viabilidade atual.* (Pinheiro, 2016, p. 295)

Nesse contexto, destaca-se a atuação do Comitê de Sistemas de Pagamento e de Liquidação (CPSS), grupo de trabalho formado pelos bancos centrais do G10, que atuou no desenvolvimento de princípios fundamentais norteadores "para orientações universais, que se destinam a encorajar, em todo o mundo, o desenho e a operação de sistemas de pagamento sistemicamente importantes mais seguros e eficientes" (BCI, 2001). O resultado desse trabalho foi apresentado em forma de relatório – intitulado *Princípios fundamentais para sistemas de pagamento sistemicamente importantes* e publicado em janeiro de 2001 pelo Banco de Compensações Internacionais (BIS, na sigla em inglês) (BCI, 2001).

Esses princípios norteadores são de extrema importância para o contexto dos pagamentos eletrônicos, pois, conforme já afirmamos, há uma transposição das garantias e premissas das transações do mundo real para aquelas do mundo virtual. Ademais, eles serviram como base para definição e a estipulação de regras específicas às características próprias das transações eletrônicas, haja vista a criação pelo BCB do Sistema de Pagamentos Instantâneos (SPI)*, o qual passou a integrar o Sistema de Pagamentos Brasileiro (SPB)**.

Isso porque, conforme o relatório mencionado já dispunha, "os princípios fundamentais se aplicam aos sistemas de pagamento [...], quer

---

* "O Sistema de Pagamentos Instantâneos (SPI) é a infraestrutura centralizada e única para liquidação de pagamentos instantâneos entre instituições distintas no Brasil. A operação do SPI, gerida pelo BCB teve início em novembro de 2020. O SPI é um sistema que faz liquidação bruta em tempo real (LBTR), ou seja, que processa e liquida transação por transação. Uma vez liquidadas, as transações são irrevogáveis. Os pagamentos instantâneos são liquidados com lançamentos nas contas de propósito específico que as instituições participantes diretos do sistema mantêm no BCB, denominadas Contas Pagamento Instantâneo (Contas PI). Para garantir a solidez do sistema, não há possibilidade de lançamentos a descoberto, isso é, não se admite saldo negativo nas Contas PI". (BCB, 2022g).

** "O Sistema de Pagamentos Brasileiro (SPB) compreende as entidades, os sistemas e os procedimentos relacionados com o processamento e a liquidação de operações de transferência de fundos, de operações com moeda estrangeira ou com ativos financeiros e valores mobiliários, chamados, coletivamente, de entidades operadoras de Infraestruturas do Mercado Financeiro (IMF). Além das IMF, os arranjos e as instituições de pagamento também integram o SPB. **Zelar pelo funcionamento normal, seguro e eficiente do sistema de pagamentos é função essencial de um banco central. Tal função tem como objetivo primordial garantir a eficiência e a segurança no uso de instrumentos de pagamento por meio dos quais a moeda é movimentada.** Como forma de atingir esses objetivos, o BC tem as competências de regulamentar e exercer a vigilância e a supervisão sobre os sistemas de compensação e de liquidação, os arranjos e as instituições de pagamento" (BCB, 2022f, grifo nosso).

envolvam ordens de débito ou de crédito, quer o processamento seja eletrônico ou manual, e quer se trate de instrumentos eletrônicos ou baseados em papel" (BCI, 2001, p. 2).

E quais princípios seriam esses? Eles constituem um grupo de dez e serão dispostos um a um no quadro apresentado a seguir.

Quadro 5.2 – Princípios fundamentais para sistemas de pagamento sistemicamente importantes propostos pelo BCI em 2001

---

1. Base legal – O sistema deve ter base legal bem-fundamentada em todas as jurisdições relevantes:

- As regras e os procedimentos de um sistema devem efetivamente produzir efeitos e suas consequências devem ser previsíveis.
- Um sistema que não seja legalmente robusto ou no qual as questões legais sejam insuficientemente compreendidas pode colocar seus participantes em situação de risco.
- A jurisdição sob cuja lei as regras e os procedimentos serão interpretados deve ser especificada claramente.

2. Compreendendo os riscos financeiros – As regras e os procedimentos do sistema devem permitir que os participantes tenham uma clara compreensão do impacto do sistema sobre cada um dos riscos financeiros a que eles se expõem por conta de sua participação:

- Um fator determinante de onde os riscos surgem são as regras e os procedimentos do sistema, que devem definir claramente os direitos e as obrigações de todas as partes envolvidas.
- O relacionamento entre as regras do sistema e os outros componentes do ambiente legal deve ser claramente explicado e compreendido.

3. Gerenciamento de riscos financeiros – O sistema deve ter procedimentos para gerenciamento dos riscos de crédito e de liquidez claramente definidos, que especifiquem as respectivas responsabilidades do operador do sistema e dos participantes e que forneçam estímulos apropriados para o gerenciamento e contenção desses riscos:

Essas regras e procedimentos constituem um mecanismo importante para o tratamento dos riscos financeiros que podem surgir em sistemas de pagamento e devem assegurar que todas as partes tenham tanto os estímulos quanto a capacidade para gerenciar e conter cada um dos riscos que eles suportam, além de definirem limites para o nível máximo de exposição de crédito que pode ser produzido por cada participante.

Limites de exposição de crédito tendem a ser particularmente relevantes em sistemas que utilizam mecanismos de compensação de obrigações.

(continua)

O gerenciamento e a contenção dos riscos podem ser feitos de várias maneiras, utilizando-se tanto procedimentos analíticos quanto procedimentos operacionais. Os procedimentos analíticos compreendem o contínuo monitoramento e análise dos riscos de crédito e de liquidez que os participantes representam para o sistema. Os procedimentos operacionais incluem a implementação de decisões de gerenciamento de risco por meio: do estabelecimento de limites de exposição, com a pré-cobertura ou a constituição de garantias que cubram as obrigações; do desenho e do gerenciamento de filas de transações; ou de outros mecanismos.

4. Pronta liquidação final – O sistema deve oferecer pronta liquidação final no dia ao qual o pagamento se refere, preferencialmente durante o dia ou, na pior hipótese, ao final do dia:

- Entre o momento em que os pagamentos são aceitos para liquidação pelo sistema de pagamento (incluindo a satisfação de quaisquer testes relevantes de gerenciamento de risco, como a aplicação de limites de exposição ou a verificação de disponibilidade de liquidez) e o momento em que a liquidação final realmente ocorre, os participantes podem enfrentar riscos de crédito e de liquidez.
- Nada nesse princípio impede que um sistema possibilite a programação de pagamentos para liquidação em data futura.

5. Liquidação em sistemas de compensação multilateral – Um sistema que utiliza compensação multilateral deve, no mínimo, ser capaz de assegurar a tempestiva conclusão dos ciclos diários de liquidação no caso da incapacidade de liquidação do participante com a maior posição devedora:

- A apuração de saldos líquidos multilaterais gera o risco de que, se um participante for incapaz de cumprir suas obrigações de liquidação, outros participantes enfrentem riscos de crédito e de liquidez inesperados.
- Essa combinação de compensação multilateral e liquidação diferida foi o foco do "Padrão Lamfalussy IV", o qual especificou que, no mínimo, tais sistemas de compensação devem ser capazes de resistir à falha de liquidação do participante com a maior posição líquida devedora dentro do sistema.
- Esses sistemas devem ter fortes controles para tratar desse risco de liquidação, sendo que muitos sistemas que liquidam com base em posições líquidas introduziram arranjos para limitar os riscos de crédito e de liquidez, bem como para assegurar o acesso à liquidez em circunstâncias adversas.

6. Ativos de liquidação – Os ativos utilizados para liquidação devem ser preferencialmente direitos creditórios contra o banco central; quando outros ativos são utilizados, eles devem carregar pouco ou nenhum risco de crédito de liquidez:

O ativo de liquidação deve ser aceito por todos os participantes do sistema.

Quando é utilizado um ativo que não um direito creditório contra o banco central, a segurança do sistema depende em parte se o ativo deixa o portador com riscos de crédito ou de liquidez significativos.

Geralmente, saldos no banco central constituem o mais satisfatório ativo utilizado para liquidação, devido à ausência de risco de crédito ou de liquidez para o titular da conta, e eles são tipicamente utilizados nos sistemas de pagamento sistemicamente importantes. Se a liquidação é concluída utilizando outros ativos, como direitos creditórios contra um banco comercial, esses ativos devem carregar pouco ou nenhum risco financeiro.

7. Segurança e confiabilidade operacional – O sistema deve assegurar um elevado grau de segurança e de confiabilidade operacional e deve ter planos de contingência para a conclusão tempestiva do processamento diário:

- Os participantes do mercado contam com os sistemas de pagamento para liquidar suas transações no mercado financeiro. Para assegurar a precisão e a integridade dessas transações, o sistema deve incorporar padrões de segurança que sejam comercialmente razoáveis e condizentes com os valores envolvidos das transações.
- Esses padrões se elevam com o passar do tempo, com os avanços tecnológicos.
- É também necessário ter procedimentos efetivos de continuidade de negócios e pessoal bem-treinado e competente, que possa operar o sistema com segurança e eficiência e assegurar que os procedimentos corretos serão seguidos.

8. Eficiência – O sistema deve oferecer meios de realização de pagamentos que sejam práticos para seus usuários e eficientes para a economia:

- O desenho do sistema, inclusive as decisões tecnológicas adotadas, deve procurar economizar nos pertinentes custos, adotando uma postura prática conforme as circunstâncias específicas do sistema e levando em conta seus efeitos na economia como um todo.
- A tecnologia e os procedimentos operacionais utilizados na prestação de serviços de pagamento devem ser consistentes com os tipos de serviços demandados pelos usuários, refletindo o estágio de desenvolvimento econômico dos mercados atendido.
- Os sistemas devem ser desenhados e operados de modo que eles se adaptem ao desenvolvimento do mercado de serviços de pagamento, tanto no âmbito nacional quanto no âmbito internacional. Os arranjos técnicos, comerciais e de governança devem ser suficientemente flexíveis para responderem às demandas de mudança, por exemplo adotando novas tecnologias e procedimentos.

9. Critérios de acesso – O sistema deve ter critérios de participação objetivos e divulgados publicamente, que permitam acesso justo e aberto:

- Todos os critérios de acesso devem ser explicitamente estabelecidos e divulgados às partes interessadas.
- Pode ser necessário, entretanto, ponderar essa vantagem contra a necessidade de proteger os sistemas e seus participantes da participação de instituições que os exporiam a riscos legais, financeiros e operacionais excessivos.

10. Governança – Os arranjos de governança devem ser efetivos, transparentes e basea-dos em prestação de contas:
- Os arranjos de governança devem prover meios para que a administração do sistema responda por suas decisões ante os proprietários (por exemplo, os acionistas de um sistema privado) e, em razão da importância sistêmica do sistema, ante a comunida-de financeira como um todo, de modo que aqueles que são atendidos pelo sistema influenciem seus objetivos gerais e seu desempenho.
- Arranjos efetivos, transparentes e baseados em prestação de contas propiciam a base para que os princípios fundamentais sejam observados como um todo.

Fonte: Elaborado com base em BCI, 2001.

Os princípios expostos evidenciam a reiterada preocupação em garantir **transparência**, bem como em adequar o sistema de forma **segura** e **confiável**, sem que isso atrapalhe sua **eficiência**.

Conforme já aludimos, a questão da segurança é um ponto crucial quando do se está diante de plataformas e meios eletrônicos. Ocorre que, a partir do momento em que as relações bancárias migram para o ambiente virtual, inevitavelmente passa a haver maior dificuldade em se delimitar um perímetro de responsabilidades, que até então era definido por barreiras literalmente físicas, ou seja, pelo "cofre", pela "porta da agência", pelo "balcão do caixa" etc. (Pinheiro, 2016).

Muito embora o judiciário brasileiro ainda não tenha um posiciona-mento bem-consolidado sobre o tema, citamos a Súmula n. 479 do STJ, a qual determina a responsabilidade objetiva das instituições financeiras pelos danos gerados no âmbito de operações bancárias: "As instituições financeiras respondem objetivamente pelos danos gerados por fortuito interno relativo a fraudes e delitos praticados por terceiros no âmbito de operações bancárias" (Brasil, 2022b).

Por fim, já que o suporte eletrônico está em pauta, além dos princípios vinculados às atividades bancárias e comerciais, devem ser observados aqueles intrínsecos à governança e ao uso da internet[*]. No âmbito sistemático, destaca-se a necessidade de se garantir a padronização e a interoperabilidade. Conforme Macêdo (2012):

> *Interoperabilidade é a capacidade de um sistema (informatizado ou não) de se comunicar de forma transparente (ou o mais próximo disso) com outro sistema (semelhante ou não). Para um sistema ser considerado interoperável, é muito importante que ele trabalhe com padrões abertos ou ontologias. [...]*

Interoperabilidade não é somente integração de sistemas nem somente integração de redes. Não referencia unicamente troca de dados entre sistemas e não contempla simplesmente definição de tecnologia.

Entre as regulamentações editadas no âmbito financeiro, a publicação da Lei n. 12.865, de 9 de outubro de 2013 (Brasil, 2013a), a qual será exposta pormenorizadamente ao longo deste capítulo, estipulou o princípio da interoperabilidade[**] como um dos pilares que regula a prestação de serviços de pagamento no Brasil, por ser considerado essencial à inovação e aumento da concorrência.

Conforme Jachemet (2018, p. 46), "Os princípios norteadores da regulação dos meios de pagamento eletrônicos são relevantes para a análise da regulação, uma vez que devem permear a estruturação e a prática que ocorre na sua rede de contratos".

> *A Lei n. 12.865/2013 ainda elenca como princípios basilares dos arranjos de pagamento:*
>
> *Art. 7º [...]*

---

[*] O Comitê Gestor da Internet no Brasil (CGI.BR, 2022) dispõe dez princípios que devem ser observados para a governança e uso da internet mais segura no país. São eles: 1) liberdade, privacidade e direitos humanos; 2) universalidade; 3) inovação; 4) inimputabilidade da rede; 5) padronização e interoperabilidade; 6) governança democrática e colaborativa; 7) diversidade; 8) neutralidade da rede; 9) funcionalidade, segurança e estabilidade; 10) ambiente legal e regulatório.

[**] Lei n. 12.865/2013: "Art. 7º Os arranjos de pagamento e as instituições de pagamento observarão os seguintes princípios, conforme parâmetros a serem estabelecidos pelo Banco Central do Brasil, observadas as diretrizes do Conselho Monetário Nacional: I – interoperabilidade ao arranjo de pagamento e entre arranjos de pagamentos distintos; [...]" (Brasil, 2013a).

[...]

II – **solidez e eficiência dos arranjos de pagamento e das instituições de pagamento**, *promoção da competição e previsão de transferência de saldos em moeda eletrônica, quando couber, para outros arranjos ou instituições de pagamento;*

III – **acesso não discriminatório** *aos serviços e às infraestruturas necessários ao funcionamento dos arranjos de pagamento;*

IV – *atendimento às necessidades dos usuários finais, em especial* **liberdade de escolha, segurança, proteção de seus interesses econômicos, tratamento não discriminatório, privacidade e proteção de dados pessoais, transparência e acesso a informações claras e completas** *sobre as condições de prestação de serviços;*

V – **confiabilidade, qualidade e segurança** *dos serviços de pagamento; e*

VI – **inclusão financeira**, *observados os padrões de qualidade, segurança e transparência equivalentes em todos os arranjos de pagamento.* (Brasil, 2013, grifo nosso)

Ainda no que diz respeito à interoperabilidade, citamos a recente regulação do Open Banking, cujas informações também serão expostas ao longo das próximas seções.

A Resolução Conjunta n. 1/2020 (BCB, 2020d), editada pelo BCB e pelo Conselho Monetário Nacional (CMN), que dispõe sobre a implementação do Sistema Financeiro Aberto (Open Banking), definiu a interoperabilidade como um dos princípios[*] que devem ser observados pelas instituições abarcadas pela regulamentação[**], alinhados com a execução das atividades baseada no rigor ético e responsável.

---

[*]   Resolução Conjunta BCB/CMN n. 01/2020: "Art. 4º As instituições de que trata o art. 1º, para fins do cumprimento dos objetivos de que trata o art. 3º, devem conduzir suas atividades com ética e responsabilidade, com observância da legislação e regulamentação em vigor, bem como dos seguintes princípios: [...] VI – interoperabilidade." (BCB, 2020d).

[**]   A implementação do Open Banking deverá ser observada por parte de instituições financeiras, instituições de pagamento e demais instituições autorizadas a funcionar pelo BCB.

O princípio da interoperabilidade assume destacada relevância, pois pode [...] representar redução de falhas e ganho de eficiência. Nesse sentido, o BIS orienta que a interoperabilidade seja adotada como medida de economias de escala e de escopo e redução de custos, especialmente para a adoção de padrões comuns de instrumentos e segurança em todas as redes, para a interconexão de redes de ATM e PDV e adoção de equipamentos comuns e programas-padrões para interoperabilidade no PDV. (Jachemet, 2018, p. 47)

Com base no exposto, por mais que os pagamentos ocorram em meios eletrônicos, faz-se necessário observar a adoção e adequação do fluxo aos princípios atrelados às operações financeiras. Somados a eles estarão aqueles aplicáveis ao uso de sistemas mais seguros, confiáveis e eficazes, dada as particularidades verificadas no ambiente *on-line*. Tais pressupostos devem ser observados e garantidos independentemente do meio de pagamento utilizado.

Na sequência, detalharemos os meios de pagamento eletrônico, as transações bancárias voltadas ao ambiente eletrônico, as perspectivas tecnológicas, entre outros assuntos atrelados a essa temática.

5.2 Tecnologias de pagamentos eletrônicos

Gradativamente, os métodos de pagamento e tudo o que envolve esse sistema foi evoluindo, desde o escambo até os pagamentos eletrônicos, uma mudança necessária com a globalização e as novas gerações que desejam tudo com enorme celeridade.

O tempo se tornou um ativo muito precioso e a Era *smart* faz parte do cotidiano de boa parte da população.

Nesse sentido, especialmente no que respeita aos pagamentos eletrônicos, a tecnologia é uma aliada mais que essencial nessa evolução. É isto que abordaremos nesta seção: como a tecnologia impacta e pode vir a impactar a sociedade no que compete aos pagamentos eletrônicos.

Os pagamentos eletrônicos ou pagamentos on-line tiveram início em meados dos anos 1990 nos Estados Unidos e, de lá para cá, se difundiram e ganharam o mundo em países como Austrália, Reino Unido e Coreia do Sul. (Ragazzo, 2020)

No Brasil, os pagamentos eletrônicos caminham em passos mais largos do que em outros países, e o fato que contribui para tanto é justamente o acesso à internet, conforme aponta Ragazzo (2020, p. 509-516):

O percentual de acesso à internet registrado no Brasil é maior do que a média mundial (48,5%), segundo dados do Banco Mundial. Ademais, o país conta com 180 milhões de computadores e tablets e 230 milhões de smartphones ativos (aumento de 10 milhões em relação a 2018); ou seja, número equivalente a quase um smartphone por habitante [...].

A inclusão digital gerou efeitos práticos na vida dos brasileiros, sobretudo no mercado financeiro, já que em 2016 as transações bancárias, que eram majoritariamente realizadas por formas tradicionais, foram substituídas por pagamentos *mobile*.

Gráfico 5.1 – Transações bancárias no Brasil

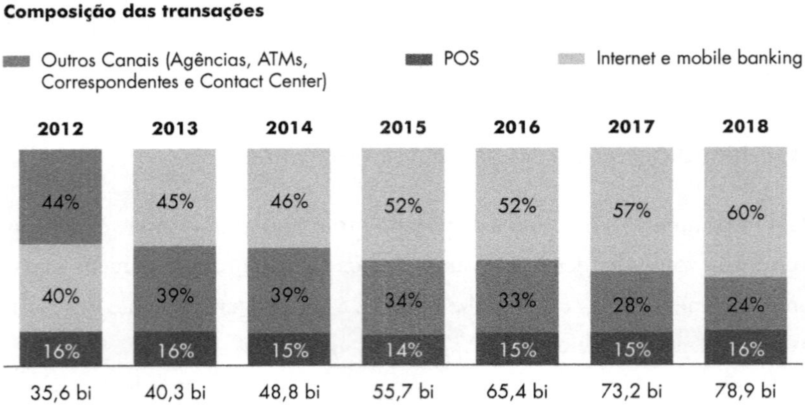

Composição das transações

Outros Canais (Agências, ATMs, Correspondentes e Contact Center) POS Internet e mobile banking

2012	2013	2014	2015	2016	2017	2018
44%	45%	46%	52%	52%	57%	60%
40%	39%	39%	34%	33%	28%	24%
16%	16%	15%	14%	15%	15%	16%
35,6 bi	40,3 bi	48,8 bi	55,7 bi	65,4 bi	73,2 bi	78,9 bi

Fonte: Gonçalves, V., 2019.

Além da mudança comportamental na utilização dos meios de pagamento, a inclusão digital refletiu uma mudança de hábito no que tange às compras pela internet pelos brasileiros, que afirmaram realizar compras regularmente (ao menos uma vez por mês) – o percentual passou de 46%, em 2014, para 60%, em 2018 (Ragazzo, 2020).

Não obstante, todas essas mudanças demonstram um enorme potencial no país e requerem uma mudança também na estrutura do sistema de pagamento, em constante evolução, conforme temos assinalado.

Quando o assunto são as tecnologias de pagamento, é preciso ter em mente o conceito de *interoperabilidade*, que vem do latim de *inter* – que significa "entre" – e *operor* – "trabalhar", "ser eficaz", "praticar", "produzir", é a atividade de operar entre agentes.

De acordo com Jachemet (2018, p. 117):

> *Ao trazer o conceito de interoperabilidade para a tecnologia, o significado assumido remete a processos e sistemas tecnológicos que trabalham em conjunto. No contexto dos pagamentos eletrônicos, significa, destarte, a interação para operatividade entre redes, atores e sistemas de pagamento eletrônico.*

Interoperabilidade é "a capacidade de um sistema se comunicar de forma transparente, ou o mais próximo disso, com outro sistema (SILVA, 2004), isto é, a habilidade de um sistema transferir e utilizar informações de maneira uniforme e eficiente entre várias organizações" (Mello; Mesquita; Vieira, 2015, p. 6).

Esclarecido o conceito de interoperabilidade, convém informarmos que ela pode se dividir em organizacional, técnica ou semântica, conforme indicado no quadro a seguir.

Quadro 5.3 – Interoperabilidade

Organizacional
• Diz respeito à colaboração entre organizações que desejam trocar informações, mantendo diferentes estruturas internas e processos de negócios variados. Mesmo contando com a padronização de conceitos, as organizações possuem distintos modelos de operação, ou processos de trabalho. Isso quer dizer que elas realizam suas atividades em tempos diferentes e de maneiras diferentes. Assim, um desafio da interoperabilidade é identificar as vantagens de cada interoperação e em que momento elas devem acontecer. Para isso, as organizações envolvidas na interoperação precisam conhecer mutuamente seus processos de trabalho, e isso só é possível se ambas possuírem processos modelados, e ainda mais se esses modelos estiverem dentro do mesmo padrão.

(continua)

(Quadro 5.3 – conclusão)

Semântica
• É a capacidade de dois ou mais sistemas heterogêneos e distribuídos trabalharem em conjunto, compartilhando as informações entre eles, com entendimento comum do significado delas (BURANARACH, 2004). A interoperabilidade semântica garante que os dados trocados tenham seu significado corretamente interpretado dentro do contexto de uma dada transação ou busca de informação, dentro da cultura, das convenções e das terminologias adotadas por cada setor ou organização e, assim, compartilhados pelas partes envolvidas.

Técnica
• Trata da ligação entre sistemas e serviços de computação por meio da utilização de padrões para apresentação, coleta, troca, processamento e transporte de dados. Esses padrões podem abranger *hardware*, *software*, protocolos e processos de negócio. Uma vez que forem identificados os motivos e os momentos adequados para interoperar, e que forem estabelecidos vocabulários comuns, será preciso haver também um padrão para fazer isso, ou seja, para tratar o "como fazer". É importante, portanto, que as áreas de tecnologia busquem utilizar padrões tecnológicos comuns para implementar a interoperabilidade.

Fonte: Mello, Mesquita; Vieira, 2015, p. 6-8.

Mello, Mesquita e Vieira (2015) também apresentam de maneira visual as dimensões e as camadas da interoperabilidade, conforme podemos observar nas figuras a seguir.

Quadro 5.4 – Dimensões da interoperabilidade

	Iniciativa A	Iniciativa B
Interoperabilidade organizacional	Por que e quando estamos interoperando	
Interoperabilidade semântica	Sobre o que estamos interoperando	
Interoperabilidade técnica	Como estamos interoperando	

Fonte: Mello; Mesquita; Vieira, 2015, p. 8.

Figura 5.1 – Camadas da interoperabilidade

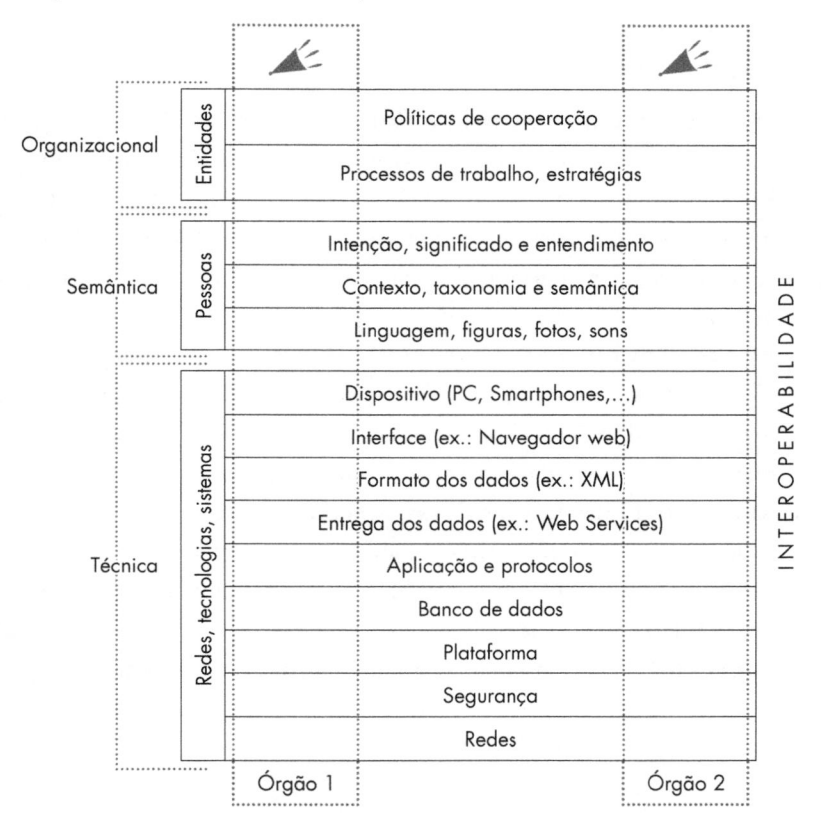

Fonte: Mello; Mesquita; Vieira, 2015, p. 9.

Para Jachemet (2018), a interoperabilidade contém quatro camadas, as quais funcionam como tabuleiros sobrepostos em interação, quais sejam: (1) **tecnológica** (utilização de tecnologia para e na interação); **de dados** (conteúdo trocado entre agentes que interoperam); (3) **humana** (como os agentes utilizam processos e sistemas); e (4) **institucional** (interação entre entidades e instituições).

Quais são os benefícios dessa interoperabilidade, sobretudo para os meios de pagamento eletrônico? Listamos a seguir tais vantagens com base em Jachemet (2018):

- **Empoderamento do consumidor** – A interoperabilidade confere ao consumidor mais conveniência e mais autonomia. De acordo com Kominers (citado por Jachemet, 2018, p. 13), "Uma maior interoperabilidade significará que as pessoas podem selecionar e escolher suas tecnologias preferidas, levando a uma maior concorrência nesse novo mercado".
- **Redução de custos** – A interoperabilidade pode representar redução de custos e, assim, maior eficiência. Uma das situações que evidenciam a redução de custos no pagamento eletrônico é a redução do tempo de espera na fila de pagamento no estabelecimento comercial.
- **Aumento da diversidade, concorrência e inovação** – A realidade demonstra que a interoperabilidade mantém e impulsiona a diversidade, a exemplo dos sistemas financeiros, que atuam de forma interligada a despeito da multiplicidade de moedas correntes (Palfrey; Gasser, 2011). Isso também se aplica aos pagamentos eletrônicos, em que múltiplos atores estão envolvidos com modelos de negócios diferentes e com produtos diversificados.

A interoperabilidade para os arranjos de pagamento* também está prevista na legislação brasileira e em normativos do BCB, como especificaremos a seguir.

Art. 7° Os arranjos de pagamento e as instituições de pagamento observarão os seguintes princípios, conforme parâmetros a serem estabelecidos pelo Banco Central do Brasil, observadas as diretrizes do Conselho Monetário Nacional:

I – interoperabilidade ao arranjo de pagamento e entre arranjos de pagamento distintos

[...]

---

* Lei n. 12.865/2013: "Art. 6° Para os efeitos das normas aplicáveis aos arranjos e às instituições de pagamento que passam a integrar o Sistema de Pagamentos Brasileiro (SPB), nos termos desta Lei, considera-se: I – arranjo de pagamento – conjunto de regras e procedimentos que disciplina a prestação de determinado serviço de pagamento ao público aceito por mais de um recebedor, mediante acesso direto pelos usuários finais, pagadores e recebedores;" (Brasil, 2013a).

Art. 9° [...]

[...]

§ 2° O Banco Central do Brasil, respeitadas as diretrizes estabelecidas pelo Conselho Monetário Nacional, poderá dispor sobre critérios de interoperabilidade ao arranjo de pagamento [...]. (Brasil, 2013)

Em 2013, o BCB editou a Circular n. 3.682, de 4 de novembro de 2013 (BCB, 2013a), que disciplina a prestação de serviço de pagamento no âmbito dos arranjos de pagamentos integrantes do SPB, elencando, no art. 2° do Regulamento Anexo, as seguintes determinações:

Art. 2° Para os efeitos deste Regulamento, as expressões e termos relacionados são definidos como segue:

[...]

III — interoperabilidade entre arranjos: mecanismo que viabilize, por meio de regras, procedimentos e tecnologias compatíveis, o fluxo de recursos entre diferentes arranjos de pagamento;

IV — interoperabilidade entre participantes de um mesmo arranjo: mecanismo que viabilize, por meio de regras, procedimentos e tecnologias compatíveis, que as diferentes participantes de um mesmo arranjo se relacionem de forma não discriminatória; (BCB, 2013a)

A Circular BCB n. 3.765, de 25 de setembro de 2015 (BCB, 2015)*, por sua vez, expõe regras mais específicas sobre a interoperabilidade para disciplinar as relações entre os participantes do arranjo. Reproduzimos o inteiro teor dos dispositivos que contemplam essas regras:

Art. 29. As regras e os procedimentos que disciplinam a interoperabilidade entre os participantes do arranjo (interoperabilidade nas transações internas ao arranjo de pagamento) devem:

I — Constar do regulamento do arranjo de pagamento;

---

*   Circular n. 3.765/2015: "Art. 28. As regras de interoperabilidade entre arranjos ou no âmbito de um mesmo arranjo devem garantir que o usuário final possa utilizar uma única conta de depósito à vista ou de pagamento para a realização de transações de pagamento" (BCB, 2015).

II — Atribuir iguais direitos e deveres a todos os participantes que prestam uma mesma atividade no âmbito do arranjo, sem previsão de qualquer forma de discriminação de participantes; e

III — Contemplar todas as relações existentes entre as diferentes modalidades de participação tratadas pelo arranjo, desde a instituição financeira ou instituição de pagamento ofertante do serviço de pagamento ao pagador até a instituição ao pagador até a instituição financeira ou instituição de pagamento ofertante da conta de depósito à vista ou de pagamento do recebedor final.

Art. 30. *As regras e os procedimentos definidos nos acordos que governam a interoperabilidade entre os distintos arranjos de pagamento (interoperabilidade nas transações entre arranjos) devem:*

I — Estar formalizados em contrato firmado entre os instituidores dos arranjos de pagamento;

II — Seguir os princípios elencados no art. 7 da Lei nº 12.865, de 9 de outubro de 2013, e as condições previstas nos arts. 28 e 29 deste Regulamento;

III — Ser compatíveis com os mecanismos de interoperabilidade previstos nos regulamentos de cada arranjo;

IV — Estabelecer que os deveres e os direitos de cada instituidor e de seus participantes devem ser compatíveis com as responsabilidades atribuídas aos arranjos de pagamento pela legislação;

V — Permitir a efetiva identificação, por parte dos participantes do arranjo e dos usuários finais, dos riscos envolvidos;

VI — Ser não discriminatórias, de forma que os contratos de interoperabilidade firmados por instituidores de arranjos de pagamento devem observar condições semelhantes — sejam elas técnicas ou negociais — para situações semelhantes, respeitando a racionalidade econômica da operação e atendendo aos princípios da proporcionalidade e da razoabilidade; e

VII — Garantir que sejam transitadas as informações entre os arranjos de pagamento necessárias ao cumprimento das responsabilidades legais e regulamentares atribuídas às instituições financeiras e instituições de pagamento envolvidas.

(BCB, 2015)

Portanto, a interoperabilidade é um dos fundamentos para que se aumente a competitividade no mercado de arranjos de pagamento, favorecendo também os microempresários, que, assim, podem oferecer diferentes formas de pagamento aos clientes.

Em que pese a intenção, nem todos no mercado de arranjos de pagamento entendem dessa forma (Takar, 2018), pois os conceitos e regras apresentadas pelo BCB poderiam causar, em tese, uma submissão às bandeiras.

Alertamos que não temos a pretensão de esgotar aqui o assunto da interoperabilidade; o que propomos é mostrar a você, leitor(a), que esse fundamento tem sido essencial para o desenvolvimento das tecnologias de pagamentos eletrônicos.

Superadas as questões envolvendo a interoperabilidade, cabe explicar como se estrutura o mercado de pagamentos *on-line*, além de apresentar seus agentes, conhecidos como *facilitadores, gateways* e *subcredenciadores*. Os agentes tradicionais – a exemplo da bandeira, credenciadora e emissora de cartões de pagamento – não serão objeto desta análise, que visa examinar os pagamentos *on-line*, no que toca a sua tecnologia.

De acordo com Ragazzo (2020), os agentes do mercado de pagamentos *on-line* são:

- **Facilitadores** – Agentes que possibilitam que os usuários cadastrados nos *sites* das empresas realizem suas operações financeiras sem repassar seus dados financeiros às lojas virtuais nas quais os consumidores estão efetuando uma compra de bem ou serviço – ou seja, as compras são efetivadas diretamente no *site* das facilitadoras.

- *Gateways* – Empresas que oferecem uma solução tecnológica que conecta o *site* do *e-commerce* aos adquirentes, incluindo a interface da página de pagamento e o envio dos dados de pagamento a uma credenciadora ou subcredenciadora.

- **Subcredenciador** – Agente que atua no mercado de *e-commerce* e em transações presenciais, sendo contratado, principalmente, por empresas de pequeno porte. Não há distinção entre o modelo de operação dos subcredenciadores que operam em transações presenciais ou *on-line*.

A Circular n. 3.886, de 26 de março de 2018, do BCB referenciou, desses três agentes, apenas o subcredenciador, definindo-o como:

> *Art. 2° [...]*
>
> *VIII — subcredenciador: participante do arranjo de pagamento que habilita usuário final recebedor para a aceitação de instrumento de pagamento emitido por instituição de pagamento ou por instituição financeira participante de um mesmo arranjo de pagamento, mas que não participa do processo de liquidação das transações de pagamento como credor perante o emissor;* (BCB, 2018a)

Conforme explica Ragazzo (2020), os agentes que atuam no segmento de *e-commerce* (facilitadores e *gateways*), de suas respectivas maneiras, capturam uma transação que será transmitida e, posteriormente, efetivada por uma credenciadora.

> *As empresas facilitadoras funcionam como intermediadores do pagamento; ou seja, os consumidores podem realizar transações sem fornecer seus dados às lojas virtuais, mas, tão somente ao site facilitador. Do mesmo modo, os estabelecimentos ficam isentos da necessidade de operar diretamente junto a uma credenciadora, porque o contato com a credenciadora e, posteriormente, o repasse do valor da compra é feito pelo facilitador.* (Ragazzo, 2020, p. 540-545)

Toda essa cadeia no mercado de pagamentos eletrônicos possibilita a inovação de empresas que podem viabilizar comércios menores, com a confiança ou a credibilidade, a rapidez e a praticidade nas transações desses comércios com seus consumidores, a exemplo das consolidadas marcas do Mercado Livre e do PayPal.

Por seu turno, são exemplos de *gateways*, isto é, companhias que oferecem soluções tecnológicas, as empresas Vindi, Braspag, Mundipagg.

É evidente e não há exagero afirmar que estamos vivendo uma evolução nos meios de pagamento a qual se encaminha para o *mobile payment*. Trataremos a seguir das tecnologias envolvidas nos Instrumentos Eletrônicos de Pagamento (IEP) já disponíveis e como futuras tecnologias poderão impactar ainda mais esse mercado.

Desde o escambo, passando pelo pagamento com a moeda ou dinheiro, as formas de pagamento evoluíram para instrumentos de pagamento eletrônico. Atualmente, uma pessoa consegue, geralmente por meio de uma conta-corrente, remeter depósitos ou Documento de Ordem de Crédito (DOC), Transferências Eletrônicas Disponíveis (TED) para outra pessoa. Uma mudança significativa nos meios de pagamento eletrônico refere-se aos agentes. Além dos tradicionais – bandeira, credenciadora e emissor de cartões de pagamento –, o mercado de pagamentos eletrônicos conta com os facilitadores, os *gateways* e as subcredenciadoras, conforme mencionamos há pouco.

Como destaca Santos (2014, p. 2143):

> *Antes, lidávamos com muito mais papel e tínhamos que percorrer distâncias para executar um pagamento, enquanto hoje já é possível fazer uma transação de pagamento em um ambiente virtual e quase que de forma instantânea. Os primeiros equipamentos de captura de transações com cartão de pagamento eram enormes e com pouca capacidade de processamento. Hoje, além de serem realmente pequenos (muito menos matéria), são móveis (wireless) e podem executar muito mais atividades com muito menos tempo e energia).*

Ora, vige a era dos pagamentos instantâneos, que já foi objeto da criação e divulgação da marca PIX pelo BCB, disponibilizado para a população a partir de novembro de 2020 (BCB, 2022g).

Segundo o BCB, **pagamento instantâneo** é uma "transferência monetária eletrônica na qual a transmissão da mensagem da ordem de pagamento e a disponibilidade de fundos para o usuário recebedor ocorre em tempo real e cujo serviço está disponível durante 24 horas por dia, sete dias por semana e em todos os dias do ano" (BCB, 2022m, p. 74).

O PIX, como tem sido chamado pelo BCB, pode ser efetuado de várias formas:

- entre pessoas (P2P, *person to person*);
- entre pessoas e estabelecimentos comerciais (P2B, *person to business*);
- entre estabelecimentos, como pagamentos de fornecedores (B2B, *business to business*).

Também podem ser utilizados para transferências que envolvam entes governamentais, como:

- pagamentos de taxas e impostos (transações P2G e B2G, *person to government e business to government*);
- pagamentos de salários e benefícios sociais (transações G2P, *government to person*);
- pagamentos de convênios e serviços (transações G2B, *government to business*).

O BCB (2022l, p. 79) aponta os seguintes benefícios dos pagamentos instantâneos:

> *Entre os benefícios para o pagador, ressalta-se o aprimoramento da experiência e a facilidade em iniciar pagamentos. Novas formas de endereçar os pagamentos e previsão de confirmação de envio e de recebimento dos recursos são características importantes para melhorar a conveniência e a usabilidade para os pagadores. Iniciar um pagamento instantâneo deverá ser tão simples quanto selecionar uma pessoa na lista de contato do telefone celular ou ler um código único de identificação, como um QR Code, por exemplo. Outro benefício dos pagamentos instantâneos é que eles poderão ser realizados por contas de pagamento.*

Não apenas a tecnologia e a praticidade dos pagamentos instantâneos são ressaltadas pelo BCB como pontos positivos dessa nova era; uma mudança significativa também é esperada na eliminação de intermediários, com a consequente sonhada redução de custos para os usuários.

A Circular BCB n. 3.985, de 18 de fevereiro de 2020 (Brasil, 2020b), dispõe sobre as modalidades e os critérios de participação no arranjo de PIX e no SPI e a respeito dos critérios de acesso direto ao Diretório de Identificadores de Contas Transacionais (DICT).

Antes de analisarmos o SPI, temos de clarificar alguns conceitos concernentes à estrutura organizacional dos pagamentos instantâneos do Brasil, conforme estabelece a Circular BCB n. 3.985/2020:

Art. 2° Para fins do disposto nesta Circular, consideram-se:

*I — **arranjo de pagamentos instantâneos**: arranjo instituído pelo Bacen que disciplina a prestação de serviços de pagamento relacionados a transações de pagamentos instantâneos;*

*II — **conexão direta ao SPI**: capacidade de enviar e receber mensagens do sistema, conectando-se diretamente à Rede do Sistema Financeiro Nacional (RSFN) ou por intermédio de um Prestador de Serviço de Tecnologia da Informação (PSTI);*

*III — **Conta Pagamentos Instantâneos (Conta PI)**: conta mantida no Bacen para fins de liquidação no âmbito do SPI;*

*IV — **conta transacional**: conta mantida por um usuário final em um prestador de serviços de pagamento e utilizada para fins de pagamento ou de recebimento de um pagamento instantâneo, podendo ser uma conta de depósito à vista, uma conta de depósito de poupança ou uma conta de pagamento pré-paga;*

*V — **Diretório de Identificadores de Contas Transacionais (DICT)**: componente do arranjo de pagamentos instantâneos que armazena as informações dos usuários recebedores e das respectivas contas transacionais, que podem ser localizadas por meio das chaves para endereçamento;*

*VI — **pagamento instantâneo**: transferência eletrônica de fundos na qual a transmissão da ordem de pagamento e a disponibilizada de fundos para o usuário recebedor ocorre em tempo real e cujo serviço está disponível durante 24 horas por dia, sete dias por semana e em todos os dias do ano;*

*VII — **Sistema de Pagamentos Instantâneos (SPI)**: infraestrutura centralizada de liquidação de pagamentos instantâneos que gerem movimentações entre participantes titulares de Conta PI.* (BCB, 2020b, grifo nosso)

A Circular n. 3.985/2020 prevê, em seu art. 5°, que as transações de PIX entre diferentes instituições participantes do arranjo devem ser liquidadas por meio do SPI sempre que envolverem transferência entre Contas PI de diferentes participantes diretos do SPI.

O BCB divulgou, em seus grupos de trabalho sobre os pagamentos instantâneos, um fluxo do SPI, representado na figura a seguir.

Figura 5.2 – Fluxo de participação no SPI

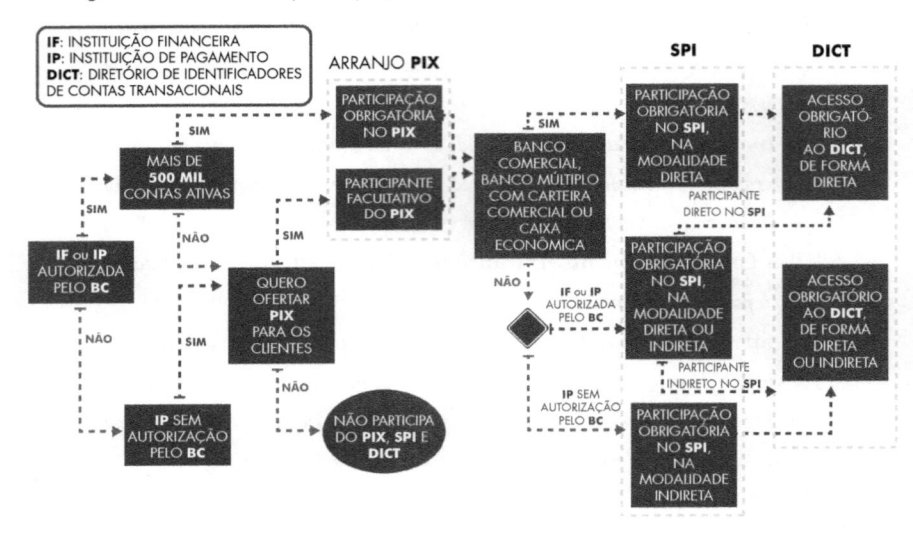

Fonte: BCB, 2022g.

Essas são algumas das movimentações do BCB para esse o mercado de PIX* e, ao que tudo indica, muitas outras medidas serão tomadas, a exemplo do Grupo de Trabalho (GT) para tratar dos assuntos relacionados aos meios de pagamento instantâneos.

---

*   Portaria BCB n. 102.166/2019: "Art. 1° O fórum para assuntos relacionados a pagamentos instantâneos (Fórum PI), no âmbito do Sistema de Pagamentos Brasileiro (SPB), tem como objetivo subsidiar o Banco Central do Brasil em seu papel de definidor das regras de funcionamento do ecossistema de pagamentos instantâneos, consistindo em um comitê consultivo permanente, nos termos do item 3 do Comunicado BCB n. 32.927, de 21 de dezembro de 2018. Parágrafo único. Durante a fase de implantação, o Fórum PI será o ambiente de discussões para o subsidiar o detalhamento funcional do ecossistema, bem como de coordenação dos diversos agentes de mercado. Art. 2° O Fórum PI será integrado por representantes: I – de prestadores de serviços de pagamento, por meio de associações representativas de âmbito nacional; II – de prestadores e potenciais prestadores de serviços de conectividade; III – de potenciais prestadores de serviço de iniciação de pagamentos; IV – dos usuários finais de serviços de pagamento, tanto pagadores quanto recebedores, por meio de associações representativas de âmbito nacional; e V – do Banco Central do Brasil. Parágrafo único. A coordenação do Fórum PI poderá convidar a participar de reuniões ou de grupos de trabalho temáticos órgãos e entidades reguladoras de serviços de pagamento, bem como órgãos de defesa da concorrência e do consumidor de âmbito nacional" (BCB, 2019a).

Em síntese, o BCB vem atuando com o objetivo de ampliar o acesso da população a a serviços eletrônicos de pagamento. Espera-se que os serviços de pagamento sejam a porta de entrada para o uso de outros produtos financeiros, que têm o potencial de melhorar a vida da população atualmente desassistida. A ação está sendo focada no incentivo ao uso de instrumentos de pagamento eletrônicos baratos para os usuários finais, tanto por meio da criação do ecossistema de pagamentos instantâneos [...]. (BCB, 2018b, p. 81)

Como resultado do GT instituído pelo BCB, foi criada a marca PIX, apresentada ao público em fevereiro de 2020. Trata-se de uma ferramenta de pagamentos instantâneos que promete aumentar a velocidade em que as transações são feitas.

Além disso, o PIX acompanha a inovação tecnológica e a criação de modelos de negócio, com o intuito de (BCB, 2022d):

- promover a competitividade e a eficiência do mercado;
- baixar o custo para os clientes;
- aumentar a segurança e aprimorar a experiência dos clientes;
- promover a inclusão financeira;
- suprir lacunas relativas aos instrumentos de pagamentos.

Por fim, sobre os benefícios do PIX (BCB, 2022d):

- **Pagadores** – Mais rápido, barato e seguro; prático (uso da lista de contatos no celular ou de QR Code para iniciar pagamentos); simples (só precisa do dispositivo digital para realizar o pagamento, dispensa uso de cartão, folha de cheque, cédulas, maquininhas); possibilidade de integração a outros serviços no *smartphone*.
- **Recebedores** – Custo de aceitação menor que dos demais meios eletrônicos; disponibilização imediata dos recursos, o que tende a reduzir necessidade de crédito; facilidade de automatização e de conciliação de pagamentos; facilidade e rapidez de *checkout* (não tem necessidade de POS para passar o instrumento de pagamento ou de um caixa para dar trocos).
- **Ecossistema** – Eletronização dos meios de pagamento (consequentemente, melhor controle de LD/FT e redução do uso de cédulas, que são instrumentos socialmente mais custosos); maior competição entre

meios de pagamento (tende a gerar serviços com maior qualidade e menor custo); estímulo à entrada de *fintechs* e *bigtechs;* maior potencial de inclusão financeira (custos menores de iniciação e de aceitação e ambiente com mais agentes ofertantes); ambiente mais seguro.

O cenário dos pagamentos eletrônicos é propício à inovação, como temos reiterado aqui, e um dos modos mais comuns atualmente é o de *mobile payment* ou pagamento por *smartphones.*

> *Uma das criações mais recentes nesse campo é a carteira digital (ou ewallets). Essa tecnologia foi desenvolvida para uso em dispositivos móveis, servindo para compras online ou presenciais, por meio da aproximação do celular ao POS — NFC (Near Field Communication); QR code ou bluetooth. Esses pagamentos ocorrem por meio de um aplicativo oferecido por bancos, cooperativas de crédito ou instituição não bancária.* (Ragazzo, 2020, p. 597)

As carteiras digitais são *softwares* de criptografia que geram *tokens* para liberar transações a partir da identidade digital do usuário (Ragazzo, 2020). Em razão disso, os pagamentos eletrônicos ou instantâneos podem ser considerados as grandes inovações do mercado financeiro mundial.

> *Além do token gerado individualmente para liberar cada transação, as medidas de segurança contam com reconhecimento biométrico digital ou facial: o usuário não precisa portar dinheiro ou cartão de crédito. A interoperabilidade dessa tecnologia é promovida pelo uso de APIs (Application Programming Interfaces) abertas; ou seja, estruturas de programação que permite a troca de fluxo com diversos sistemas, como websites e máquinas de POS operadas por outras empresas.* (Ragazzo, 2020, p. 605-612)

O BCB também produziu um documento com especificações técnicas e de negócio do ecossistema de pagamentos instantâneos brasileiro. No documento, o órgão declara que, para iniciação do pagamento, haverá quatro opções: (1) inserção manual dos dados pelo pagador; (2) envio prévio sistematizado de informações pelo recebedor, por meio de QR Code estático; envio prévio sistematizado de informações pelo recebedor, por meio de QR Code dinâmico; ou envio prévio sistematizado de informações pelo pagador, também por meio de QR Code dinâmico (BCB, 2022m).

Na figura a seguir, apresentamos um diagrama com os tipos de liquidação e as opções para iniciação do pagamento no arranjo:

Figura 5.3 – Diagrama com os tipos de liquidação

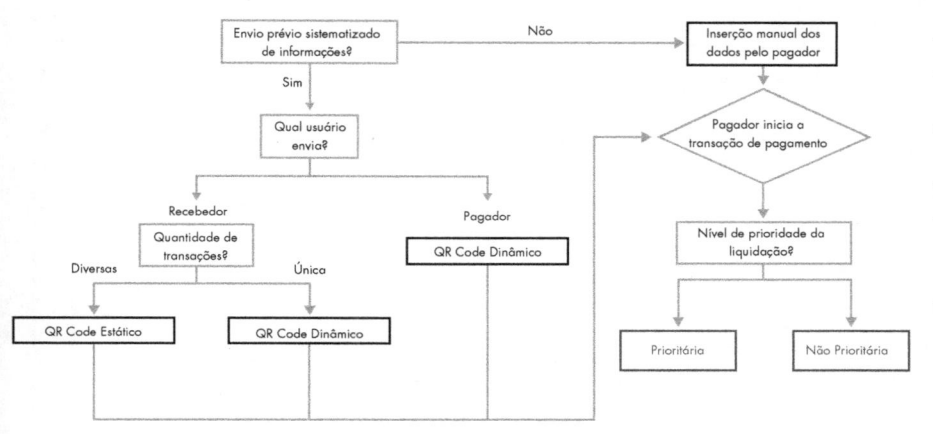

Fonte: BCB, 2022m, p. 8.

O fluxo de um *QR Code* estático é dividido em duas etapas: (1) geração pelo usuário recebedor; (2) utilização pelo usuário pagador. Essas etapas estão representadas na figura a seguir.

Figura 5.4 – Fluxo *QR Code* estático pelo usuário recebedor

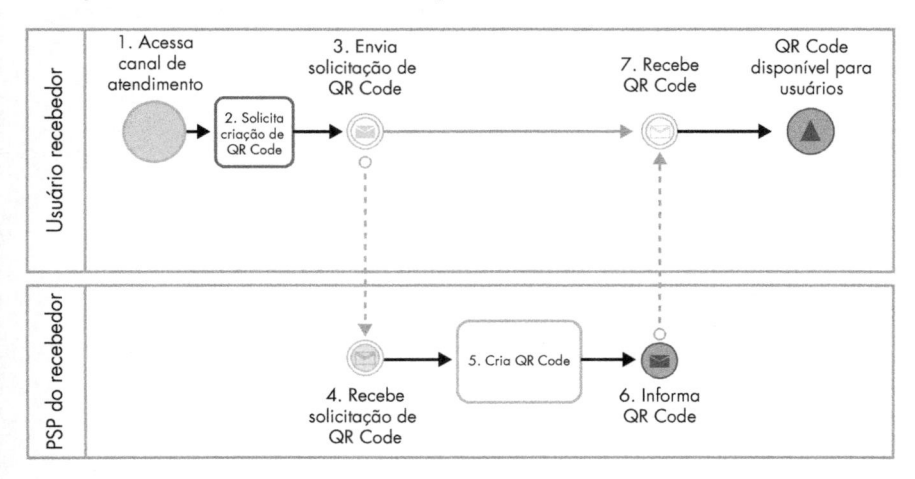

Fonte: BCB, 2022m, p. 25.

Já o fluxo de QR Code estático para o pagador é o seguinte:

Figura 5.5 – QR Code estático pelo pagador

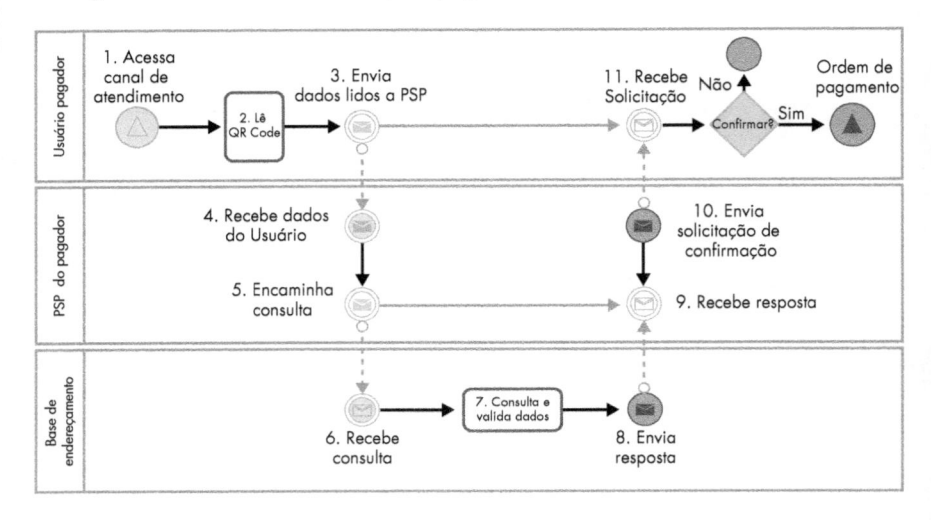

Fonte: BCB, 2022m, p. 26.

O *QR Code* dinâmico se difere do estático pelo fato de a informação contida em cada *código do tipo* dinâmicopoder ser utilizada apenas uma única vez, para uma transação específica (BCB, 2022m).

Isso significa que o dinâmico é mutável e gera novas informações a cada transação. Com isso, seu fluxo de representação fica da seguinte maneira:

Figura 5.6 – Fluxo QR Code dinâmico

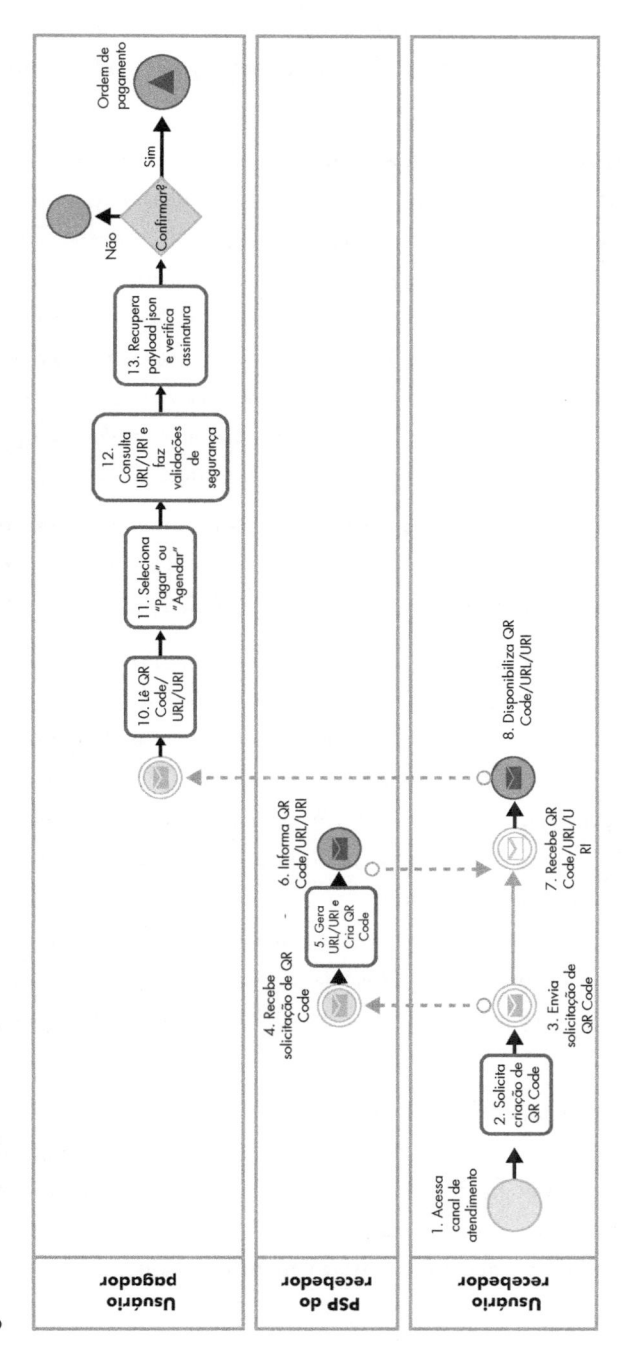

Fonte: BCB, 2022m, p. 27.

Segurança da informação e meios de pagamento eletrônicos

Fica claro, por essas considerações, que o BCB está atento às novas tecnologias e fornece estudos a fim de avançar com o país para essa nova fase dos pagamentos eletrônicos.

Mais do que isso, hoje, um número significativo de empresas, muitas das quais operando como startups, trabalham arduamente para melhorar a forma como fazemos pagamentos. Algumas estão dedicadas a criar processos de autenticação mais seguros (tokenização, biometria etc.), outras buscam formas mais convenientes e rápidas (logística) de pagar (NFC — Near Field Communication [tecnologia que permite a troca de informações sem fio e de forma segura entre dispositivos compatíveis que estejam próximos um do outro, sem a necessidade de configurações adicionais, como telefones celulares, tablets, crachás, cartões de bilhetes eletrônicos e qualquer outro dispositivo que tenha um chip NFC], mobile payments). (Santos, 2014, p. 2221)

Para finalizar os estudos sobre as tecnologias de pagamento, temos de citar uma tecnologia que está em desenvolvimento e pode potencializar os benefícios dos pagamentos instantâneos: o 5G (Tadeu, 2019).

O 5G promete elevar a comunicação móvel a um novo patamar. Além de maior velocidade (de até 1,5 Gbps de downlink — transmissão via satélite), cerca de 20 vezes mais rápida, e baixa latência (quanto mais baixa a latência, melhor a qualidade da transmissão), a tecnologia será capaz de conectar dez vezes mais dispositivos que as redes sem fio 4G. Isso possibilitará o surgimento de inúmeras aplicações nos mais diversos campos, como saúde, agricultura, comunicações e no setor bancário, entre vários outros.

No caso específico dos serviços financeiros, outra possibilidade aberta pela nova tecnologia, segundo Bourdot, é a divisão da rede em "fatias" (network slicing, no original em inglês) para criação de serviços dedicados, com mais facilidade. (Tadeu, 2019)

O 5G é, portanto, uma tecnologia que deve ser observada para o futuro e que muito provavelmente renovará a forma como são realizados negócios. Afinal, essa nova tecnologia de velocidade de internet facilitará, também, a difusão da Internet das Coisas e das criptomoedas, impactando o setor financeiro, sobretudo no que tange aos pagamentos instantâneos.

5.3 Operações bancárias

O BCB é uma autarquia federal à qual compete ditar as regras do mercado financeiro no país cujos agentes — consumidor, banco e estabelecimento comercial — movimentam a economia.

Desde a prática do escambo, passando por criações como moeda, dinheiro em papel, cartões de crédito e pagamentos eletrônicos, o comportamento financeiro das pessoas e as prioridades de cada mercado sofreram várias mudanças.

Na primeira metade do século XX, teve início a quarta inovação do dinheiro. Com o desenvolvimento da informática, foram criadas formas eletrônicas de circulação da moeda. Para tal inovação, contribuiu a migração dos cartões de crédito para sistemas eletrônicos, o que justifica a importância de tais meios de pagamento. Os pagamentos eletrônicos não só têm lastro em dinheiro, como não exigem a apresentação da moeda física. (Jachemet, 2018, p. 25)

O Brasil passou por modificações até se forjarem as operações bancárias que conhecemos hoje, feitas com base em normativos do BCB. Não é nosso interesse aqui, no entanto, esclarecer todo o contexto histórico.

Com efeito, as circulares e resoluções do Banco Central do Brasil — BACEN fazem com que as operações bancárias sejam praticadas com uniformidade, chegando, muitas vezes, a determinar até a própria minuta do contrato. Assim, os formulários que servem de instrumento de contratação bancária distinguem-se pela identidade formal, pela predeterminação de suas cláusulas, e pela inflexibilidade e rigidez do seu esquema. (Silva, 2015, p. 1363)

E o que são, de fato, operações bancárias?

Entende-se por operações bancárias as transações, ou ajustes, realizadas pelas instituições bancárias, no exercício de sua atividade empresarial, para cumprir suas finalidades econômicas e creditícias (Silva, 2015).

As operações bancárias têm os seguintes aspectos e características, conforme Silva (2015):

- **Aspecto econômico** — As operações bancárias dizem respeito à prestação de serviços no setor creditício que redunda em proveito tanto para o banco quanto para o cliente.

- **Aspecto jurídico** – A operação bancária diz respeito a um acordo de vontades entre o cliente e o banco, razão por que se insere irremediavelmente no âmbito contratual.
- **Operações com conteúdo econômico** – Promovem a circulação da riqueza e, consequentemente, apresentam os elementos "organização" e "habitualidade ou reiteração".
- **Operações praticadas em massa** – Destinada ao público geral, a operação bancária é uma atividade em série, com um número indeterminado de pessoas, segundo tipos negociais padronizados, nas denominadas *normas bancárias uniformes* e nos regulamentos internacionais formados pelas categorias interessadas.
- **Operações interdependentes** – As operações se coligam em uma relação de recíproca interdependência: às operações chamadas *passivas* – nas quais o banco assume a veste de devedor, que não se limitam àquelas práticas típicas, com as quais recolhe depósitos – correspondem operações ditas *ativas* – nas quais a instituição assume a função de credor; que não se limitam igualmente àquelas típicas, com as quais faz crédito. É nessa coligação de operações passivas e ativas que são possíveis os efeitos jurídicos e os econômicos que não seriam cogitáveis se as operações da empresa fossem avulsas.
- **Operações eletrônicas** – As mais integradas da era da informática e dos contratos eletrônicos. Os meios eletrônicos oferecidos pela rede bancária facilitam o acesso ao sistema pelo cliente, porém prejudicam o relacionamento entre o cliente e a instituição bancária. Por isso é que se costuma dizer que a impessoalidade, hoje, governa os instrumentos das operações bancárias.

As operações bancárias podem ser classificadas em *creditícias* ou *não creditícias* e em *típicas/fundamentais* ou *acessórias*.

Operações bancárias **típicas** são aquelas realizadas por instituição bancária autorizada pelo BCB, que compreendem a intermediação do crédito, ou seja, o recolhimento de dinheiro de uns e a concessão a outros. Elas se subdividem em operações **passivas**, nas quais o banco figura como devedor, e **ativas**, nas quais o banco figura como credor.

Por seu turno, as operações bancárias **acessórias** são aquelas que não implicam nem a concessão de crédito nem o recebimento de dinheiro, consistindo na prestação de serviços secundários.

Quadro 5.5 – Comparação entre operações bancárias

Operações bancárias típicas ou fundamentais
PASSIVAS • **Depósito bancário** – É a entrega de dinheiro para devolução futura*. • **Títulos bancários ou notas bancárias** – Dizem respeito a bilhetes ou títulos de curso normal, forçado ou legal, emitido por instituição bancária e transmissível, representando o valor que nele é mencionado, a exemplo da Nota do Banco Central do Brasil (NBC), que se trata de títulos de responsabilidade do BCB, emitidos para fins de política monetária, exclusivamente sob a forma escritural, no Sistema de Liquidação e de Custódia (Selic). • **Redesconto** – Corresponde à transferência para outro estabelecimento bancário de títulos recebidos de portadores através do sistema de desconto. É o empréstimo de última instância que o BCB concede, na modalidade de compra, com compromisso de revenda, de títulos, de créditos e direitos creditórios integrantes do ativo dos bancos múltiplos com carteira comercial, bancos comerciais e caixas econômicas. É um instrumento utilizado por bancos centrais. • **Conta-corrente** – apresenta um conteúdo de mandato, ainda que de conteúdo indeterminado, pelo qual o banco, assumindo o serviço de caixa do cliente, obriga-se ao cumprimento dos atos e negócios jurídicos solicitados pelo correntista. ATIVAS • **Empréstimos bancários** – Também chamado *contrato de mútuo*, figuram entre as principais operações bancárias. Nelas, os bancos entregam a terceiros certa soma de dinheiro para lhes ser devolvida em um prazo determinado, para tanto cobrando juros. • **Abertura de crédito** – Configura-se quando o banco põe certa quantia de dinheiro à disposição do cliente, que pode ou não se utilizar desses recursos. Em geral, contrata-se que o cliente somente pagará juros e encargos se e quando lançar mão do crédito aberto. Associada a um contrato de depósito, costuma-se designar a abertura de crédito pelo nome de *cheque especial*.

(continua)

---

* Espécies de depósito bancário: "1) depósito simples: é aquele em que a única operação cabível é a de ingresso e retirada do capital depositado, e apenas se coaduna com o depósito a prazo fixo; essa espécie de depósito atualmente foi superada pela realidade econômica; 2) depósito de movimento ou depósito em conta-corrente: é o que permite fluxo contínuo de ingressos e retiradas, ou seja, à importância inicialmente depositada podem acrescer outros depósitos, que naturalmente aumentam o saldo credor do depositante perante o banco, pelo que se diz que o cliente movimenta a conta, daí seu nome; as retiradas são feitas por ordem de pagamento ou mediante emissão de cheque contra os bancos, fornecendo estes os talões de cheques necessários para a movimentação das respectivas contas; em se tratando de contas de intenso movimento, os bancos costumam fornecer mensalmente um extrato de conta-corrente ao cliente" (Silva, 2015).

Operações bancárias típicas ou fundamentais

- **Cédula de crédito bancário (CCB)** – É título de crédito emitido, por pessoa física ou jurídica, em favor de instituição financeira ou de entidade a esta equiparada, representando promessa de pagamento em dinheiro, decorrente de operação de crédito, de qualquer modalidade. Ela é título de crédito causal (vinculadas às causas que lhe deram origem), lastreado nos empréstimos com garantia feitos pela instituição financeira.
- **Financiamento** – É um contrato entre um cliente e a instituição financeira, mas com destinação específica, como a aquisição de veículo ou de bem imóvel. É uma operação em que uma instituição financeira fornece recursos para outra parte que está sendo financiada, de modo que esta possa executar algum investimento específico previamente acordado.
- **Cheques garantidos** – tipo de seguro que garante o recebimento de valores de cheques, caso estes apresentem problemas de compensação.
- **Contratos bancários impróprios** – há uma divergência sobre a definição de natureza bancária de determinados contratos, sendo discutida a necessidade ou não da participação, em um dos polos da relação negocial, de uma instituição financeira devidamente autorizada a funcionar pelas autoridades monetárias. São exemplos de contratos bancários impróprios: alienação fiduciária em garantia; faturização; arrendamento mercantil e o cartão de crédito.

Operações bancárias atípicas ou acessórias

- **Operações de câmbio** – São operações na aquisição e venda de letras de câmbio pagáveis no estrangeiro, ficando a cotação dessas letras de câmbio subordinada à lei da oferta e da procura. Trata-se de negociação de moeda estrangeira mediante troca da moeda de um país pela de outro.
- *Del credere* **bancário** – É a operação pela qual o banco assume perante uma pessoa a responsabilidade pela solvência de um cliente.
- **Compra de metais preciosos** – Diz respeito à compra de ouro e metais preciosos amoldados ou em barra.
- **Cobrança bancária** – Refere-se à cobrança em que os bancos agem como meros mandatários dos proprietários dos títulos, cobrando pelos serviços executados uma comissão. É a incumbência recebida pelo banco para cobrar ou obter a aceitação de títulos.
- **Transferência interbancária** – Respeita à remessa de numerário por ordem de terceiros, cobrando uma comissão pelos serviços de remessa, a exemplo do TED e do DOC.
- **Compra e venda de valores mobiliários** – Consiste na operação bancária de compra e venda de títulos particulares ou públicos que os bancos efetuam em nome de seus clientes, mediante comissão. É o que ocorre nas aplicações financeiras.
- **Depósitos em custódia de títulos ou valores mobiliários**: é o contrato pelo qual alguém confia ao banco, para depósito, títulos ou valores mobiliários, ficando o banco responsável pela boa guarda dos mesmos.
- **Serviço de cofres de segurança individuais** – Corresponde à locação, por parte dos bancos, de cofres a seus clientes. Trata-se de contrato de locação de cofre individual localizado nos estabelecimentos bancários em lugar seguro, garantindo o banco a invulnerabilidade dos cofres.

Fonte: Elaborado com base em Silva, 2015.

As operações bancárias fazem parte do Sistema Financeiro Nacional (SFN), e muitas delas não são do conhecimento do público geral. O sistema é complexo e difícil de ser entendido por quem não tem intimidade com o mercado financeiro.

Diante de toda essa complexidade, foram criados os pagamentos eletrônicos. Nota-se, ainda, que o BCB tem demonstrado a preocupação de simplificar os meios de pagamento, o que nos é permitido com a tecnologia disponível.

Adiante, explanaremos sobre essa estrutura de pagamentos e detalharemos o que a inovação vem proporcionando e até que ponto ela pode chegar para que tenhamos um sistema financeiro mais ágil e sem tanta burocracia.

5.4 Cartões de pagamento

Com a criação do cartão, houve o notório fortalecimento do mercado de meios de pagamento, e se iniciou um processo de mudança de estilo de vida: a migração do "dinheiro em papel" para o "dinheiro de plástico" foi bastante natural graças à inegável praticidade às transações por ele estabelecidas (Santos, 2014).

Muitas são as vantagens da utilização dos cartões de pagamento, as quais são visíveis tanto para os consumidores de maneira ampla, quanto para os empreendedores.

Em pesquisa realizada em 2016 pelo Serviço Brasileiro de Apoio às Micro e Pequenas Empresas (Sebrae) sobre aceitação de cartões por parte das micro e pequenas empresas, 57% dos entrevistados avaliaram que se sentem mais seguros com esse tipo de transação (Sebrae, 2013a). Esse quantitativo pode ser verificado no infográfico apresentado na figura a seguir, na qual também são expressos os motivos pelos quais esse resultado é justificado.

Figura 5.7 – Vantagens de receber com cartões

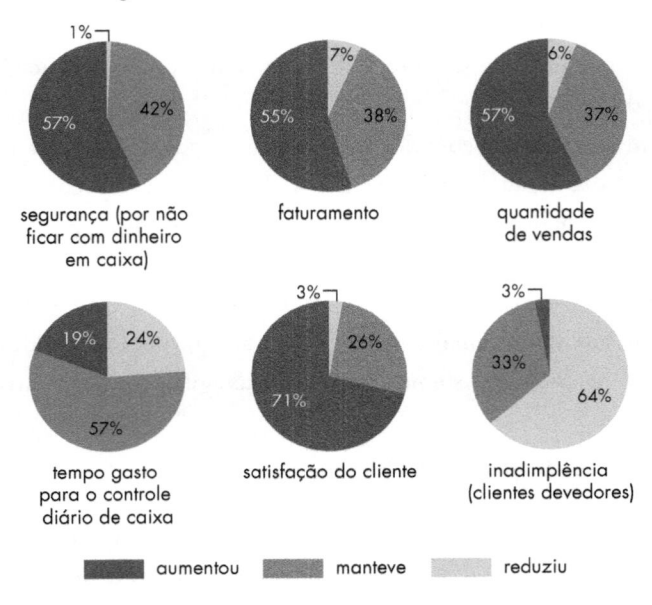

segurança (por não ficar com dinheiro em caixa)

faturamento

quantidade de vendas

tempo gasto para o controle diário de caixa

satisfação do cliente

inadimplência (clientes devedores)

aumentou   manteve   reduziu

Fonte: Sebrae, 2013b.

Antes de adentrarmos nas especificidades do tema e discorrermos sobre as características atreladas às espécies de cartões de pagamento, faz-se importante um breve resumo histórico de seu surgimento e de sua evolução.

A história do dinheiro sempre esteve atrelada à necessidade de garantir segurança e evitar fraudes, motivo pelo qual a sociedade sempre buscou aperfeiçoar as formas de transacionar, garantindo a confiabilidade da operação.

Desde o escambo, as transações foram evoluindo por limitações naturalmente impostas pela complexidade e pela proporção que ganhavam; logo, é impossível desassociar o aparecimento do cartão de pagamento dessa contínua vontade de adaptação socioeconômica.

Existem várias versões para o surgimento do cartão de pagamento, mas o ponto em comum entre as diversas correntes defendidas pelos historiadores é que os primeiros cartões de pagamento estavam atrelados a determinada rede comercial, sendo possível sua utilização apenas nos estabelecimentos daquela rede específica. Essa espécie de cartão de pagamento ainda existe e ficou popularmente conhecida como *private label*. Alguns historiadores defendem que os primeiros cartões surgiram por volta de 1920 e estavam associados à empresa americana Western Union. Essa empresa havia emitido um pequeno cartão que podia ser utilizado pelo comprador assíduo – o chamado *freguês* –, que passava a dispor de um prazo para quitar o valor de suas compras: caso esse prazo fosse cumprido, o freguês se eximia do pagamento de encargos financeiros (Santos, 2014). Assim, teria se estabelecido a primeira ação de "fidelização".

Embora existam algumas divergências entre os doutrinadores históricos, adotamos aqui a linha cronológica estabelecida por Artimovich (2019) em sua obra intitulada *Online Payment Solutions*, conforme indicado no quadro a seguir.

Quadro 5.6 – Histórico da evolução do cartão de crédito

1914 – Western Union Telegraph Company A Western Union Telegraph Company passou a oferecer aos seus "melhores clientes" um cartão metálico que exigia o pagamento de encargos pendentes ao final de cada mês. É considerado o primeiro cartão de crédito destinado ao consumidor e garantia a autorização de diferimento dos pagamentos.
1924 – Rede californiana de postos de gasolina Uma rede californiana de postos de gasolina emitiu os primeiros cartões de crédito em papelão, preparando o terreno para a utilização generalizada de cartões de crédito no mercado de combustíveis. A popularidade do automóvel aguçou o apetite do público americano por viagens e alimentou o desejo de poder pagar a gasolina em qualquer lugar.
1930 – Lojas de departamento As lojas de departamento começaram a oferecer cartões de crédito aos clientes, e a maioria utilizava os cartões estilo chapa metálica. As grandes lojas de departamento, incluindo a Bloomingdales, a já extinta cadeia Gimbel e outras, descobriram que esses cartões propiciavam uma melhoria no atendimento ao cliente à medida que mais e mais pessoas os queriam.

(continua)

Patricia Peck Pinheiro

1948 – Banco localizado em Brooklyn, Nova York
O primeiro cartão de crédito bancário foi introduzido por um banco localizado no Brooklyn, em Nova York. Chamava-se *Charg-It* e tinha condições de pagamento semelhantes às dos atuais cartões de crédito. Só era permitida a realização de compras locais, devendo o portador do cartão ter uma conta bancária no banco no qual eram feitos os pagamentos. O primeiro cartão bancário, o *Charg-It*, não seria o último e abriria a porta aos demais cartões e alterações que os tornariam muito amigáveis à experiência do cliente.
1950 – Frank MacNamara e o Diners Club
Um visionário chamado Frank MacNamara promoveu a ideia de um cartão de crédito universal, o qual poderia ser usado em restaurantes de toda a cidade de Nova York. A beleza por trás de sua ideia era que, em vez de receber extratos mensais de cada restaurante, como havia sido a norma instituída até então, o portador do cartão receberia um extrato por mês para toda a atividade dos restaurantes. Assim nasceu o cartão de crédito Diners Club, cuja popularidade cresceu com o passar dos anos e se tornou o padrão adotado por outros carões.

Fonte: Artimovich, 2019, tradução nossa.

Após a década de 1950, os cartões de pagamento passaram por um processo de evolução, durante o qual surgiram as duas maiores bandeiras de cartão atuais: Visa e Mastercard. A primeira derivou-se do cartão lançado pelo Bank of America em 1958, passando a ser denominada da forma que conhecemos hoje apenas em 1976. A segunda, por sua vez, foi criação de uma cooperativa bancária que surgiu para competir com o Bank of America, a Interbank Card Association, ganhando primeiramente o nome de *Master Charge,* em 1969, e chegando ao nome Mastercard apenas dez anos depois, em 1979 (Artimovich, 2019).

Passadas as exposições do plano de fundo histórico, cumpre-nos destacar as subdivisões do gênero cartões de pagamento nas categorias expressas no Quadro 5.7.

Quadro 5.7 – Tipos de cartões de pagamento

Cartão de débito

- Permite acessar os terminais de atendimento (caixas eletrônicos) para realizar saques, depósitos, transferências, pagamentos de contas, consultas a extratos, entre outras funções.

- No comércio, o uso do cartão de débito permite a realização de pagamentos em locais credenciados, debitando o dinheiro diretamente da conta-corrente do portador do cartão, mediante a digitação de uma senha pessoal, e transferindo o mesmo valor para a conta-corrente do vendedor ou do prestador do serviço.

- Exige a existência de recursos financeiros no ato da transação.

- Pode ser utilizado na função "pré-datado", a qual depende de negociação com o estabelecimento comercial, sujeito aos limites impostos pelo banco emissor do cartão.

- Também pode ser utilizado na função "crédito direito ao consumidor", uma linha de crédito pré-aprovada com a cobrança de taxas e imposição de limites e prazos.

- Embora não haja cobrança de tarifas para os serviços considerados essenciais – como a emissão do próprio cartão com a função débito e para a realização de pagamentos –, alguns serviços associados aos cartões de débito podem ser tarifados, ficando as instituições financeiras obrigadas a divulgar as tarifas cobradas em local e formato visível ao público, seja em suas dependências físicas, seja em em páginas na internet.

Cartão de crédito

- Permite o pagamento de compras ou serviços até o limite do crédito previamente definido no contrato de uso do cartão.

- Ao realizar a compra com o cartão de crédito, o portador do cartão assume a responsabilidade de pagar o valor daquela despesa na data do vencimento da fatura, juntamente com os outros gastos pagos com o mesmo cartão de crédito.

- Se não for feito o pagamento total da fatura, serão cobrados juros a partir da fatura seguinte – é o chamado *financiamento da fatura* pelo crédito rotativo.

- A fatura do cartão de crédito deve conter informações sobre encargos a serem cobrados no mês seguinte caso o cliente opte por pagar um valor inferior ao total da fatura.

- A fatura deve informar também o Custo Efetivo Total (CET) para o próximo período das operações de crédito passíveis de contratação.

- As instituições financeiras só podem cobrar as tarifas que foram autorizadas pelo Conselho Monetário Nacional (CMN). Não há tabelamento do valor, cada instituição define quanto quer cobrar por cada tarifa.

- As instituições não podem cobrar tarifas para serviços considerados essenciais, como alguns relacionados à conta-corrente e à conta-poupança.

- Alguns cartões de crédito permitem o saque em dinheiro em terminais eletrônicos ou o pagamento de serviços continuados, como de luz e telefone, mas essa facilidade também é considerada uma operação de crédito e, portanto, haverá a cobrança de juros desde a data de realização do saque ou pagamento de conta.

(continua)

Cartões de loja – Private Label

- Funcionam basicamente como um cartão de crédito vinculado a um único estabelecimento comercial, podendo ser utilizado somente nas dependências desse estabelecimeto.
- Em geral, são emitidos por estabelecimentos de grande porte e detentor de uma larga rede de lojas
- A regulamento do BCB em relação a esses cartões somente ocorre na hipótese de financiamento concedido por uma instituição financeira ao cliente para pagamento da fatura.

Cartão múltiplo

- Meio de pagamento que contém as funções débito e crédito, habilitando o portador a ter acesso aos serviços disponibilizados pela rede de estabelecimentos credenciados.
- Também possibilita o acesso ao portador às operações bancárias disponibilizadas pelo emissor.

Cartão pré-pago

- Destinado à compra de produtos e de serviços específicos, com uma carga de crédito pré-definida.
- Os cartões telefônicos, de refeição, de alimentação, de combustível, de transporte e de pedágio encontram-se nessa categoria.

Co-branded

- Cartão de crédito emitido em parceria com uma empresa, com o objetivo de fidelizar o portador por intermédio de sua afinidade com a marca parceira.
- Voltado ao atendimento de nichos de mercado.

Cartão híbrido

- Emitido com bandeira de crédito e em parceria com comerciante.
- Ao portador são concedidos, pelo banco emissor da bandeira, um limite de crédito que pode ser utilizado em quaisquer estabelecimentos credenciados para aceitar essa bandeira, e, pelo comerciante parceiro, um limite de crédito que pode ser utilizado apenas nos estabelecimentos do respectivo comerciante parceiro.

E-money

- Cartão com determinado valor monetário armazenado, registrado eletronicamente, que é debitado à medida que seu portador o utiliza para pagamentos de compras ou serviços.
- Não requer autorização *on-line* ou débito na conta bancária do consumidor no momento da transação.
- Não detém utilização específica, como no caso dos cartões pré-pagos.
- Existem dois tipos de *e-money* – cartões e produtos de *software*. No caso dos cartões, o valor eletrônico é armazenado em um microprocessador ou circuito integrado, incorporado ao cartão, sendo o valor geralmente transferido mediante a inserção do cartão em uma leitora. No caso do *software*, o valor eletrônico é armazenado no computador do usuário e transferido pela internet quando os pagamentos são efetuados.

Fonte: Elaborado com base em BCB, 2022k; BCB, 2020c; Sebrae, 2013a.

Além das informações dispostas no quadro sobre os diversos tipos de cartões de pagamento, destacamos uma característica do cartão de crédito que, apesar de ser utilizada de forma corriqueira no dia a dia das pessoas, muitos nem sequer têm conhecimento de que existem duas categorias distintas de cartão de crédito: (1) básico; (2) diferenciado. E no que consiste a diferença entre as duas?

O cartão de crédito **básico** é aquele utilizado em sua função clássica, ou seja, somente para pagamento de bens e serviços em estabelecimentos credenciados. Já o cartão de crédito **diferenciado** é aquele que, além de permitir o pagamento de bens e serviços, está associado a programas de benefícios ou recompensas, ou seja, existe uma oferta adicional de benefícios, a exemplo de programas de milhagem, seguro de viagem, desconto na compra de bens e serviços, atendimento personalizado no exterior (os chamados *concierge*), entre outros (BCB, 2020c).

Ocorre que a instituição emissora de cartão de crédito apenas é obrigada a ofertar o cartão de crédito básico, cujo valor da anuidade deve ser menor do que o valor da anuidade do cartão de crédito diferenciado, quando oferecido.

Com relação às tarifas mínimas que podem ser cobradas dos portadores de cartão de crédito e às informações que obrigatoriamente devem ser indicadas no extrato e na fatura mensal do cartão de crédito, sem prejuízo de serem disponibilizadas informações adicionais, elaboramos o quadro a seguir com as listas correspondentes, a fim de facilitar a visualização e o entendimento.

Quadro 5.8 – Taxas e tarifas dos cartões de crédito

Tarifas mínimas a serem cobradas	Informações mínimas no extrato e na fatura mensal
• Anuidade • Emissão de segunda via do cartão • Uso do cartão para saque em espécie • Uso do cartão para pagamento de contas (como faturas e boletos de cobranças de produtos e serviços) • Pedido de avaliação emergencial do limite de crédito • Envio de mensagem automática relativa à movimentação ou lançamento na conta de pagamento vinculada ao cartão de crédito • Fornecimento emergencial de segunda via de cartão de crédito	• Limite de crédito total e limites individuais para cada tipo de operação de crédito passível de contratação • Gastos realizados com cartão (discriminados por evento) e gastos parcelados • Identificação das operações de crédito contratadas e respectivos valores • Valores relativos aos encargos cobrados, informados separadamente de acordo com os tipos de operações realizadas por meio do cartão • Valor dos encargos a serem cobrados no mês seguinte caso o cliente opte pelo pagamento mínimo da fatura (percentual deve ser acordado entre o cliente e a instituição financeira) • CET, para o próximo período, das operações de crédito passíveis de contratação • Taxas dos encargos de atraso no pagamento ou na liquidação de obrigações

Fonte: BCB, 2020c.

Ainda, citamos algumas normativas setoriais do BCB e do CMN sobre cartão de crédito: Resolução CMN n. 4.655/ 2018; Circular BCB n. 3.892/2018; Resolução CMN n. 4.549/2017; Carta Circular BCB n. 3.816/2017; Resolução CMN n. 4.283/2013; Resolução CMN n. 3.919/2010.

Feitas as explanações sobre os tipos de cartão de pagamento, seguimos para as demais considerações necessárias sobre o tema.

Embora as principais características do mercado de cartões de pagamento tenham sido formuladas por W. F. Baxter, foi apenas em 2002, a partir do trabalho realizado por Jean-Charles Rochet e Jean Tirole, que a doutrina sobre o tema ganhou corpo e desenvoltura. Nesse sentido, a despeito das divergências, um dos pontos mais constantes na literatura é que o mercado de cartões de pagamento está estruturado como um "mercado de dois lados", mais conhecido como M2L (BCB, 2022n).

De acordo com Bogossian (2016, p. 3):

> *um mercado de dois lados é aquele em que uma plataforma de intermediação é capaz de afetar o volume de transações ao cobrar um valor diferenciado de cada lado do mercado. Sendo assim, [...] a plataforma seria responsável por desenvolver uma estratégia de precificação, com o objetivo de atrair ambos os lados do mercado. Nesse caso, percebe-se que o foco da definição é voltado para a estrutura de preços.*

Quando se trata do mercado de cartões de pagamento, os dois grupos de participantes necessários são: (1) o portador do cartão; e (2) o estabelecimento. No caso, ambos estariam enquadrados como consumidores e usuários finais da plataforma.

Cumpre salientar que existe uma interdependência entre os dois grupos e é justamente ela que permite o valor agregado para um dos lados aumentar à medida que o número de participantes do outro lado também aumenta. Assim, o estabelecimento prefere fazer uso de uma plataforma cujos cartões são mais utilizados pelos portadores, ao passo que os portadores darão preferência a um cartão de grande aceitabilidade pelos estabelecimentos (BCB, 2022n), com o intuito de otimizar a própria experiência, pois – pelo grande índice de aceitabilidade – não haverá a necessidade de se carregar mais de um cartão no dia a dia.

De acordo com o BCB, o mercado dos cartões de pagamento estaria estruturado em dois cenários, uma plataforma de: (1) três; ou (2) quatro partes. A diferença entre as duas estruturas é perceptível pela observância das figuras do credenciador e do banco emissor (BCB, 2022n).

Reproduzimos o esquema do mercado de cartões de pagamento nas figuras indicadas a seguir:

Figura 5.8 – Esquema do mercado de cartões de pagamento de três partes

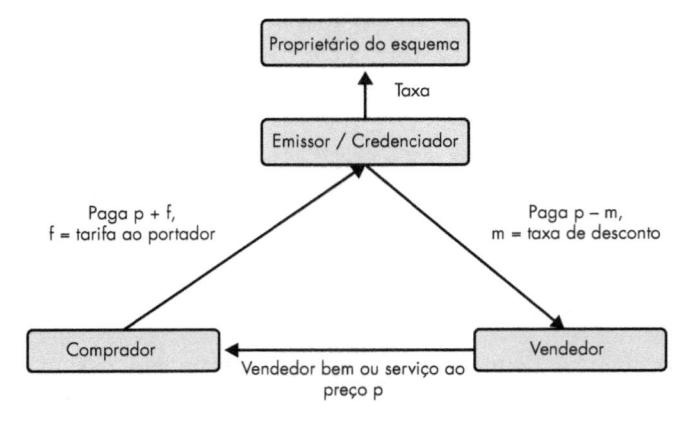

Fonte: BCB, 2022n, p. 22.

Conforme é possível visualizar no esquema anterior, a plataforma de três partes tem, como integrantes, o estabelecimento, o portador do cartão e **uma única entidade** prestando os serviços de emissão e de credenciamento.

Figura 5.9 – Esquema do mercado de cartões de pagamento de quatro partes

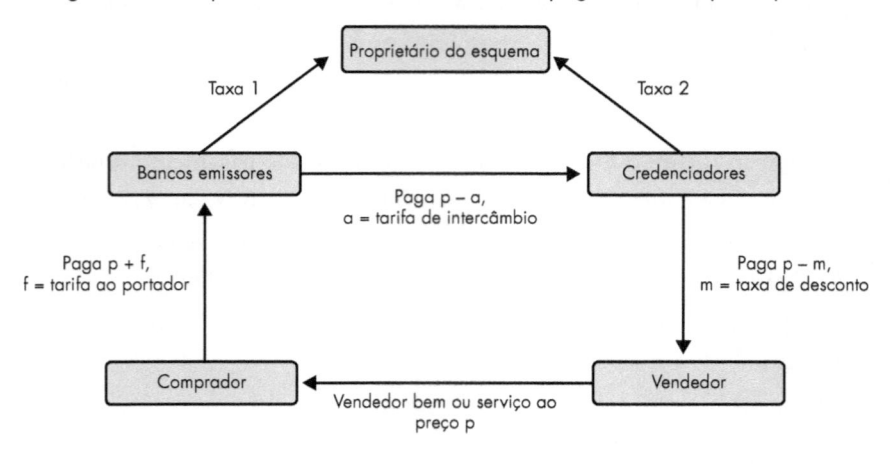

Fonte: BCB, 2022n, p. 2.

Já neste modelo, as funções de emissor e credenciador são assumidas por entidades distintas. É justamente esse modelo que permite uma melhor visualização do mercado de cartões de pagamento como um M2L. Para clarificar cada posição exposta nos esquemas apresentados, temos de expor as especificidades e responsabilidades assumidas em cada papel, bem como as remunerações envolvidas, de acordo com informações do Sebrae (2015). Observe o quadro a seguir.

Quadro 5.9 – Agentes envolvidos no mercado de cartões de pagamento

Bandeira/proprietário do esquema
Empresa que, por deter a marca do cartão, define as regras de funcionamento da plataforma, além de realizar os investimentos em propaganda e publicidade. No Brasil, os cartões de crédito e débito estão comumente vinculados às bandeiras Visa e Mastercard.

Emissor
Papel geralmente desempenhado pelos bancos. As atividades incluem emitir o cartão; identificar e autorizar o usuário; definir limites de crédito; estabelecer encargos financeiros; cobrar a fatura e estipular programas de benefícios. Responsáveis, entre outros fatores, pela habilitação, identificação e fixação de encargos financeiros para os usuários finais do cartão.

Credenciadora
Empresa responsável por afiliar os estabelecimentos comerciais. Suas atividades principais consistem na captura, transmissão, processamento e liquidação financeira das transações realizadas com cartões. Além disso, são elas que alugam os terminais de captura para os lojistas, popularmente chamados de *maquininhas*, e adiantam os recebíveis, quando solicitado. No Brasil, Cielo e Rede são as credenciadoras de maior expressão.
Assim, em termos formais, a credenciadora administra o contrato com o estabelecimento para atuação junto ao arranjo de pagamento, bem como possui relação direta com as emissoras dos cartões de pagamento. Isso porque, nas compras efetuadas pelos portadores de cartões emitidos, a credenciadora encaminha as solicitações de autorização dessas transações às emissoras, remunerando-as, por meio da tarifa de intercâmbio, por cada uma dessas operações.

Subcredenciadoras/facilitadoras
São empresas normalmente associadas ao comércio virtual (*e-commerce*) e que, assim como as credenciadoras, atuam na habilitação dos estabelecimentos, para a aceitação de um instrumento de pagamento emitido por uma instituição financeira/pagamento. Em contraposição às credenciadoras, as subcredenciadoras não liquidam as transações como credoras perante os emissores, apenas as capturam e as remetem para processamento de um credenciador, ou seja, dependem desse último para o processamento das operações. Alguns exemplos de subcredenciadoras são: Paypal, Mercado Pago e PagSeguro.

(continua)

Administradora
Detentora de todos os direitos e deveres da utilização da marca, podendo também exercer as funções de emissor.

Estabelecimento/vendedor
Comerciante ou prestador de serviço que aceita receber o pagamento da venda efetuada por intermédio de um esquema de cartão de pagamento.

Portador/comprador
Qualquer pessoa física ou jurídica que possui cartão de pagamento e assume as obrigações inerentes à espécie de cartão utilizada, inclusive o pagamento das faturas.

Banco destinatário
Instituição financeira em que o estabelecimento mantém sua conta-corrente.

Tarifa de intercâmbio
Percentual sobre o valor da transação que é retido pelo emissor ao transferir o crédito para a credenciadora.

Taxa de anuidade
Valor cobrado anualmente pelo emissor do cartão ao portador, pela disponibilização da rede de estabelecimentos credenciados para pagamentos de bens e serviços.

Taxa de desconto
Percentual sobre o valor da transação que é descontado do estabelecimento comercial pela credenciadora no ato da transferência de crédito. Esse percentual varia de acordo com o setor de atuação, o volume mensal de faturamento, a quantidade de transações, dentre outros. Cabe ao estabelecimento negociar a taxa de desconto junto à credenciadora. Na indústria de cartões de pagamento, é principalmente a taxa de desconto que remunera as bandeiras, as credenciadoras e os emissores.

Terminal de captura
Dispositivo eletrônico por meio do qual o estabelecimento pode fazer vendas com cartões de pagamento. Atualmente, as credenciadoras operam com diferentes modelos de negócio: 1) o lojista paga mensalmente uma taxa, a fim de garantir o funcionamento do dispositivo, recebendo ainda suporte técnico, atualização de *software*, bobinas para impressão e material de sinalização; 2) o lojista compra o seu próprio dispositivo.

Sistema de liquidação
Sistema no qual as transações com cartão de débito, envolvendo transferências interbancárias, são compensadas e liquidadas.

Fonte: Sebrae, 2015.

Especificamente nos cartões de débito, os agentes se apresentam de forma mais reduzida, consistindo nas seguintes figuras e definições indicadas a seguir:

a) Banco emissor: instituição financeira que emite o cartão e efetua o débito na conta-corrente do portador ou titular;

b) Portador: pessoa física ou jurídica titular da conta bancária vinculada ao cartão de débito. É quem autoriza o débito junto ao banco emissor;

c) Credenciador ou adquirente: agente encarregado do credenciamento dos estabelecimentos comerciais, da instalação e manutenção de terminais para captura de dados e do processamento eletrônico das transações. No Brasil o credenciador também é responsável pela apuração do resultado multilateral das instituições financeiras para liquidação;

d) Administradora: detentora de todos os direitos e deveres da utilização da marca, podendo, também, exercer as funções de emissor;

e) Estabelecimento: pessoa jurídica fornecedora de bens ou serviços, credenciada pelo credenciador e apta a receber pagamentos com cartão de débito, dispondo, para tal, dos equipamentos necessários à captura eletrônica e à transmissão das informações para o débito na conta-corrente do portador;

f) Banco destinatário: instituição financeira onde o estabelecimento mantém sua conta corrente;

g) Sistema de liquidação: sistema no qual as transações com cartão de débito, envolvendo transferências interbancárias, são compensadas e liquidadas. (BCB, 2022k, p. 28-29)

A liquidação interbancária de pagamentos efetuados mediante o uso de cartão de débito ocorre, em geral, no dia útil seguinte ao da realização da transação. Nesse caso, os chamados *credenciadores* – cuja definição se encontra na citação anterior – calculam os resultados multilaterais que são liquidados por meio do Sistema de Transferência de Reservas (STR)[*].

---

[*] Instituído pela Circular BCB n. 3100, de 28 de março de 2002 (BCB, 2002), o STR é o sistema que faz a Liquidação Bruta em Tempo Real (LBTR), ou seja, que processa e liquida transação por transação.

A figura a seguir contém a representação do fluxo de liquidação de pagamentos com cartão de débito:

Figura 5.10 – Fluxo de liquidação de pagamentos com cartão de débito no Brasil

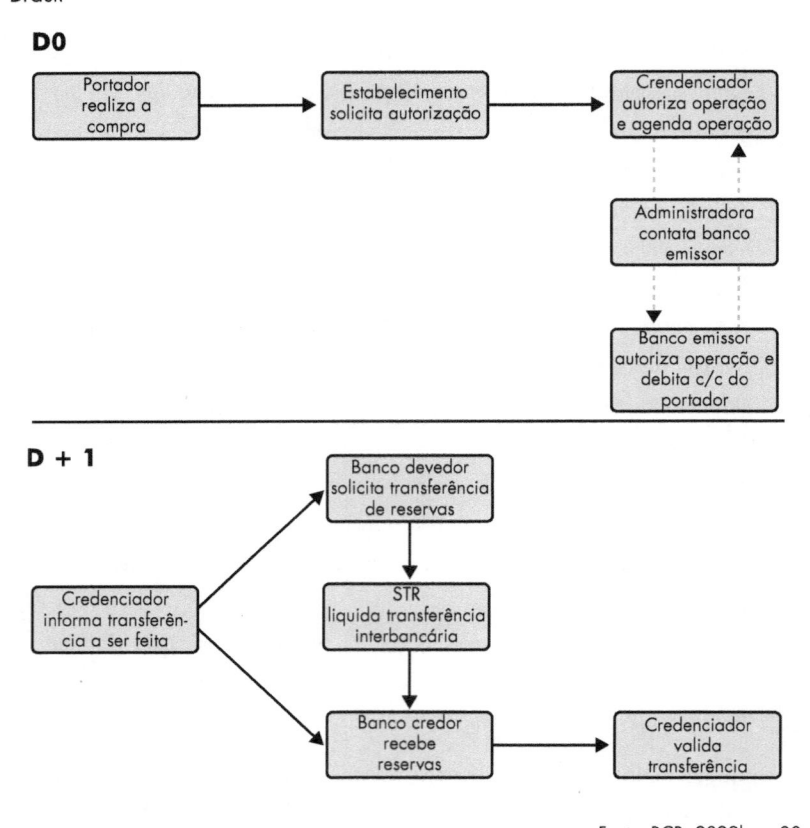

D0

Portador realiza a compra

Estabelecimento solicita autorização

Crendenciador autoriza operação e agenda operação

Administradora contata banco emissor

Banco emissor autoriza operação e debita c/c do portador

D + 1

Credenciador informa transferên-cia a ser feita

Banco devedor solicita transferência de reservas

STR liquida transferência interbancária

Banco credor recebe reservas

Credenciador valida transferência

Fonte: BCB, 2022k, p. 30.

No âmbito dos cartões de crédito, o credenciador informa, diaria-mente, as transações à administradora. Assim, até a data próxima à de vencimento da fatura, o portador receberá seu extrato e sua fatura mensal correspondente.

Na figura a seguir disponibilizamos a representação gráfica do fluxo de liquidação dos pagamentos com cartão de crédito no país.

Figura 5.11 – Fluxo de liquidação de pagamentos com cartão de crédito no Brasil

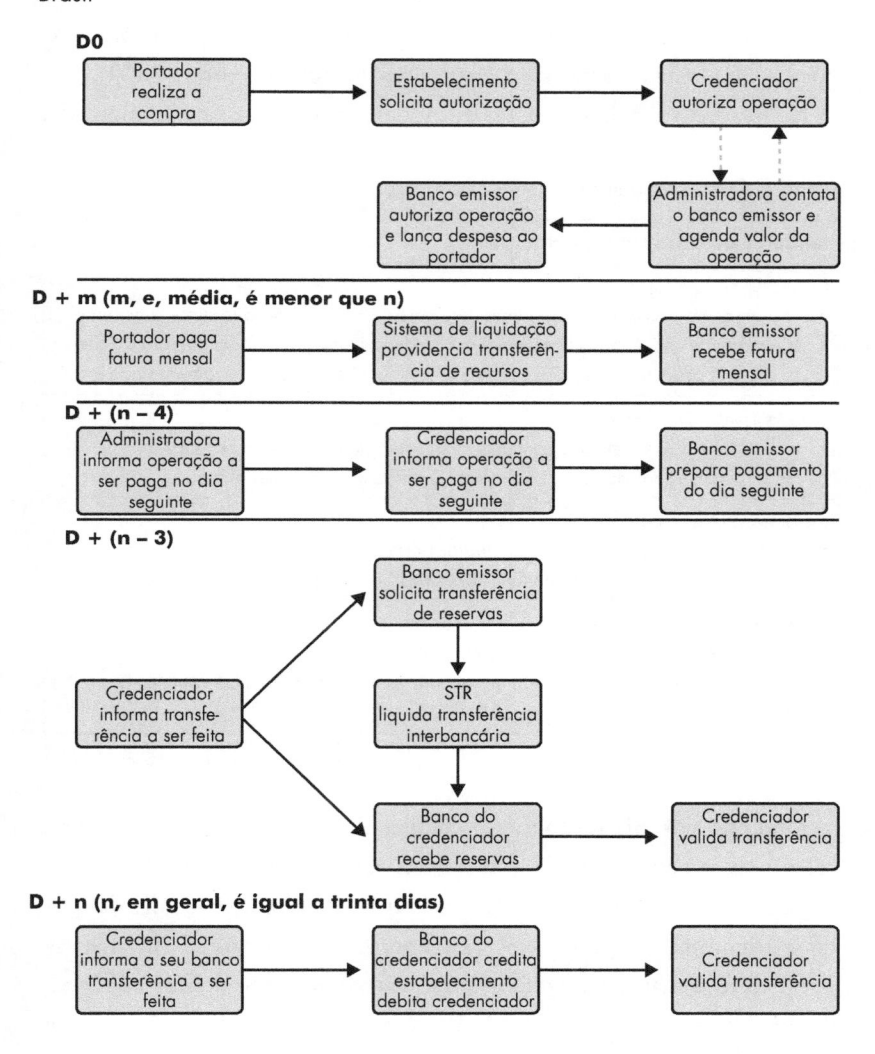

Fonte: BCB, 2022k, p. 34.

E como podem ser utilizados os cartões de pagamento no cenário social, de forma rotineira? Justamente por meio do uso dos canais de distribuição, isto é, da ferramenta que possibilite tal utilização.

As máquinas de cartões de pagamento funcionam como transmissoras de dados, em que os aparelhos fazem a leitura dos respectivos cartões de pagamento e realizam a liberação do pagamento mediante o preenchimento correto da senha cadastrada na instituição financeira (Sebrae, 2020).

No quadro a seguir, dispomos os modelos mais utilizados no mercado.

Quadro 5.10 – Máquinas de cartões de pagamento

Modelos de canais de distribuição
Point Of Sales (POS) • requerem um ponto fixo e uma linha telefônica disponível para realizar a conexão; • são máquinas alugadas e possuem a opção de imprimir o recibo de compra do cliente sem que, para isso, o estabelecimento tenha que fazer uso de ferramenta adicional.
POS Wireless Outdoor (POO) • terminal eletrônico sem fio, conectado por meio de um *chip* de celular; • mesmas vantagens do POS, porém com a comodidade de ser móvel.
Transferência eletrônica de fundos (TEF) • utilizada por empreendimentos de maior porte; • integra o sistema de recebimento por cartões ao sistema principal da empresa.
Mobile Payment • opção que utiliza o celular como ferramenta de pagamento; • necessário que o usuário possua um aplicativo específico instalado em seu aparelho de celular para realizar a transação.

Fonte: Elaborado com base em Sebrae, 2020.

Ainda no que diz respeito aos cartões de pagamento, é de extrema relevância a análise do papel e da responsabilidade das bandeiras.

Conforme já mencionamos, as bandeiras – também chamadas de *instituidores de arranjos de pagamento** – são empresas, nacionais ou estrangeiras, que detêm a marca do cartão, tendo a atribuição de definir as regras de funcionamento do sistema. As duas maiores empresas no ramo são a Visa e a Mastercard, motivo pelo qual a análise a seguir se voltará mais para essas duas, sem prejuízo de se comentar sobre o avanço do mercado para a consolidação de outras organizações e ampliação da concorrência,

---

* A nomenclatura técnica para *bandeira* é "instituidor de arranjo de pagamento", e ainda opera a "instituição de pagamento", que gerencia o arranjo de pagamento.

inclusive com vistas às recentes agendas provocadas pelo BCB, conforme comentaremos.

Figura 5.12 – Funcionamento do sistema de cartões

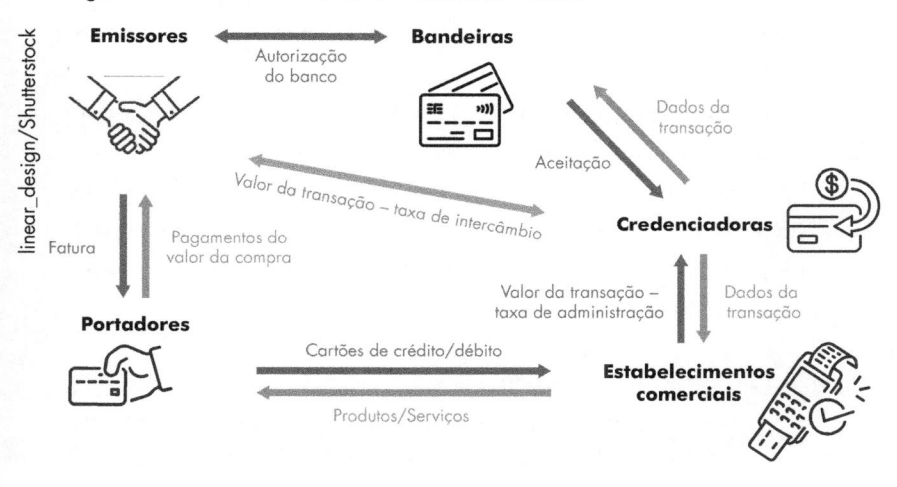

linear_design/Shutterstock

Fonte: Jachemet, 2018, p. 12.

Antes de adentrar na legislação específica, devemos estabelecer que, desde as mudanças experimentadas ao final da década de 2010, uma série de novas intervenções passaram a ganhar espaço no mercado financeiro e comercial. O intuito era promover uma maior eficiência e possibilitar o aumento da concorrência na indústria dos cartões de pagamento (Brasil, 2019b).

Com relação às especificidades do mercado brasileiro de pagamentos eletrônicos, até 2010 havia a exclusividade da aceitação de bandeiras por credenciadoras específicas: as transações da bandeira Mastercard eram aceitas, de forma exclusiva, pela credenciadora Redecard[*], e as transações de bandeira Visa eram aceitas, também de forma exclusiva, pela Visanet[**]. Até mesmo porque ambas as bandeiras detinham participação societárias em suas respectivas credenciadoras (Jachemet, 2018).

---

[*] Atualmente conhecida por Rede.
[**] Atualmente conhecida por Cielo.

Dessa forma, a estrutura dos arranjos de pagamento era verticalizada (Jachemet, 2018), o que representava um entrave comercial de grande proporção. Ademais, criava dificuldades para aqueles pequenos e médios empreendedores que, muitas vezes, tinham de dispor de quantias razoáveis para oferecerem as "maquininhas" aptas a receberem os pagamentos dos clientes.

Quantas vezes você, consumidor, já se viu em uma situação em que lhe questionavam a bandeira de seu cartão antes de realizar a transação?

Consequentemente essa situação também obstava a interoperabilidade, pois não havia a comunicação entre sistemas. A estrutura do Visanet, por exemplo, não era apta a realizar a leitura da tecnologia empregada na composição do cartão com bandeira Mastercard.

Figura 5.13 – Estrutura verticalizada

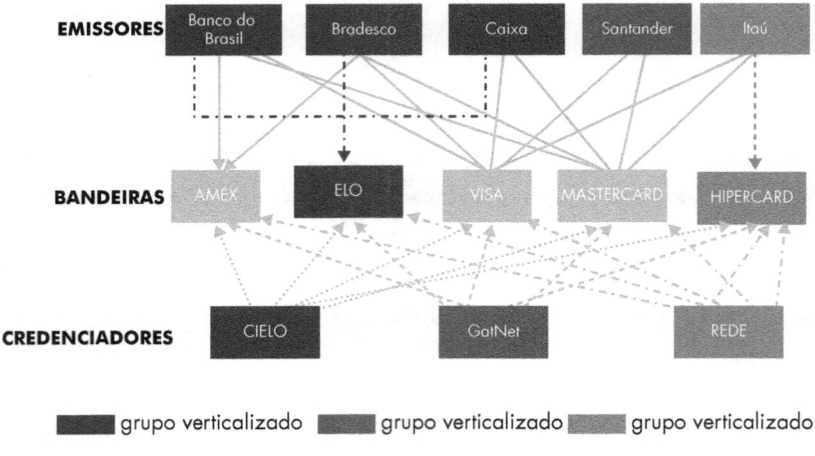

Fonte: Brasil, 2019b, p. 88.

Em decorrência dessa nova projeção de mercado, foi editada a Medida Provisória n. 615, de 17 de maio de 2013 (Brasil, 2013b), dispondo que os arranjos de pagamento constituem parte integrante do SPB. Em outubro do mesmo ano, a referida Medida Provisória foi convertida na Lei n. 12.865/2013 (Brasil, 2013a), que, além de estruturar o SPB, conferindo ao CMN e ao BCB a competência para regulamentar esse setor, dispõe sobre os arranjos de pagamento e as instituições de pagamento que podem integrar o referido SPB.

Justamente pela ausência de interoperabilidade no cenário anterior, provocado pelos arranjos verticalizados, o legislador pátrio tratou logo de dispor que esse seria um dos princípios da norma, tema que já foi oportunamente detalhado neste livro.

Vale ressaltar que essa interoperabilidade ocorreria *inter* e *intra* arranjo, de forma a proporcionar maior concorrência aos participantes inseridos nesse mercado.

No mesmo ano, foi publicada a Resolução n. 4.283/2013 (BCB, 2013c), a qual reforçou os princípios que deveriam nortear a regulamentação e a supervisão dos arranjos de pagamento*.

A já mencionada Lei n. 12.865/2013 estabeleceu – além dos princípios – algumas definições bastante relevantes para o tema, a começar pelo conceito do que seria o arranjo de pagamento e o descritivo das instituições que fazem parte dessa organização, conforme segue:

> *Art. 6º Para os efeitos das normas aplicáveis aos arranjos e às instituições de pagamento que passam a integrar o Sistema de Pagamentos Brasileiro (SPB), nos termos desta Lei, considera-se:*
>
> *I – **arranjo de pagamento** – conjunto de regras e procedimentos que disciplina a prestação de determinado serviço de pagamento ao público aceito por mais de um recebedor, mediante acesso direto pelos usuários finais, pagadores e recebedores;*

---

* Não são regulados e supervisionados pelo BCB os seguintes arranjos de pagamento: "1. que apresentem volumetria inferior a: a) R$500 milhões de valor total das transações, acumulado nos últimos doze meses; e b) 25 milhões de transações, acumuladas nos últimos doze meses. 2. cujos cartões sejam emitidos para uso exclusivo em uma rede de estabelecimento de um grande comerciante, como lojas de departamento, ou em estabelecimentos pertencentes a uma rede de franquia ou de licenciados; 3. exclusivos para pagamento de serviços públicos, como água, luz e transporte; 4. baseados em moedas virtuais, como programas de benefícios, como de milhagem aérea e outros programas que tenham como objetivo incentivar uso e a fidelidade do cliente por meio de prêmios; 5. decorrentes de programas governamentais de benefícios, a exemplo dos vale-alimentação, vale-refeição e vale-cultura; 6. de saque e aporte, nos quais as condições de prestação desses serviços são estabelecidas por meio de contratos comerciais entre as operadoras de caixas eletrônicos e as instituições financeiras e de pagamento, e que, atualmente, não são submetidos à aprovação do BACEN; e 7. destinados ao recebimento de doações eleitorais" (BCB, 2020c).

II – instituidor de arranjo de pagamento – pessoa jurídica responsável pelo arranjo de pagamento e, quando for o caso, pelo uso da marca associada ao arranjo de pagamento;

III – instituição de pagamento – pessoa jurídica que, aderindo a um ou mais arranjos de pagamento, tenha como atividade principal ou acessória, alternativa ou cumulativamente:

a) disponibilizar serviço de aporte ou saque de recursos mantidos em conta de pagamento;

b) executar ou facilitar a instrução de pagamento relacionada a determinado serviço de pagamento, inclusive transferência originada de ou destinada a conta de pagamento;

c) gerir conta de pagamento;

d) emitir instrumento de pagamento;

e) credenciar a aceitação de instrumento de pagamento;

f) executar remessa de fundos;

g) converter moeda física ou escritural em moeda eletrônica, ou vice-versa, credenciar a aceitação ou gerir o uso de moeda eletrônica; e

h) outras atividades relacionadas à prestação de serviço de pagamento, designadas pelo Banco Central do Brasil;

IV – conta de pagamento – conta de registro detida em nome de usuário final de serviços de pagamento utilizada para a execução de transações de pagamento;

V – instrumento de pagamento – dispositivo ou conjunto de procedimentos acordado entre o usuário final e seu prestador de serviço de pagamento utilizado para iniciar uma transação de pagamento; e

VI – moeda eletrônica – recursos armazenados em dispositivo ou sistema eletrônico que permitem ao usuário final efetuar transação de pagamento. (Brasil, 2013a, grifo nosso)

Desse modo, diferentemente de uma compra "com dinheiro vivo" entre duas pessoas, o arranjo de pagamento conecta todas as pessoas que a ele aderem. Os arranjos, portanto, podem se referir, por exemplo, aos procedimentos utilizados para realizar compras com cartões de crédito, débito e pré-pago, seja em moeda nacional, seja em moeda estrangeira.

Os arranjos de pagamento subdividem-se em **abertos** e **fechados**.

Figura 5.14 – Fluxograma de arranjos de pagamento

linear_design/Shutterstock

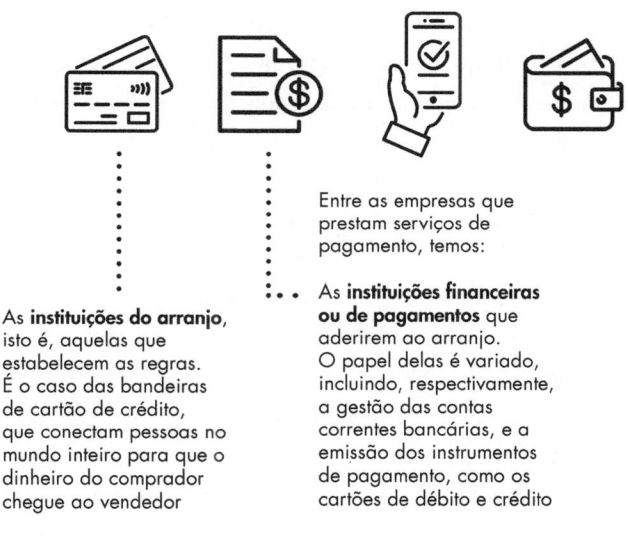

Os **arranjos de pagamentos** são as regras para viabilizar transferências de recursos, aportes e saques e tudo o mais que puder ser definido como pagamento

Entre as empresas que prestam serviços de pagamento, temos:

As **instituições do arranjo**, isto é, aquelas que estabelecem as regras. É o caso das bandeiras de cartão de crédito, que conectam pessoas no mundo inteiro para que o dinheiro do comprador chegue ao vendedor

As **instituições financeiras ou de pagamentos** que aderirem ao arranjo. O papel delas é variado, incluindo, respectivamente, a gestão das contas correntes bancárias, e a emissão dos instrumentos de pagamento, como os cartões de débito e crédito

As **transações** são registradas em conta corrente ou em conta de pagamento. Esta difere daquela pois seus recursos não podem ser usados para empréstimos a terceiros

O arranjo conecta pessoas que, sem ele, não teriam como realizar transações financeiras entre si. Supervisionado pelo BC, o arranjo fornece praticidade, confiabilidade e acesso do público a diversas formas de pagamento

Fonte: BCB, 2022a.

Um arranjo de pagamento fechado ocorre quando as atividades inerentes à prestação dos serviços de pagamento, a exemplo da emissão e do credenciado, são executadas: (1) por apenas uma instituição de pagamento ou instituição financeira, cuja pessoa jurídica é a mesma do instituidor do arranjo; (2) pelo próprio instituidor, por instituição de pagamento ou instituição financeira controladora do instituidor do arranjo ou por ele controlada; ou (3) por instituição de pagamento ou por instituição financeira que tiver o mesmo controlador do instituidor do arranjo. Geralmente é a forma de organização adotada pelos novos arranjos instituídos, visto que – por regra (claro que cabem exceções!) – é bastante difícil atrair outros participantes no momento de criação do arranjo de pagamento (BCB, 2020c).

Já o arranjo de pagamento aberto não tem definição na legislação específica, motivo pelo qual seu conceito pode ser apresentado de forma excludente: aqueles arranjos que não se enquadram como fechados, seriam abertos. Ressaltamos, no entanto, que, nos arranjos abertos, a emissão e o credenciamento devem ser facultados a todas as instituições de pagamento e instituições financeiras que cumpram com os requisitos estabelecidos nos regulamentos dos arranjos (BCB, 2020c).

A instituição de pagamento, por sua vez, possibilita a realização de pagamentos independentemente de relacionamentos com bancos ou outras instituições financeiras. Aliás, graças à interoperabilidade, ao cliente é possibilitado o recebimento e o envio de dinheiro para bancos e outras instituições de pagamento.

Serviços de pagamento não são exclusivos de instituições de pagamento, podendo ser prestados por instituições financeiras – especialmente bancos –, financeiras e cooperativas de crédito. O contrário, entretanto, não é válido: instituições de pagamento não podem prestar serviços financeiros, tal como financiamento. As instituições de pagamento podem ser: emissor de moeda eletrônica; emissor de instrumento de pagamento pós-pago; e credenciador.

Embora a maioria das regras dispostas nesta seção seja voltada para as instituições ou organizações submetidas às normativas específicas, bem como apesar de o bojo das normativas sobre o tema não ser destinado a atribuir deveres e responsabilidades para o consumidor, as exposições tornam-se relevantes quando se trata da necessidade de viabilizar o acesso à informação ao cidadão, principalmente no âmbito da educação financeira.

As responsabilidades – especialmente no âmbito do BCB – são imputadas às instituições por ele reguladas, a exemplo de adoção de políticas de prevenção à fraude, lavagem de dinheiro, adoção de mecanismos de segurança de acordo com os requisitos mínimos estabelecidos, entre outros. Não obstante, o conhecimento delas pelo usuário/cliente é de extrema valia, inclusive como forma de – junto ao BCB e ao CMN – realizar o poder de vigilância, no intuito de, ao saber quais são seus direitos, identificar descumprimentos e violações.

Trataremos dos meios seguros na seção a seguir, com o intuito de demonstrar que as técnicas estão em constante evolução, sempre no caminho de mitigar os riscos ofertados aos usuários.

5.5 Segurança dos cartões de pagamento

No Brasil, os primeiros métodos de comprometimento de dados de cartões de pagamento datam da década de 1980, a partir do uso das informações que ficavam registradas no carbono do comprovante de vendas manual. Apesar de não ocorrer em larga escala, por se tratar de uma técnica muito artesanal, despertou a atenção dos usuários quanto à segurança dos meios de pagamento (Santos, 2014).

Com a evolução natural e a necessidade de o setor se tornar mais ágil, novas tecnologias foram implementadas, a exemplo da tarja magnética, chegando ao modelo de *chip*, atribuindo a esses cartões a denominação *smart cards*.

A autenticação da transação com *smart cards* pode ser realizada nas modalidades *on-line* e *off-line*. Na primeira, os dados do cartão são criptografados e enviados para o emissor, que faz a autenticação. Já na segunda, é efetuada no próprio terminal de captura (POS), o qual lê informações e certificados contidos no *chip* do cartão (Santos, 2014).

No entanto, o fato de os cartões conterem um *chip* mais uma tarja magnética continua estimulando os fraudadores a seguirem clonando cartões (Santos, 2014).

Geralmente as fraudes com cartões de pagamento acontecem quando os dados do cartão (número, validade e código de segurança) de uma pessoa ou de uma empresa são roubados e usados indevidamente para a realização de compras, que geralmente ocorrem no meio *on-line*.

No Brasil, as fraudes com cartões de crédito usados nas transações do comércio eletrônico somam R$ 900 milhões ao ano. Ao perceber ou suspeitar que a fraude aconteceu, o proprietário do cartão pode notificá-la por meio do próprio site do *banco (no caso de um cartão extraviado ou roubado). Isso é possível, uma vez que a confirmação do crédito é instantânea e há tempo hábil de reportar a ocorrência à instituição financeira.* (Mies, 2014)

Visando mitigar os riscos e exposições a ataques fraudulentos, em 2006, as principais empresas de cartão de crédito – American Express, Discover Financial Services, JCB International, Mastercard e Visa – formaram um conselho, o PCI Security Standards Council. O propósito era estabelecer regras mínimas de segurança a serem observadas durante o manuseio dos dados de cartões de crédito em transações eletrônicas (Mies, 2014).

Ao referido conselho também compete manter, desenvolver e promover o Payment Card Industry Data Security Standard (PCI-DSS) – ou, na tradução, Padrão de Segurança de Dados da Indústria de Pagamento com Cartão –, justamente os padrões que o conselho se dispôs a estabelecer na época da sua formação (Lopez, 2017).

Assim, será de responsabilidade do emissor ou adquirente dos cartões o cumprimento das regras estabelecidas.

Por sua vez, o Padrão de Segurança de Dados da Indústria de Pagamento com Cartão é composto de doze requisitos agrupados em seis grandes objetivos, conforme especificamos no quadro a seguir.

Quadro 5.11 – Requisitos e objetivos da indústria de pagamento com cartão

Padrão de segurança de dados da indústria de pagamento com cartão – PCI-DSS	
Objetivos	**Exigências mínimas**
Construir e manter uma rede segura	1. Instale e mantenha uma configuração de *firewall* para proteger os dados do portador do cartão 2. Não use as senhas padrão de sistema e outros parâmetros de segurança fornecidos pelos prestadores de serviços
Proteger os dados do portador do cartão	3. Proteja os dados armazenados do portador do cartão 4. Codifique a transmissão dos dados do portador de cartão nas redes públicas e abertas
Manter um programa de administração da vulnerabilidade	5. Use e atualize regularmente o *software* ou programas antivírus 6. Desenvolva e mantenha sistemas e aplicativos seguros

(continua)

Implementar medidas rígidas de controle de acesso	7. Restrinja o acesso aos dados do portador do cartão a apenas aqueles que necessitam conhecê-los para a execução dos trabalhos 8. Atribua um ID único para cada pessoa que possua acesso ao computador 9. Restrinja o acesso físico aos dados do portador de cartão
Acompanhar e testar regularmente as redes	10. Acompanhe e monitore todo o acesso aos recursos da rede e dados do portador de cartão 11. Teste regularmente os sistemas e processos de segurança
Manter uma política de segurança da informação	12. Mantenha uma política que atenda à segurança da informação para funcionários e prestadores de serviços

Fonte: PCI, 2006, p. 26-53.

Apresentamos a seguir um quadro ilustrativo – portanto, não se encontra na sua versão completa – dos diferentes tipos de exigências que são aplicadas a cada elemento dos dados no âmbito do PCI-DSS.

Quadro 5.12 – Dados do PCI-DSS

	Elementos do Dados	Armazenagem Permitida	Proteção Exigida	PCI DSS Exigência 3.4
Dados do Portador de Cartão	Número da Conta primária (PAN)	SIM	SIM	SIM
	Nome do Portador do cartão	SIM	SIM	NÃO
	Código do Serviço	SIM	SIM	NÃO
	Data do Vencimento	SIM	SIM	NÃO
Dados Confidenciais de Atutenticação	Tarja Magnética Completa	SIM	SIM	N/A
	CVC2/CVV2/CI	SIM	SIM	N/A
	PIN/Bloqueador de PIN	SIM	SIM	N/A

Fonte: PCI, 2006, p. 4.

Diante do exposto, é importante ressaltar que o PCI-DSS deverá ser aplicado a qualquer negócio que processe ou transmita dados dos portadores de cartões, devendo ser demonstradas a adoção das garantias de segurança da informação de maneira efetiva, independentemente do volume de negócio (Lopez, 2017).

Encontram-se à disposição das empresas que atuam no mercado como um todo tecnologias capazes de combater a fraude eletrônica, entre as quais citamos: criptografia; certificação digital; inteligência artificial; redes neurais que analisam o comportamento dos usuários; sistemas de avaliação rigorosa de crédito, laboratórios de testes; monitoramento de terminais de ponto de vendas, isto é, os POS (Santos, 2014).

Ocorre que os consumidores também atuam como dificultadores do atendimento à segurança, pois muitos adotam comportamentos de risco, entre os quais listamos os seguintes: carregar consigo papéis com senhas anotadas; manter registros ou documentos que contenham informações sensíveis e confidenciais em computadores compartilhados ou públicos; realizar operações bancárias ou compras *on-line* em computadores que não contam com qualquer sistema de segurança apto, ou, caso disponha, que se encontra desatualizado (Santos, 2014).

Com base nisso, Santos (2014) arrolou algumas situações em que a presença de fraudadores se mostra mais comum. São elas:

- **Cafés com *wi-fi*** – um roteador pirata captura dados dos clientes sentados em mesas próximas que ali acessam a internet.
- **Censos governamentais** – organizações criminosas enviam agentes que, disfarçados de pesquisadores, entram na casa das vítimas e levantam dados sobre sua identidade financeira.
- **Ofertas boas demais** – criminosos encontram as vítimas na lista telefônica, ligam prometendo atraentes descontos em compras futuras em troca de um pequeno pagamento por meio do cartão, conseguindo assim o número e os dados desse cartão, sendo o suficiente para cometerem fraudes com ele, inclusive o redirecionamento do *e-mail*.

Por fim, salientamos que as fraudes não são exclusivas dos meios eletrônicos, uma vez que os ataques fraudulentos perduram no setor financeiro desde que a moeda passou a exprimir um valor agregado, inclusive com lastreabilidade.

O importante é que a busca pela segurança seja uma constante em todos aqueles que compõem o mercado, desde o órgão regulamentador, as instituições financeiras, chegando até o usuário final. Não se forma um sistema seguro o suficiente se um dos pilares está em falta, ou seja, por mais que as instituições venham a adotar tecnologias e procedimentos de última geração, o consumidor precisa continuar sempre atento para o perfil do seu comportamento. Afinal, são numerosas as fraudes mesmo sem que haja incidente de segurança que provoque o vazamento de dados: esses dados podem ser obtidos por meio da interação do usuário, sendo ele mesmo quem os fornece.

5.6 Mobile cash e a Geração Z

5.6.1 Mobile cashing

Como temos exposto, as transações financeiras vêm se tornando *smart,* ainda mais se considerarmos o perfil da chamada *Geração Z*, que são aquelas pessoas nascidas entre o fim da década de 1990 e 2010, também conhecidas como *Millennials*. Adiante, comentaremos sobre o perfil dessa geração e como ela se relaciona com o mercado financeiro.

Com as novas tecnologias surge, ainda, a figura dos pagamentos por meio de dispositivos conectados à internet, conforme relacionamos ao longo deste capítulo, sobretudo quando tratamos tecnologias dos pagamentos eletrônicos.

> *Como vimos, os processos principais em uma transação de pagamento são a logística e autenticação, que evoluem constantemente buscando resolver problemas de segurança, conveniência e preço. Se somarmos a isso a natural desmaterialização, podemos afirmar com certeza que o cartão de plástico e o terminal de captura (POS) não existirão no futuro como os conhecemos hoje.* (Santos, 2014, p. 2151)

Essa indústria de pagamentos é muito complexa e, ao mesmo tempo, está em constante evolução, sobretudo com o *boom* tecnológico em curso, em que diversos *players* apresentam a cada dia novas soluções para resolver algum problema ou para facilitar algo que nem era identificado pela maioria como um problema.

Estamos próximos de uma evolução disruptiva, isto é, aquela que propõe romper com o que está posto (Santos, 2014).

> *Uma ruptura pode ofertar ao mercado um produto avaliado por esse mercado até como pior em relação ao que ele está acostumado. Em compensação, pode trazer consigo um novo conjunto de atributos que permita um uso totalmente diferente do que era possível antes, muitas vezes resultando em um novo mercado. Foi assim que o cartão de crédito de uso genérico (aceito em qualquer loja) superou em muito o cartão de loja (Private label).* (Santos, 2014, p. 2194)

No sentido de uma evolução disruptiva, os *smartphones* tomaram conta do dia a dia. As pessoas passam praticamente o dia todo diante desses dispositivos para cumprir diferentes tarefas.

Esses dispositivos inseriram novos comportamentos e condutas de relacionamento, a exemplo do que acontece nas redes sociais, muitas vezes dispensando o contato físico que era (ainda é) essencial.

A utilização em massa desses dispositivos– em 2019, o Brasil tinha 230 milhões de *smartphones* em uso (Wolf, 2019) – faz pensar que as soluções do mercado virão – e estão vindo – por meio de tais aparelhos e ferramentas.

Anos atrás, era indispensável andar com dinheiro em papel na carteira para o caso de se enfrentar alguma emergência, mas, hoje, muitas pessoas nem sequer tocam em dinheiro em papel, pois sua vida é baseada em transações com seus dispositivos, sejam cartões, sejam os *smartphones*.

Na sequência, discorreremos sobre como o dinheiro vem se transformando e de quais formas isso ocorre. Ainda, analisaremos como as gerações mais jovens lidam com toda essa tecnologia.

5.6.2 Mobile banking and payment

O setor financeiro – principalmente o bancário – foi um dos que mais investiram e continuam investindo. em tecnologia nos últimos anos. Em decorrência desses investimentos, foi possível obter maior agilidade nas transações, menores custos e redução de erros operacionais (Diniz, 2020).

Gráfico 5.2 – Aumento dos investimentos no setor bancário

O orçamento dos Bancos para tecnologia cresceu 24% em 2019, em comparação a 2018. O destaque é o crescimento de 48% em investimento.

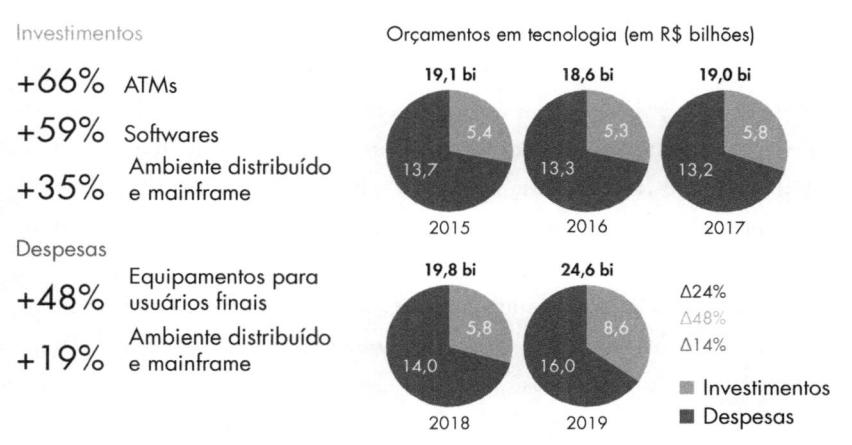

Investimentos

+66% ATMs

+59% Softwares

+35% Ambiente distribuído e mainframe

Despesas

+48% Equipamentos para usuários finais

+19% Ambiente distribuído e mainframe

Orçamentos em tecnologia (em R$ bilhões)

19,1 bi — 5,4 / 13,7 — 2015
18,6 bi — 5,3 / 13,3 — 2016
19,0 bi — 5,8 / 13,2 — 2017
19,8 bi — 5,8 / 14,0 — 2018
24,6 bi — 8,6 / 16,0 — 2019

Δ24%
Δ48%
Δ14%

■ Investimentos
■ Despesas

Fonte: Febraban, 2020, p. 5.

Com maiores investimentos, maior é a produção de tecnologia. É justamente por isso que as instituições financeiras vêm ganhando uma nova projeção no mercado. Isso também estimula a inovação do setor como um todo, a exemplo do próprio BCB e as recentes regulações sobre Open Banking e pagamentos instantâneos, as quais já foram abordadas com detalhes neste capítulo.

A vontade de inovar e investir é impulsionada pela perceptível resposta positiva do mercado. Aqui cabe uma analogia rápida com o ecossistema das *startups*: é extremamente importante a análise mercadológica e as reais dores dos usuários para que o negócio seja escalável. Em outras palavras, de nada adiantaria apresentar a ideia mais inovadora se ela atingisse um nicho muito limitado, por não se mostrar necessária ao dia a dia das pessoas, que podem continuar vivendo muito bem sem esse "negócio inovador".

Assim, os bancos estão em uma espécie de corrida tecnológica, orientando-se pelo interesse de ofertar a melhor plataforma, a melhor experiência, o melhor atendimento... e tudo isso sem o cliente precisar sair de casa!

Os grandes beneficiários são os clientes, pois, quanto maior é a competição, mais ofertas são disponibilizadas a ele, inclusive no que se refere a preço de tarifas e serviços, impactando positivamente na balança financeira de cada cliente.

Esse grau de aceitabilidade pelo público foi reação à migração do ambiente de serviços: eles não eram mais exclusividade do meio físico, sendo possível o cliente acessar sua agência — mesmo que de forma virtual — a toda hora, todos os dias. Tal migração. Foi bastante impulsionada pelo uso do Internet Banking, ou seja, da disponibilização dos serviços financeiros por meio do *website* da instituição bancária.

Apesar de, no início, essa migração ter ocorrido de forma mais tímida, mais reticente, até pelas barreiras culturais de cada geração (os mais velhos tendem a ser mais receosos quanto ao uso de novas tecnologias do que os mais novos, por exemplo), isso foi causado também pela insegurança diante do novo e do desconhecido.

Essa insegurança não era apenas do cliente em relação à plataforma do banco. O banco também criou mecanismos de segurança. Os primeiros acessos dos usuários envolviam diversos fatores de autenticação que acabavam provocando maior dor de cabeça e deixando o processo ainda mais burocrático, resultando ser mais fácil ir à agência física para realizar a transação do que atender a todos os requisitos de validação para permitir o acesso. Aqui exemplificamos: 1) necessidade de autorização e desbloqueio do dispositivo nos caixas eletrônicos; 2) recebimento de um cartão acessório contendo os *tokens* de autenticação; 3) limitação de uso de navegadores da internet, entre outros requisitos.

Com a crescente modernização dos serviços e considerando as novas tecnologias ofertadas ao mercado, principalmente com a consolidação da era do *smartphone* e a ideia de "tudo na palma da mão", a adequação do setor financeiro nesse mesmo rumo era apenas uma questão. de tempo.

Assim, surgiu a figura do **mobile banking**. A agência saiu dos navegadores para chegar aos celulares, e os serviços financeiros passaram a ser prestados, portanto, por meio dos aplicativos próprios de cada instituição.

Desde sua criação, o *mobile banking* tem sido usado em ritmo bastante intenso e demonstra constante ascensão.

Gráfico 5.3 – Crescimento do *mobile banking*

As operações via Mobile Banking podem representar em breve, a metade das transações bancárias; Agências mantêm o patamar de participação.

Composição das transações totais

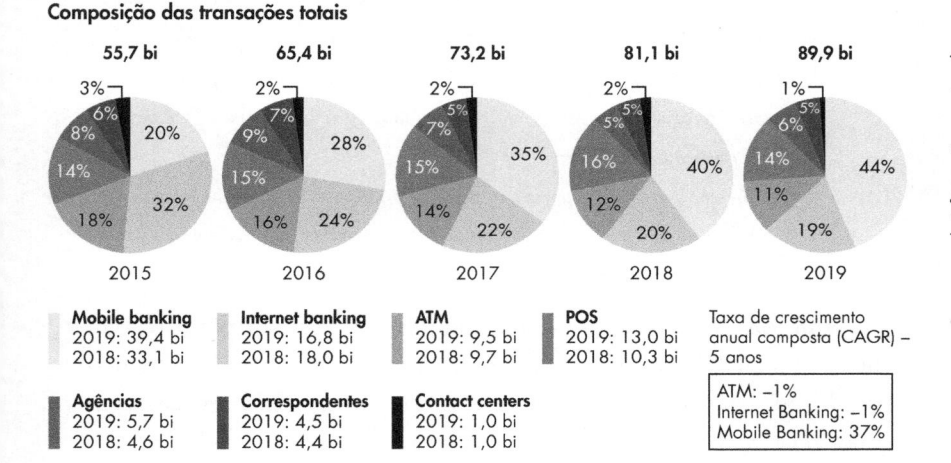

55,7 bi	65,4 bi	73,2 bi	81,1 bi	89,9 bi
2015	2016	2017	2018	2019

Mobile banking
2019: 39,4 bi
2018: 33,1 bi

Internet banking
2019: 16,8 bi
2018: 18,0 bi

ATM
2019: 9,5 bi
2018: 9,7 bi

POS
2019: 13,0 bi
2018: 10,3 bi

Taxa de crescimento anual composta (CAGR) – 5 anos

Agências
2019: 5,7 bi
2018: 4,6 bi

Correspondentes
2019: 4,5 bi
2018: 4,4 bi

Contact centers
2019: 1,0 bi
2018: 1,0 bi

ATM: −1%
Internet Banking: −1%
Mobile Banking: 37%

Fonte: Febraban, 2020, p. 13.

Já superamos a marca de um smartphone por habitante e o país conta com 220 milhões de smartphones ativos. E ainda, o brasileiro não usa o smartphone somente para as redes sociais, 74% usam em pelo menos uma etapa de compras online.

O report global da Worldpay sobre o comportamento do consumidor entrevistou mais de 16 mil pessoas em 10 mercados para descobrir as experiências e hábitos de consumo.

Os brasileiros que utilizam smartphone estão à frente da média mundial quando se trata de afinidade com os aplicativos móveis. Entre os entrevistados, 78% preferem comprar por meio de um aplicativo, ao invés dos navegadores para dispositivos móveis. A média global é de 71%. (Distrito, 2019)

O que os bancos não projetaram com essa migração do **físico** para o **digital** foi o distanciamento que se criaria perante os clientes. Isso gerou impacto no mercado de forma que proporcionou o surgimento das chamadas *fintechs*, conforme destaca Diniz (2020, p. 21-22):

a ampla adoção de novas tecnologias pelo mercado financeiro acabou causando, inicialmente, um efeito adverso do ponto de vista humano. Se por um lado toda essa tecnologia e investimentos serviram ao propósito de redução de custos e eficiência operacional, também é verdade que, por outro lado, provocou um distanciamento na antiga relação banco-cliente, tirando o foco do usuário. Se, além desses objetivos internos os bancos estivessem atentos para o que falavam os clientes, certamente estariam mais preparados para lidar com o fenômeno fintech no mercado financeiro.

As fintechs que passaram a povoar o mercado financeiro [...] possuem um extremado foco no cliente [...] e isso mudou drasticamente sua percepção sobre provedores de serviços nesse setor.

As *fintechs**, além de focarem no atendimento ao usuário, por nascerem no meio digital, lidam com menores custos operacionais. Por esse motivo, geralmente conseguem ofertar benefícios em seus serviços financeiros com valor relativamente menor do que os demais *players* do mercado.

Com relação ao *mobile banking*, vários aspectos jurídicos precisam ser levados em consideração. De modo a garantir o cumprimento da legislação e das normativas aplicáveis, existem requisitos que precisam ser observados e preenchidos. Entre eles, destacam-se: garantia de autenticidade; validade das assinaturas eletrônicas; geração de prova eletrônica; segurança da informação; proteção de dados pessoais; sigilo bancário; combate à lavagem de dinheiro; entre outros (Pinheiro, 2016).

Essas preocupações são levantadas não só para garantir a proteção e a segurança do usuário, mas também devido ao entendimento jurisprudencial que vem sendo aplicado, no sentido de que as instituições financeiras: seriam submetidas à legislação consumerista, à luz do CDC, Lei n. 8.078/1990, e, com isso, há inversão do ônus da prova; estão submetidas à Súmula n. 479 do Superior Tribunal de Justiça (STJ) e têm

---

* O termo *fintech* "surgiu da combinação de duas palavras em inglês: *financial* (financeiro) e *technology* (tecnologia)" – sendo utilizado para referenciar *startups* ou empresas que desenvolvem produtos financeiros totalmente digitais. "As *fintechs* podem oferecer as mais diversas soluções, como cartão de crédito, conta digital, cartão de débito, empréstimos, seguros, dentre outros" (Nubank, 2020).

responsabilidade objetiva pelos danos gerados por fortuito interno relativo a fraudes e delitos praticados por terceiros no âmbito de operações bancárias.

Com o intuito de corroborar o que já foi mencionado, arrolamos alguns principais pontos que devem ser considerados em termos de governança e boas práticas, bem como de gestão de risco (Pinheiro, 2016):

- **Identidade (senhas)** – Recomenda-se que não seja utilizada a mesma senha que aquela adotada para autorização dos serviços na agência bancária, bem como que não seja armazenada no aparelho eletrônico.
- **Segurança da informação** – Uso de *token* no aparelho eletrônico, chaves criptográficas, *chip* criptografado, aplicações em VPN, HTTPS, SPOP3, RSA, senha WEP e WAP, entre outros.
- **Incidentes e perícia** – Uso de *moblie forenses*, análise do Subscriber Identity Module (SIM).

A expectativa é que os pontos de atenção vão se "mutabilizando" à medida que as tecnologias avancem, surgindo, portanto, novos desdobramentos e/ou gargalos normativos. Ademais, à medida que o avanço tecnológico desperte questionamentos e incertezas, as tecnologias mercadológicas também poderão servir de auxílio, de forma a minimizar o risco e a procurar novas alternativas/soluções para as referidas problemáticas.

Ainda no viés de avanço tecnológico, a premissa do "trazer tudo à palma da mão" também catalisa o processo da disponibilização de produtos/soluções, uma vez que, com a ampliação da concorrência – em especial decorrente da ampliação do mercado financeiro após a chegada das *fintechs* –, passa a haver maior número de *players* preocupado em se destacar. E, para ganhar destaque, faz-se necessário "pensar fora da caixa", ser o diferente e, assim, movimentar o translado da clientela fidelizada a outras instituições, angariando novos clientes.

Um exemplo de uma tecnologia que vem ganhando corpo nos últimos anos é a do *mobile payment*.

Se antes, com a oferta dos cartões *private label*, percebeu-se a necessidade de otimizar espaço e facilitar transações, criando um cartão único aceito por quase todos – em vez de estar vinculado a apenas um estabelecimento ou rede de produtos/serviços –, fazendo nascer o cartão de crédito atual, atualmente, é muito natural supor que um aparelho multiuso (os *smartphones*) pode otimizar a jornada do consumidor: e se ele nem mesmo precisasse sair de casa portando o cartão de crédito, carregando apenas o seu celular?

Assim surgiu a ideia de se realizar pagamentos por meio de um dispositivo móvel (Distrito, 2019), porém, não por meio das transações financeiras já conhecidas e disponíveis no *mobile banking*, mas como se o celular fosse cartão de crédito.

Existe uma variedade de sistemas de *mobile payment*, os quais podem funcionar de maneira distinta entre si, mas sempre servindo ao mesmo propósito: pagamentos por meio do celular. Enquanto algumas tecnologias podem exigir que o *smartphone* esteja próximo a outro dispositivo que recebe o pagamento (as "maquininhas", por exemplo) – o que ocorre com a chamada Near Field Comunication (NFC) –, outras podem exigir apenas uma conexão estável com a rede de internet (Distrito, 2019).

Entre as empresas que fornecem sistemas de pagamento móvel, citamos como exemplos; Apple; Google; Samsung; Venmo; PayPal; Square (Code Money, 2022).

Um aspecto bastante interessante do *mobile banking* é possibilitar o uso de tecnologias de pagamento sem necessariamente o consumidor estar vinculado a uma instituição financeira. Sabemos que, em populações mundiais sujeitas a um alto índice de desigualdade social e de renda, nem todos têm acesso, tampouco condições de se manter vinculado a uma instituição bancária*. Essa ampliação de mercado se dá pelo fato de que nem só de NFC consiste o *Mobile Payment*: outra forma de pagamento móvel bem-sucedida é o uso do SMS, em que transações e transferências são feitas por meio do envio de mensagens entre usuários e até entre estabelecimentos, é como a

---

* "É interessante observar que no nosso Brasil cerca de um terço da população não tem conta em banco algum, então poder gerenciar seu dinheiro através do celular é um atrativo pro [sic] consumidor e uma grande oportunidade de investimentos para as operadoras e também para os bancos" (Zanfa, 2013).

pessoa "simplesmente pudesse pagar suas contas, ou o restaurante, usando créditos da operadora" (Zanfa, 2013)*.

Quadro 5.13 – Ofertas de *Mobile Payment*

Solução	Característica
Oi Carteira	• Ter um chip da Oi. • Realizar carga por meio do Banco do Brasil, Banco Postal ou internet banking
Vivo Zuum	• Disponível para clientes de qualquer operadora. • Realizar cargas por meio de bancos ou postos conveniados.
TIM Multibank	• Ter um chip da TIM. • Realizar carga por meio das agências lotéricas
Meu Dinheiro Claro	• Ter um chip da Claro. • Realizar carga por meio do Banco Bradesco

Fonte: Sebrae, 2015, p. 8.

Com isso, é possível afirmar que o *Mobile Payment* oferece algumas vantagens para o usuário, sendo a principal delas a democratização do acesso ao sistema financeiro.

5.6.3 Carteiras digitais

É evidente que se pensarmos nas formas de se fazer negócios no dia a dia, desde o ato de pagar alguém ou comprar alguma roupa, livros, lidamos com algo muito comum: a desmaterialização – e é nesse sentido que surgem as carteiras digitais.

A carteira digital é uma das tecnologias dos pagamentos eletrônicos que é uma realidade, sobretudo, no Brasil. A carteira digital seria, portanto, um *software* que substitui cartão de crédito/débito, viabilizando transações mediante uso de terminais com a tecnologia NFC (conforme assinalamos ao comentar sobre tecnologias dos pagamentos eletrônicos).

---

*   "A Oi e a Cielo já tem [sic] um projeto em andamento de pagamento por SMS e recentemente a Telefônica-Vivo e a Mastercard lançaram uma joint-venture chamada Zuum, que nada mais é que um cartão de débito pré-pago que pode ser recarregado e gerido através do celular, com ele você pode transferir valores e fazer transações bancárias, como o pagamento de contas, por exemplo" (Zanfa, 2013).

As carteiras digitais apresentam algumas características: o titular da conta adiciona fundos a sua conta em vez de informar os dados de seu cartão a um desconhecido; é criada uma identidade digital do titular, por meio de um *token* ou procedimento conhecido como *tokenização*.

> *No Brasil, essa tecnologia ainda dá seus primeiros passos. Segundo dados da Abecs, apenas 2% das transações são feitas por contactless — que inclui as carteiras digitais operadas por meio de dispositivos móveis ou os cartões de pagamento que possui a tecnologia de leitura dos dados financeiros (e efetivação de transações até determinados valores) a partir da aproximação. Em países como a China, por outra via, a adesão por parte da população já é bastante elevada.* (Ragazzo, 2020, p. 612)

Por meio desse *token*, armazenado no dispositivo do usuário, basta que o *smartphone* seja aproximado de um terminal de pagamento para que o *software* faça a transmissão de dados criptografada e a transação seja concluída (Adyen, 2019).

A tecnologia que permite a conclusão dessa transação é a NFC, que pode conectar o dispositivo do usuário da carteira digital não só ao terminal de compra, mas também a outros dispositivos (*smartphones, smartwatch*).

> *Para assegurar a usabilidade dessas tecnologias por outros aplicativos, sites e estabelecimentos, as carteiras digitais utilizam APIs (Application Programming Interfaces) abertas. As APIs são estruturas de programação que servem como portas: elas permitem o fluxo de informação entre diferentes sistemas. No caso das ewallets, as APIs deixam que os dados bancários criptografados do smartphone sejam acessados pelo aplicativo, site ou POS da outra empresa. Nas lojas físicas, essa comunicação pode ser feita via aproximação NFC (Near Field Communication), bluetooth ou até mesmo via QR code. É só apontar a câmera para o código impresso, como é feito com as bicicletas compartilhadas da Yellow, por exemplo.* (Mies, 2019)

Informamos na seção dedicada às tecnologias dos pagamentos eletrônicos, com base em estudos realizados pelo BCB, que a aceitação de novos arranjos de pagamentos dependerá do comportamento do usuário e da confiança que este depositar na modalidade de pagamento ofertada pelas instituições bancárias.

Um claro exemplo do sucesso de carteira digital foi a criação do Paypal, uma empresa fundada em 1998 na Califórnia que pode ser considerada uma inovação disruptiva do mercado financeiro e uma das primeiras carteiras digitais (Santos, 2014).

Fazer uma compra utilizando uma conta PayPal, ao invés de informar os dados de seu cartão a um estranho, fez com que muitos consumidores se sentissem seguros, confiando que essa nova empresa se encarregaria de guardar seus dados e garantir sua tranquilidade. Do outro lado, permitiu que empresas e indivíduos pudessem transacionar no e-commerce, melhorando suas vendas de forma segura a custos acessíveis. (Santos, 2014, p. 2213)

O Paypal pode ser considerado o primeiro *case* de sucesso de carteira digital e, a partir dele, surgiram diversas outras carteiras digitais, tão difundidas quanto ele e que agradam a diversos públicos. Podemos citar como exemplos o Picpay, o ApplePay, o GooglePay, o Mercado Pago, a Samsung Pay, entre outros.

Em um estudo realizado pela Adyen, uma plataforma que oferece soluções de pagamentos *online* para empresas (Estadão, 2022), destacou-se:

- Quase 40% das transações locais e mais de 70% das transações globais são feitas via celular, e as *e-wallets* cresceram 65%, no Brasil, na plataforma da Adyen nos primeiros três meses de 2019;
- Em 2018, 27,3% de todas as transações *on-line* no Brasil foram processadas em dispositivos móveis. No ano anterior, o *e-commerce* representava 21,5% e, em 2016, apenas 12% desse mercado;
- Dafiti, iFood e Magazine Luiza são clientes que integraram Google Pay, Samsung Pay e Apple Pay desde o primeiro dia de atividades;
- Evino tem cerca de 10% de todas as compras realizadas com *e-wallets*, e metade das compras é feita via *smartphone*;
- 50 milhões de consumidores impactados somente no mercado brasileiro;
- 53% dos consumidores da Amaro fazem as compras pelo *smartphone*, e desses 56% preferem comprar diretamente pelo aplicativo. O *ticket* médio é 20% maior entre os consumidores que usam o aplicativo, se comparado com aqueles que nunca usaram.

Segundo um estudo realizado pelo Global Payment Methods, da Adyen, aproximadamente 70% da população economicamente ativa da China já têm nas carteiras digitais o principal meio de pagamento (Adyen, 2018; Mies, 2019).

No quadro a seguir, apresentamos uma comparação entre as duas maiores forças econômicas atuais no mundo e consequentemente os dois primeiros lugares no mercado de comércio eletrônico: China e Estados Unidos, respectivamente.

Quadro 5.14 – Meios de pagamento eletrônico (%) na China e nos Estados Unidos

	China		**Estados Unidos**	
	Alipay	35%	Visa	59%
	Union Pay	22%	Mastercard	23%
Meio de	WeChat Pay	20%	American Express	15%
pagamento	eWallets menores	16%	Discover	1%
eletrônico	Cartões	1%	Union Pay	1%
	Outros	6%	Apple Pay	0,5%
			PayPal	0,5%

Fonte: Adyen, 2018.

As carteiras digitais também são muito utilizadas no mundo dos *games*, como a Sony e a Microsoft e a Psn Store e o Xbox Live que seguem a mesma lógica de outras carteiras digitais, o usuário adiciona fundos sua conta de acesso para comprar jogos e outros itens das lojas.

Além disso, o mercado competitivo dos jogos eletrônicos e dos *e-sports* vem crescendo a cada ano, com torneios milionários de jogos como *Fortnite, League of Legends e Counter Strike* (Rigon, 2019).

O cenário competitivo dos *e-sports* consiste em uma grande movimentação de dinheiro, seja com pagamento de prêmios, seja com arrecadação e por meio de patrocinadores.

Pensando nisso, a *startup* brasileira SkillCore (2022) criou uma plataforma digital para que empresas que realizam esses campeonatos façam a gestão financeira desses recebíveis e dos pagamentos de prêmio, que consiste, também, na utilização de carteiras digitais para tornar mais fácil e rápido todo o processo envolvido.

As carteiras digitais tendem a se expandir para todos os tipos de mercado disponíveis, sendo de compras *on-line* ou não.

5.6.4 Escambo eletrônico

As trocas de produtos e serviços entre caçadores e coletores configuraram as primeiras transações mercantis da história. Na cultura baseada pela permuta – popularmente conhecida como *escambo* – os indivíduos ampliaram a utilização de produtos e serviços, servindo de base para o que hoje entendemos sobre comércio e sistema financeiro.

Não havia qualquer conceito de moeda atrelado, o valor da compra era atribuído pela **necessidade**. Em outras palavras, a troca ganhava "valor" quando se encontrava o equilíbrio das expectativas e vontades: José possuía grãos de café disponíveis e precisava de alguns litros de leite; Maria estava com leite sobrando e queria uns grãos de café. Aqui estaríamos diante de um alinhamento.

A dinâmica do escambo, por sua vez, começou a apresentar falhas e limitações, principalmente pela impossibilidade de divisão de alguns bens em partilha, o que causava um desequilíbrio entre as partes. Diante disso, a sociedade passou a estabelecer um produto – de aceitação geral para aquele determinado grupo social e/ou território – que passava a ser aceito como base para realização de qualquer transação, a chamada *moeda-mercadoria*.

O sistema monetário passou por diversas evoluções ao longo do tempo até chegar à estrutura atual.

Por mais que atualmente a base das transações comerciais não seja a permuta, o escambo não deixou de existir por completo e hoje já mostra uma nova roupagem: o **escambo eletrônico**.

Essa ideia de trocas se encontra lastreada pela ideia de consumo consciente e economia solidária, que "consiste justamente em partilhar um bem ou serviço que antes só poderiam ser usufruídos ou acessados apenas por um indivíduo ou por meio do pagamento em dinheiro" (Lemos, 2019).

Ainda podemos destacar o benefício ambiental e consequentemente humanitário da proposta, uma vez que, ao se permutar itens, se afasta a ideia do descarte dos itens já utilizados e a necessidade de se angariar sempre o novo, pois aquele item "obsoleto" para um pode ser essencial para outro.

A internet revitalizou essa antiga prática de comercialização de bens e serviços, que vem conquistando novos adeptos em todo o mundo, principalmente diante das crises financeiras mundiais*, seja pelo aumento do índice de desemprego como também do valor de compra disponível, o que acaba por impossibilitar o comércio dos novos e seminovos.

Via de regra, a proposta dos sistemas de troca é simples: ao oferecer um estoque de produtos ou determinado serviço, os participantes ganham créditos virtuais que podem ser trocados por produtos e serviços de outras empresas filiadas (Gragni; Volpini, 2022).

Outra vertente da economia solidária é a utilização das moedas sociais, com o objetivo de estimular a economia dos pequenos comerciantes em detrimento dos reflexos do capitalismo industrial. Por sinal, de certa forma, as moedas sociais buscam reorganizar a relação de escambo, já que são utilizadas somente como meio de troca (Rengel; Studer, 2018).

Tem-se que a moeda social é muito utilizada no âmbito da economia criativa, tendo como lastro de riqueza o conhecimento. A visão que sempre se busca é que o trabalho gere créditos (abundância de recursos), e não dívidas (escassez de recursos) (Sebrae, 2012).

> *Os produtos ou serviços realizados pelos membros da comunidade são precificados de forma justa pelos próprios membros e lhes garante um crédito que pode ser utilizado em outro produto ou serviço dentro da mesma rede. Assim, quanto mais se envolver e trabalhar pelo coletivo, mais crédito terá e menos precisará do dinheiro "real" para pagar suas necessidades.*
>
> *Com o passar do tempo, essas comunidades passaram a trocar informações e a criar uma rede colaborativa, de forma a ampliar o seu raio de ação e possibilitar*

---

* "No universo corporativo, o mercado de permutas ganhou ainda mais força com a crise internacional de 2008 e chega a movimentar mais de US$ 12 bilhões anuais (cerca de R$ 27 bilhões), de acordo com estimativas da Associação Internacional de Comércio Recíproco (IRTA)" (Gragni; Volpini, 2022).

uma diversificação de oportunidades. Um exemplo nesse sentido é a Casa Fora do Eixo, que criou um banco que engloba 130 coletivos, sendo que desses, 30 possuem moeda social física (em papel). Os demais coletivos optam por fazer um controle simples, porém informatizado (virtual). (Sebrae, 2012, p. 10)

Por fim, Rengel e Studer (2018, grifo do original) destacam que "as moedas sociais não substituem as moedas oficiais, ou seja, exercem uma função de **complementaridade** e tem [sic] como objetivo **melhorar a vida dos habitantes locais**. Todo o processo de produção, distribuição e funcionamento é **estabelecido pela própria comunidade**".

5.6.5 Perfil da Geração Z para meios de pagamento

A Geração Z é aquela que nasceu já em meio à tecnologia e, em razão disso, são pessoas que sabem manusear a tecnologia desde cedo e de modo mais eficiente do que pais ou avós. Seu perfil, obviamente, é diferente das gerações mais antigas, pois são considerados mais críticos e, por vezes, não entendem a burocracia e querem, sempre que possível, tornar as coisas mais simples.

As pessoas dessa geração priorizam a linguagem visual, mais fácil de se entender, o que tem estimulado as marcas a se adequarem a essas novas exigências, criando soluções para atendê-los.

A Geração Z vai exigir uma nova abordagem de comunicação das marcas. Com um cenário que está pronto para receber novas propostas criativas, as empresas terão de monitorar de perto quais formatos a Geração Z e outros consumidores acham maçantes e intrusivas, especialmente na sua tela principal: o celular. Juntamente com este novo formato de conteúdo, os anunciantes também deverão entregar uma experiência de marca uniforme em todos os pontos de contato. A Geração Z cresceu em um mundo conectado, e não tem paciência para modelos online e offline que não se integram, e que são mais antigos do que eles próprios — este público não irá se adaptar. (Garré, citado por Go2Web, 2022)

A Geração Z exige praticidade. Diante de tal característica, nasceu o bordão que indica que, se uma empresa não está na internet, ela não existe.

Esse pensamento ensejou uma mudança de comportamento das empresas para se adequarem aos novos negócios e atualmente já se fala de entregas com *drones* (It Forum, 2020).

Diante da necessidade dessa geração de buscar o que quer na internet, surge também a necessidade de as empresas investirem nas tecnologias emergentes, de modo a: apresentar seu produto ou sua marca; e fidelizar esses clientes.

Os meios de pagamento eletrônico são, portanto, para essa nova geração, uma forma de viver os anseios de sua época, com mais praticidade e sem barreiras na hora de comprar. As tecnologias que estudamos neste capítulo e as novas formas de pagamento que surgirão com a inovação certamente serão primariamente utilizadas pela Geração Z e consequentemente ganharão as demais gerações, dada sua rápida influência.

Ao longo deste escrito, expusemos temas relacionados à tecnologia aplicada a transações bancárias.

Incialmente, fizemos uma retomada histórica da criação da internet e de como especialistas e diferentes agentes se dedicaram a desenvolver medidas de segurança para proteger a informação armazenada, fosse ela de natureza particular, empresarial ou de interesse público.

Na sequência, comentamos diferentes formas de ataque, sequestro e eliminação da informação como práticas criminosas. Expusemos os princípios tecnológicos e o tratamento jurídico dado a esses crimes em diferentes partes do mundo.

Na parte final de nossa exposição, dedicamo-nos a tratar mais especificamente da moeda em suas diferentes materializações até o contexto atual. Nesse momento, voltamos nossa atenção ao espectro de influência das criptomoedas, destacando os crimes que podem estar relacionados a operações que envolvem tais tecnologias.

Seguimos, então, para a apresentação do cenário dos pagamentos eletrônicos, especificando como o sistema financeiro opera essa modalidade de transação e estimula inovações, sempre estando atento às tendências internacionais e às demandas dos usuários.

Esperamos que o apanhado que aqui apresentamos consista em um material de base para a continuação de seus estudos e que você, leitor(a), não perca de vista a necessidade de sempre se atualizar tanto com relação às inovações tecnológicas nesse meio quanto no que concerne ao entendimento de doutrinadores do Direito e da jurisprudência que vem atuando de forma positiva ou reativa às mudanças sociais decorrentes dos avanços tecnológicos.

referências

ABF – Associação Brasileira de Franchising. **Cartilha sobre a Lei Geral de Proteção de Dados para Associados ABF**. 2020. Disponível em: <https://www.abf.com.br/wp-content/uploads/2020/12/ABF_LGPD_CartilhaLGPD_V02_PG_14122020.pdf>. Acesso em: 8 jun. 2022.

ABNT – Associação Brasileira de Normas Técnicas. **NBR ISO/IEC 27005:2018**: tecnologia da informação: técnicas de segurança: gestão de riscos da segurança da informação. Rio de Janeiro, 2018.

ABNT – Associação Brasileira de Normas Técnicas. **NBR ISO/IEC 27002:2013**: tecnologia da informação: técnicas de segurança: Código de Prática para controles de segurança da informação. Rio de Janeiro, 2013.

ADOLESCENTE que fez ataques racistas à filha de Gagliasso vai cumprir liberdade assistida, dia advogada. **G1 São Paulo**, 12 abr. 2018. Disponível em: <https://g1.globo.com/sp/sao-paulo/noticia/adolescente-que-fez-ataques-racistas-a-filha-de-gagliasso-vai-cumprir-liberdade-assistida-diz-advogado.ghtml>. Acesso em: 10 jun. 2022.

ADYEN. **Carteiras digitais**: o que são, como funcionam e que vantagens trazem. 27 nov. 2019. Disponível em: <https://www.adyen.com/pt_BR/blog/carteiras-digitais-o-que-sao-como-funcionam-e-que-vantagens-trazem>. Acesso em: 17 jun. 2022.

ADYEN. **Infográfico**: como as pessoas pagam ao redor do mundo? 21 fev. 2018. Disponível em: <https://www.adyen.com/pt_BR/dam/jcr:56aadfa7-4949-47e2-acd6-25034378d1e4/VID-2275%2520Infographic%2520-%2520Global%2520Payment%2520Methods%2520BR.pdf>. Acesso em: 17 jun. 2022.

AGÊNCIA SEBRAE DE NOTÍCIAS. **Marketing multinível é um bom negócio?** 19 abr. 2017. Disponível em: <https://revistapegn.globo.com/Negocios/noticia/2017/04/marketing-multinivel-e-um-bom-negocio.html>. Acesso em: 16 jun. 2022.

ALGO SOBRE. **História do computador e da Internet**. 2006. Disponível em: <https://www.algosobre.com.br/informatica/historia-do-computador-e-da-internet.html>. Acesso em: 8 jun. 2022.

AMADO, A. M. Limites monetários ao crescimento: Keynes e a não neutralidade da moeda. **Ensaios FEE**, Porto Alegre, v. 21, n. 1, p. 44-81, 2000. Disponível em: <https://revistas.planejamento.rs.gov.br/index.php/ensaios/article/download/1960/2339>. Acesso em: 15 jun. 2022.

AMARO, L. Bitcoin é considerado dinheiro pelo tribunal federal dos EUA. **CriptoFácil**, 27 set. 2020a. Disponível em: <https://www.criptofacil.com/Bitcoin-considerado--dinheiro-pelo-tribunal-federal-dos-eua>. Acesso em: 16 jun. 2022.

AMARO, L. Mulher vende terreno de R$ 80 mil, recebe em Kriptacoin e pode ser despejada. **CriptoFácil**, 2 abr. 2020b. Disponível em: <https://www.criptofacil.com/mulher-vende-terreno-r-80-mil-recebe-kriptacoin-pode-ser-despejada>. Acesso em: 16 jun. 2022.

ANDRADE, M. D. de. Tratamento jurídico das criptomoedas: a dinâmica dos Bitcoins e o crime de lavagem de dinheiro. **Rev. Bras. Polít. Públicas**, Brasília, v. 7, n. 3, 2017.

ANGOTI, M.; OTHON, G.; PADALINO, V. As moedas e cartões do futuro. **Boletim de Inovação e Sustentabilidade**, São Paulo, v. 2, p. 1-35, 2018. Disponível em: <https://www.pucsp.br/sites/default/files/download/bisus2018-vol2-as-moedas-e-cartoes-verdes.pdf>. Acesso em: 14 jun. 2022.

ANTUNES, T. D. **Bitcoin**: possibilidade jurídica de aplicação por fundos de investimento e de constrição judicial. 34 f. Artigo científico (Pós-Graduação em Direito ao Programa de LL. C. em Direito Empresarial) – Instituto de Ensino e Pesquisa, São Paulo, 2018.

ARBULU, R. Essas serão as principais ameaças cibernéticas em 2020, segundo a Kapersky. **CanalTech**, 9 dez. 2019. Disponível em: <https://canaltech.com.br/seguranca/essas-serao-as-principais-ameacas-ciberneticas-em-2020-segundo-a-kaspersky-157339>. Acesso em: 13 jun. 2022.

ARTIMOVICH, D. **Online Payment Solution**: the Evolution of Visa and Mastercard. Publicação independente, 2019.

AUSTRALIA GOVERNMENT. Federal Register of Legislation. **Cybercrime Act 2001**. 2001. Disponível em: <https://www.legislation.gov.au/Details/C2004A00937>. Acesso em: 13 jun. 2022.

BARBASCHOW, A. New Zealand to refresh cybersecurity strategy. **ZDNet**, 13 abr. 2018. Disponível em: <https://www.zdnet.com/article/new-zealand-to-refresh-cybersecurity-strategy>. Acesso em: 13 jun. 2022.

BARROS, A. P. de. Gestão de risco. In: CABRAL, C.; CAPRINO, W. (Org.). **Trilhas em segurança da informação**: caminhos e ideias para a proteção de dados. Rio de Janeiro: Brasport, 2015.

BASSOTTO, L. P2P ou "peer-to-peer": como funciona uma rede sem intermediários? **CoinTimes**, 1º ago. 2018. Disponível em: <https://cointimes.com.br/p2p-ou-peer-to-peer-como-funciona>. Acesso em: 14 jun. 2021.

BASTIANI, A. O que é e como funciona o proof of work? **CriptoFácil**, 5 dez. 2019. Disponível em: <https://www.criptofacil.com/o-que-e-e-como-funciona-o-proof-of-work>. Acesso em: 16 jun. 2022.

BECHARA, F. R.; FLORES, D. M. Crimes cibernéticos: qual é o lugar do crime para fins de aplicação da pena e determinação da competência jurisdicional? **Revista Direito Mackenzie**, v. 13, n. 2, p. 1-21, 2019. Disponível em: <http://editorarevistas. mackenzie.br/index.php/rmd/article/view/13357/10572>. Acesso em: 13 jun. 2022.

BENNET, J. 23 Amazin Statistics on Internet and Social Media in 2020. **WizCase**, 1 jun. 2020. Disponível em: <https://www.wizcase.com/blog/stats-on-internet-social-media-and-digital-trends>. Acesso em: 8 jun.Pedroso, 2022.

BCB – Banco Central do Brasil. **Arranjos de pagamentos integrantes do SPB**. Disponível em: <https://www.bcb.gov.br/estabilidadefinanceira/arranjospagamento>. Acesso em: 17 jun. 2022a.

BCB – Banco Central do Brasil. **Arranjos de pagamentos integrantes do SPB**. Disponível em: <https://www.bcb.gov.br/estabilidadefinanceira/arranjosintegrantesspb>. Acesso em: 4 abr. 2022b.

BCB – Banco Central do Brasil. **Banco Central do Brasil**: fique por dentro. 4. ed. Brasília: BCB, 2008. Disponível em: <https://www.abscm.com.br/uploads/publicacoes/Banco%20Central%20do%20Brasil_Fique%20por%20dentro.pdf>. Acesso em: 14 jun. 2022.

BCB – Banco Central do Brasil. Circular n. 3.100, de 28 de março de 2002. **Diário Oficial da União**, Brasília, 29 mar. 2002. Disponível em: < https://www.bcb.gov.br/pre/normativos/circ/2002/pdf/circ_3100_v5_l.pdf>. Acesso em: 17 jun. 2022.

BCB – Banco Central do Brasil. Circular n. 3.682, de 4 de novembro de 2013. **Diário Oficial da União**, Brasília, nov. 2013a. Disponível em: <https://www.bcb.gov.br/pre/normativos/circ/2013/pdf/circ_3682_v2_L.pdf>. Acesso em: 15 jun. 2022.

BCB – Banco Central do Brasil. Circular n. 3.765, de 25 de setembro de 2015. **Diário Oficial da União**, Brasília, 28 set. 2015. Disponível em: <https://www.legisweb.com.br/legislacao/?id=303826>. Acesso em: 16 jun. 2022.

BCB – Banco Central do Brasil. Circular n. 3.886, de 26 de março de 2018. **Diário Oficial da União**, Brasília, mar. 2018a. Disponível em: <https://www.bcb.gov.br/pre/normativos/busca/downloadNormativo.asp?arquivo=/Lists/Normativos/Attachments/50555/Circ_3886_v1_O.pdf>. Acesso em: 17 jun. 2022.

BCB – Banco Central do Brasil. Circular n. 3.978, de 23 de janeiro de 2020. **Diário Oficial da União**, Brasília, 24 jan. 2020a. Disponível em: < https://www.bcb.gov.br/pre/normativos/busca/downloadNormativo.asp?arquivo=/Lists/Normativos/Attachments/50905/Circ_3978_v1_O.pdf>. Acesso em: 16 jun. 2022.

BCB – Banco Central do Brasil. Circular n. 3.985, de 18 de fevereiro de 2020. **Diário Oficial da União**, Brasília, 19 fev. 2020b. Disponível em: <https://www.in.gov.br/en/web/dou/-/circular-n-3.985-de-18-de-fevereiro-de-2020-244044159>. Acesso em: 16 jun. 2022.

BCB – Banco Central do Brasil. Comunicado n. 25.306, de 19 de fevereiro de 2014. **Diário Oficial da União**, Brasília, fev. 2014. Disponível em: <https://www.bcb.gov.br/estabilidadefinanceira/exibenormativo?tipo=Comunicado&numero=25306>. Acesso em: 16 jun. 2022.

BCB – Banco Central do Brasil. **Dinheiro no Brasil**. 2. ed. Brasília: BCB, 2004a. Disponível em: <https://www.bcb.gov.br/content/acessoinformacao/museudocs/pub/Cartilha_Dinheiro_no_Brasil.pdf>. Acesso em: 14 jun. 2022.

BCB – Banco Central do Brasil. **Infraestruturas do mercado financeiro**. Disponível em: <https://www.bcb.gov.br/estabilidadefinanceira/infraestruturamercado>. Acesso em: 14 jun. 2022c.

BCB – Banco Central do Brasil. **O que é PIX?** Disponível em: <https://www.bcb.gov.br/estabilidadefinanceira/pix>. Acesso em: 15 jun. 2022d.

BCB – Banco Central do Brasil. **Perguntas e respostas**: cartão de crédito e crédito rotativo. 2020c. Disponível em: <https://www.bcb.gov.br/acessoinformacao/perguntasfrequentes-respostas/faq_cartao>. Acesso em: 17 jun. 2022.

BCB – Banco Central do Brasil. Portaria n. 102.166, de 19 de março de 2019. **Diário Oficial da União**, Brasília, 20 mar. 2019a. Disponível em: <https://www.in.gov.br/materia/-/asset_publisher/Kujrw0TZC2Mb/content/id/67765121/do2-2019-03-20-portaria-n-102-166-de-19-de-marco-de-2019-67764964>. Acesso em: 16 jun. 2022.

BCB – Banco Central do Brasil. **Prevenção à lavagem de dinheiro e ao financiamento do terrorismo**. Disponível em: <https://www.bcb.gov.br/estabilidadefinanceira/lavagemdinheiro>. Acesso em: 16 jun. 2022e.

BCB – Banco Central do Brasil. **Relatório de Cidadania Financeira**: 2018. Brasília, 2018b. Disponível em: <https://www.bcb.gov.br/content/cidadaniafinanceira/documentos_cidadania/RIF/Relatorio%20Cidadania%20Financeira_BCB_16jan_2019.pdf>. Acesso em: 16 jun. 2022.

BCB – Banco Central do Brasil. **Relatório Integrado do Banco Central**: RIG 2019. Brasília, 2019c. Disponível em: <https://www.bcb.gov.br/publicacoes/rig-nossosresultados>. Acesso em: 14 jun. 2022.

BCB – Banco Central do Brasil. Resolução n. 2.882, de 30 de agosto de 2001. **Diário Oficial da União**, Brasília, ago. 2001. Disponível em: <https://www.bcb.gov.br/pre/normativos/res/2001/pdf/res_2882_v2_L.pdf>. Acesso em: 14 jun. 2022.

BCB – Banco Central do Brasil. Resolução n. 4.282, de 4 de novembro de 2013. **Diário Oficial da União**, Brasília, 6 nov. 2013b. Disponível em: <https://normativos.bcb.gov.br/Lists/Normativos/Attachments/48841/Res_4282_v1_O.pdf>. Acesso em: 16 jun. 2022.

BCB – Banco Central do Brasil. Resolução n. 4.283, de 4 de novembro de 2013. **Diário Oficial da União**, Brasília, 6 nov. 2013c. Disponível em: <https://normativos.bcb.gov.br/Lists/Normativos/Attachments/48840/Res_4283_v1_O.pdf >. Acesso em: 17 jun. 2022.

BCB – Banco Central do Brasil. Resolução Conjunta BCB/CMN n. 1, de 4 de maio de 2020. **Diário Oficial da União**, Brasília, 5 maio 2020d. Disponível em: <https://www.in.gov.br/en/web/dou/-/resolucao-conjunta-n-1-de-4-de-maio-de-2020-255165055>. Acesso em: 16 jun. 2022.

BCB – Banco Central do Brasil. **Sistema de Pagamentos Brasileiro (SPB)**. Disponível em: <https://www.bcb.gov.br/estabilidadefinanceira/spb>. Acesso em: 14 jun. 2022f.

BCB – Banco Central do Brasil. **Sistema de Pagamentos Instantâneos (SPI)**. Disponível em: <https://www.bcb.gov.br/estabilidadefinanceira/sistemapagamentosinstantaneos>. Acesso em: 15 jun. 2022g.

BCB – Banco Central do Brasil. **Sistema de Transferência de Reservas (STR).** Disponível em: <https://www.bcb.gov.br/estabilidadefinanceira/str>. Acesso em: 15 jun. 2022h.

BCB – Banco Central do Brasil. **Sistema de Transferência de Reservas**: relatório anual 2019. Brasília, 2019b. Disponível em: <https://www.bcb.gov.br/content/estabilidadefinanceira/str/relatorios_STR/Relat%C3%B3rio%20Anual%20do%20STR%20-%202019.pdf>. Acesso em: 17 jun. 2022.

BCB – Banco Central do Brasil. **Sistema Especial de Liquidação e de Custódia (Selic).** Disponível em: <https://www.bcb.gov.br/estabilidadefinanceira/sistemaselic>. Acesso em: 17 jun. 2022i.

BCB – Banco Central do Brasil. **Sistema Especial de Liquidação e de Custódia (Selic):** documentação – manuais do usuário. Disponível em: <https://www.bcb.gov.br/estabilidadefinanceira/selicmanuais>. Acesso em: 16 jun. 2022j.

BCB – Banco Central do Brasil. Departamento de Operações Bancárias e de Sistemas de Pagamentos. Divisão de Sistemas de Pagamentos. **Diagnóstico do sistema de pagamentos de varejo do Brasil.** Disponível em: <https://www.bcb.gov.br/content/estabilidadefinanceira/Publicacoes_SPB/Diagnostico%20do%20Sistema%20de%20Pagamentos%20de%20Varejo%20no%20Brasil.pdf>. Acesso em: 17 jun. 2022k.

BCB – Banco Central do Brasil. Departamento de Operações Bancárias e de Sistema de Pagamento. **Serviços de pagamento eletrônico no Brasil:** ações recentes do BCB. Disponível em: <https://www.bcb.gov.br/nor/relcidfin/docs/art3_servicos_pagamento_eletronico_no_brasil.pdf>. Acesso em: 16 jun. 2022l.

BCB – Banco Central do Brasil. Departamento de Operações Bancárias e de Sistema de Pagamento. **Sistema de Pagamentos Brasileiro.** Brasília, dez 2004b. Disponível em: <https://epge.fgv.br/we/Graduacao/EconomiaMonetariaFinanceira/2007?action=AttachFile&do=get&target=EMF2_Anexo3.pdf>. Acesso em: 15 jun. 2022.

BCB – Banco Central do Brasil. **Pagamentos instantâneos:** especificações técnicas e de negócio do ecossistema de pagamentos instantâneos brasileiros – versão 3.0. Disponível em: <https://www.bcb.gov.br/content/estabilidadefinanceira/forumpireunioes/Especifica%C3%A7%C3%B5esPI_vers%C3%A3o3.0.pdf>. Acesso em: 15 jun. 2022m.

BCB – Banco Central do Brasil. Secretaria de Acompanhamento Econômico. Ministério da Fazenda. Secretaria de Direito Econômico – Ministério da Justiça. **Relatório sobre a indústria dos cartões de pagamentos.** Disponível em: <https://www.bcb.gov.br/content/estabilidadefinanceira/Documents/sistema_pagamentos_brasileiro/Publicacoes_SPB/Relatorio_Cartoes.pdf>. Acesso em: 17 jun. 2022n.

BCI – Banco de Compensações Internacionais. Comitê de Sistemas de Pagamento e de Liquidação. **Princípios fundamentais para sistemas de pagamento sistematicamente importantes.** Tradução de Jorge R. Carvalheira. Basileia, Suíça, 2001. Disponível em: <https://www.bcb.gov.br/htms/novaPaginaSPB/Principios_Fundamentais_ Sistemas_Pagamentos_Sistemicamente_Importantes.pdf>. Acesso em: 16 jun. 2022.

BITNODES. **Reachable Bitcoin Nodes.** 12 abr. 2022. Disponível em: <https:// bitnodes.io/>. Acesso em: 12 abr. 2022.

BLOCKCHAIN. **Bitcoin.** Disponível em: <https://www.blockchain.com/ explorer?utm_campaign=dcomnav_explorer>. Acesso em: 11 abr. 2022a.

BLOCKCHAIN. **Transações.** Disponível em: <https://www.blockchain.com/btc/ad dress/1CvjihU9gsRkQUYvemHQy5JKj7fs3Hb3mZ>. Acesso em: 11 abr. 2022b.

BOGOSSIAN, P. **Os dois lados da indústria de cartões:** uma análise concorrencial. 44 f. Trabalho de Conclusão de Curso (Bacharelado em Ciências Econômicas) – Universidade de Brasília, Brasília, 2016.

BORGES, L. T.; OLIVEIRA, P.; PEDROSO, E. **Youtube.** 2016. Disponível em: <http:// web.tecnico.ulisboa.pt/~ist178552/wordpress/introducao>. Acesso em: 20 jun. 2021.

BORTOT, J. F. Crimes cibernéticos: aspectos legislativos e implicações na persecução penal com base nas legislações brasileira e internacional. **VirtuaJus**, Belo Horizonte, v. 2, n. 2, p. 338-62, 2017. Disponível em: <http://periodicos.pucminas.br/index.php/ virtuajus/article/view/15745/15745-56007-1>. Acesso em: 13 jun. 2022.

BRASIL ATINGE 210 milhões de habitantes, diz IBGE. **G1**, 28 ago. 2019. Economia. Disponível em: <https://g1.globo.com/economia/noticia/2019/08/28/brasil-atinge-210-milhoes-de-habitantes-diz-ibge.ghtml>. Acesso em: 8 jun. 2022.

BRASIL JÁ teve mais de 1000 ataques cibernéticos às redes do governo em 2020. **Convergência Digital**, 9 mar. 2020. Disponível em: <https://www.convergenciadigital. com.br/cgi/cgilua.exe/sys/start.htm?UserActiveTemplate=site&infoid=53019&s id=18>. Acesso em: 10 jun. 2022.

BRASIL. Constituição (1988). **Diário Oficial da União**, Brasília, Poder Legislativo, DF, 5 out. 1988. Disponível em: <http://www.planalto.gov.br/ccivil_03/constituicao/ constituicao.htm>. Acesso em: 9 jun. 2022.

BRASIL. Decreto-Lei n. 2.848, de 7 de setembro de 1940. **Diário Oficial da União**, Poder Executivo, Rio de Janeiro, 31 dez. 1940. Disponível em: <http://www.planalto. gov.br/ccivil_03/decreto-lei/del2848compilado.htm>. Acesso em: 13 jun. 2022.

BRASIL. Decreto-Lei n. 3.689, de 3 de outubro de 1941. **Diário Oficial da União**, Poder Executivo, Rio de Janeiro, 13 out. 1941. Disponível em: <http://www.planalto. gov.br/ccivil_03/decreto-lei/del3689compilado.htm>. Acesso em: 14 jun. 2022.

BRASIL. Lei n. 1.521, de 26 de dezembro de 1951. **Diário Oficial da União**, Poder Executivo, Rio de Janeiro, 27 dez. 1951. Disponível em: <http://www.planalto.gov. br/ccivil_03/leis/l1521.htm>. Acesso em: 16 jun. 2022.

BRASIL. Lei n. 4.595, de 31 de dezembro de 1964. **Diário Oficial da União**, Poder Executivo, Rio de Janeiro, 31 dez. 1964. Disponível em: <http://www.planalto.gov. br/ccivil_03/leis/l4595.htm>. Acesso em: 14 jun. 2022.

BRASIL. Lei n. 7.716, de 5 de janeiro de 1989. **Diário Oficial da União**, Poder Legislativo, Brasília, 5 jan. 1989. Disponível em: <http://www.planalto.gov.br/ccivil_03/leis/l7716.htm>. Acesso em: 13 jun. 2022.

BRASIL. Lei n. 8.069, de 13 de julho de 1990. **Diário Oficial da União**, Poder Legislativo, Brasília, 17 jul. 1990a. Disponível em: <http://www.planalto.gov.br/ccivil_03/leis/l8069.htm>. Acesso em: 13 jun. 2022.

BRASIL. Lei n. 8.078, de 11 de setembro de 1990. **Diário Oficial da União**, Poder Legislativo, Brasília, 12 set. 1990b. Disponível em: <http://www.planalto.gov.br/ccivil_03/leis/l8078compilado.htm>. Acesso em: 16 jun. 2022.

BRASIL. Lei n. 9.279, de 14 de maio de 1996. **Diário Oficial da União**, Poder Executivo, Brasília, 15 maio 1996a. Disponível em: <https://www.planalto.gov.br/ccivil_03/leis/l9279.htm>. Acesso em: 13 jun. 2022.

BRASIL. Lei n. 9.296, de 24 de julho de 1996. **Diário Oficial da União**, Poder Executivo, Brasília, 25 julho 1996b. Disponível em: <http://www.planalto.gov.br/ccivil_03/leis/l9296.htm>. Acesso em: 13 jun. 2022.BRASIL. Lei n. 9.609, de 19 de fevereiro de 1998. **Diário Oficial da União**, Poder Executivo, Brasília, 19 fev. 1998a. Disponível em: <planalto.gov.br/ccivil_03/leis/l9609.htm>. Acesso em: 13 jun. 2022.

BRASIL. Lei n. 9.609, de 19 de fevereiro de 1998. **Diário Oficial da União**, Poder Executivo, Brasília, 19 fev. 1998a. Disponível em: <planalto.gov.br/ccivil_03/leis/l9609.htm>. Acesso em: 13 jun. 2022.

BRASIL. Lei n. 9.613, de 3 de março de 1998. **Diário Oficial da União**, Poder Legislativo, Brasília, 4 mar. 1998b. Disponível em: <http://www.planalto.gov.br/ccivil_03/leis/l9613.htm>. Acesso em: 13 jun. 2022.

BRASIL. Lei n. 9.983, de 14 de julho de 2000. **Diário Oficial da União**, Poder Executivo, Brasília, 17 jul. 2000. Disponível em: <http://www.planalto.gov.br/ccivil_03/leis/l9983.htm>. Acesso em: 13 jun. 2022.

BRASIL. Lei n. 10.214, de 27 de março de 2001. **Diário Oficial da União**, Poder Executivo, Brasília, 27 mar. 2001a. Disponível em: <http://www.planalto.gov.br/ccivil_03/leis/leis_2001/l10214.htm>. Acesso em: 14 jun. 2022.

BRASIL. Lei n. 10.406, de 10 de janeiro de 2002. **Diário Oficial da União**, Poder Legislativo, Brasília, 11 jan. 2002. Disponível em: <http://www.planalto.gov.br/ccivil_03/leis/2002/L10406compilada.htm>. Acesso em: 13 jun. 2022.

BRASIL Lei n. 11.829, de 25 de novembro de 2008. **Diário Oficial da União**, Poder Legislativo, Brasília, 26 nov. 2008. Disponível em: <http://www.planalto.gov.br/ccivil_03/_ato2007-2010/2008/lei/l11829.htm>. Acesso em: 13 jun. 2022.

BRASIL. Lei 12.683, de 9 de julho de 2012. **Diário Oficial da União**, Poder Legislativo, Brasília, 10 jul. 2012a. Disponível em: <http://www.planalto.gov.br/ccivil_03/_ato2011-2014/2012/lei/l12683.htm>. Acesso em: 16 jun. 2022.

BRASIL. Lei n. 12.735, de 30 de novembro de 2012. **Diário Oficial da União**, Poder Legislativo, Brasília, 3 dez. 2012b. Disponível em: <http://www.planalto.gov.br/ccivil_03/_ato2011-2014/2012/lei/l12735.htm>. Acesso em: 10 jun. 2022.

BRASIL. Lei n. 12.737, de 30 de novembro de 2012. **Diário Oficial da União**, Poder Legislativo, Brasília, 3 dez. 2012c. Disponível em: <http://www.planalto.gov.br/ccivil_03/_ato2011-2014/2012/lei/l12737.htm>. Acesso em: 10 jun. 2022.

BRASIL. Lei n. 12.865, de 9 de outubro de 2013. **Diário Oficial da União**, Poder Executivo, Brasília, 3 dez. 2013a. Disponível em: <http://www.planalto.gov.br/ccivil_03/_ato2011-2014/2013/lei/l12865.htm>. Acesso em: 15 jun. 2022.

BRASIL. Lei n. 12.965, de 23 de abril de 2014. **Diário Oficial da União**, Poder Legislativo, Brasília, 24 abr. 2014. Disponível em: <http://www.planalto.gov.br/ccivil_03/_ato2011-2014/2014/lei/l12965.htm>. Acesso em: 10 jun. 2022.

BRASIL. Lei n. 13.105, de 16 de março de 2015. **Diário Oficial da União**, Poder Legislativo, Brasília, 17 mar. 2015. Disponível em: <http://www.planalto.gov.br/ccivil_03/_ato2015-2018/2015/lei/l13105.htm>. Acesso em: 14 jun. 2022.

BRASIL. Lei n. 13.709, de 14 de agosto de 2018. **Diário Oficial da União**, Poder Executivo, Brasília, 15 ago. 2018a. Disponível em: <http://www.planalto.gov.br/ccivil_03/_ato2015-2018/2018/lei/l13709.htm>. Acesso em: 9 jun. 2022.

BRASIL. Lei n. 13.718, de 24 de setembro de 2018. **Diário Oficial da União**, Poder Executivo, Brasília, 25 set. 2018b. Disponível em: <http://www.planalto.gov.br/ccivil_03/_Ato2015-2018/2018/Lei/L13718.htm#art1>. Acesso em: 13 jun. 2022.

BRASIL. Lei 13.974, de 7 de janeiro de 2020. **Diário Oficial da União**, Poder Executivo, Brasília, 8 jan. 2020. Disponível em: < http://www.planalto.gov.br/ccivil_03/_ato2019-2022/2020/lei/l13974.htm#:~:text=1%C2%BA%20Esta%20Lei%20reestrutura%20o,ao%20Banco%20Central%20do%20Brasil.>. Acesso em: 16 jun. 2022.

BRASIL. Lei n. 14.155, de 27 de maio de 2021. **Diário Oficial da União**, Poder Legislativo, Brasília, 28 maio 2021. Disponível em: <http://www.planalto.gov.br/ccivil_03/_Ato2019-2022/2021/Lei/L14155.htm#art1>. Acesso em: 13 jun. 2022.

BRASIL. Medida Provisória n. 615, de 19 de maio de 2013. **Diário Oficial da União**, Poder Executivo, Brasília, 20 maio 2013b. Disponível em: <http://www.planalto.gov.br/ccivil_03/_ato2011-2014/2013/Mpv/mpv615.htm>. Acesso em: 17 jun. 2022.

BRASIL. Medida Provisória n. 2.200-2, de 24 de agosto de 2001. **Diário Oficial da União**, Poder Executivo, Brasília, 27 ago 2001b. Disponível em: <http://www.planalto.gov.br/ccivil_03/mpv/antigas_2001/2200-2.htm>. Acesso em: 14 jun. 2022.

BRASIL. Ministério da Economia. Secretaria Especial da Fazenda. **Prevenção à lavagem de dinheiro e combate ao financiamento do terrorismo**. Disponível em: <https://www.gov.br/fazenda/pt-br/assuntos/prevencao-lavagem-dinheiro>. Acesso em: 16 jun. 2022a.

BRASIL. Ministério da Fazenda. Secretaria da Receita Federal do Brasil. **Consulta Pública n. 06, de 30 de outubro de 2018**. Brasília, 2018c. Disponível em: <https://www.gov.br/receitafederal/pt-br/acesso-a-informacao/participacao-social/consulta-publica/arquivos-e-imagens/consulta-publica-rfb-no-06-2018.pdf>. Acesso em: 16 jun. 2022.

BRASIL. Ministério da Fazenda. Secretaria da Receita Federal do Brasil. **Imposto sobre a renda da pessoa física**: perguntas e respostas – IRPF – 2016. Brasília, 2016a. Disponível em: <http://receita.economia.gov.br/interface/cidadao/irpf/2016/perguntao/irpf2016perguntao.pdf/view>. Acesso em: 16 mar. 2021.

BRASIL. Ministério da Fazenda. Secretaria da Receita Federal do Brasil. Instrução Normativa n. 1.888, de 3 de maio de 2019. **Diário Oficial da União**, Brasília, 7 maio 2019a. Disponível em: <http://normas.receita.fazenda.gov.br/sijut2consulta/link.action?visao=anotado&idAto=100592>. Acesso em: 13 jun. 2022.

BRASIL. Ministério da Justiça e Segurança Pública. Conselho Administrativo de Defesa Econômica. **Cadernos do Cade**: mercado de instrumentos de pagamento. Brasília, out. 2019b. Disponível em: <https://cdn.cade.gov.br/Portal/centrais-de-conteudo/publicacoes/estudos-economicos/cadernos-do-cade/mercado-de-instrumentos-de-pagamento-2019.pdf>. Acesso em: 17 jun. 2021.

BRASIL. Ministério da Mulher, da Família e dos Direitos Humanos. **#Podeparar**: mulheres são principal alvo da pornografia de vingança. 29 nov. 2016b. Disponível em: <https://www.gov.br/mdh/pt-br/noticias-spm/noticias/mulheres-sao-principal-alvo-da-pornografia-de-vinganca>. Acesso em: 13 jun. 2022.

BRASIL. Ministério das Relações Exteriores. **Nota à imprensa n. 309/2019**: processo de adesão à Convenção de Budapeste – Nota Conjunta do Ministério das Relações Exteriores e do Ministério da Justiça e Segurança Pública. 11 dez. 2019c. Disponível em: <https://www.gov.br/mre/pt-br/canais_atendimento/imprensa/notas-a-imprensa/2019/processo-de-adesao-a-convencao-de-budapeste-nota-conjunta-do-ministerio-das-relacoes-exteriores-e-do-ministerio-da-justica-e-seguranca-publica>. Acesso em: 13 jun. 2022.

BRASIL. Superior Tribunal de Justiça. Agravo Regimental no Recurso em Habeas Corpus n. 92.801/SC. Rel. Min. Humberto Martins. **Diário da Justiça**, 28 maio 2018d. Disponível em: <https://stj.jusbrasil.com.br/jurisprudencia/583856149/re-no-agrg-no-recurso-em-habeas-corpus-re-no-agrg-no-rhc-92801-sc-2017-0322640-7/decisao-monocratica-583856168>. Acesso em: 14 jun. 2022.

BRASIL. Superior Tribunal de Justiça. Conflito de Competência n. 29.886/SP. Rel. Min. Maria Thereza de Assis Moura. **Diário da Justiça**, 1º fev. 2007. Disponível em: <https://stj.jusbrasil.com.br/jurisprudencia/4406/conflito-de-competencia-cc-29886>. Acesso em: 14 jun. 2022.

BRASIL. Superior Tribunal de Justiça. Conflito de Competência n. 145.576/MA. Rel. Min. Joel Ilan Paciornik. **Diário da Justiça**, 20 abr. 2016c. Disponível em: <https://ww2.stj.jus.br/processo/revista/documento/mediado/?componente=ITA&sequencial=1503783&num_registro=201600556041&data=20160420&formato=PDF>. Acesso em: 13 jun. 2022.

BRASIL. Superior Tribunal de Justiça. Conflito de Competência n. 161.123/SP. Rel. Min. Sebastião Reis Júnior. **Diário da Justiça**, 5 dez. 2018e. Disponível em: <https://stj.jusbrasil.com.br/jurisprudencia/661801952/conflito-de-competencia-cc-161123-sp-2018-0248430-4/inteiro-teor-661801962>. Acesso em: 13 jun. 2022.

BRASIL. Superior Tribunal de Justiça. Agravo Interno no Recurso Especial n. 1.278.178/MG. Rel. Min. Luis Felipe Salomão. **Diário da Justiça**, 23 maio 2017a. Disponível em: <https://stj.jusbrasil.com.br/jurisprudencia/21080334/recurso-especial-resp-1256703-sp-2011-0079715-6-stj/inteiro-teor-21080335#>. Acesso em: 4 abr. 2022.

BRASIL. Superior Tribunal de Justiça. Recurso Especial n. 1.381.603/MS. Rel. Min. Luis Felipe Salomão. **Diário da Justiça**, 27 set. 2011. Disponível em: <https://stj.jusbrasil.com.br/jurisprudencia/661801952/conflito-de-competencia-cc-161123-sp-2018-0248430-4/inteiro-teor-661801962>. Acesso em: 14 jun. 2022.

BRASIL. Superior Tribunal de Justiça. Recurso Especial n. 1.679.465/SP. Rel. Min. Nancy Andrighi. **Diário da Justiça**, 19 mar. 2018f. Disponível em: <https://stj.jusbrasil.com.br/jurisprudencia/661801952/conflito-de-competencia-cc-161123-sp-2018-0248430-4/inteiro-teor-661801962>. Acesso em: 13 jun. 2022.

BRASIL. Superior Tribunal de Justiça. **Súmulas do Superior Tribunal de Justiça**. Disponível em: <https://www.stj.jus.br/docs_internet/jurisprudencia/tematica/download/SU/Verbetes/VerbetesSTJ.pdf>. Acesso em: 16 jun. 2022b.

BRASIL. Supremo Tribunal Federal. Agravo Regimental no Recurso Extraordinário n. 983.531/DF. Rel. Min. Roberto Barroso. **Diário da Justiça**, Brasília, DF, 1º set. 2017b. Disponível em: <https://redir.stf.jus.br/paginadorpub/paginador.jsp?docTP=TP&docID=13501521>. Acesso em: 13 jun. 2022.

BRASIL. Supremo Tribunal Federal. Habeas Corpus n. 76.689/PB. Rel. Min. Sepúlveda Pertence. **Diário da Justiça**, Brasília, DF, 6 nov. 1998c. Disponível em: <https://stf.jus.br/portal/inteiroTeor/obterInteiroTeor.asp?numero=76689&classe=HC>. Acesso em: 10 jun. 2022.

BRASIL. Tesouro Nacional Transparente. **Descubra**. Disponível em: <https://www.tesourotransparente.gov.br/dec/descubra>. Acesso em: 17 jun. 2022c.

BRASIL. Tribunal Superior do Trabalho. Recurso de Revista n. 118-55.2013.5.09.0127. Rel. Min. Kátia Magalhães Arruda. **Diário da Justiça**, Brasília, 15 dez. 2017c. Disponível em: <https://tst.jusbrasil.com.br/jurisprudencia/864151329/recurso-de-revista-rr-1185520135090127/inteiro-teor-864151349?ref=juris-tabs>. Acesso em: 13 jun. 2022.

BRIZOLA, F. C. N. Primeiros casos interessantes de crimes na Internet. **JusBrasil**, 2016. Disponível em: <https://fernandocbrizola.jusbrasil.com.br/artigos/393077456/primeiros-casos-interessantes-de-crimes-na-internet>. Acesso em: 17 jun. 2022.

BUENO, C. S. **Novo Código de Processo Civil**: anotado. São Paulo: Saraiva, 2015.

CAMPBELL-VERDUYN, M. **Bitcoin and Beyond**: Cryptocurrencies, Blockchains, and Global Governance. Oxfordshire: Routledge, 2017.

CAMPBELL-VERDUYN, M. Bitcoin, Crypto-Coins, and Global Anti-Money Laundering Governance. **Crime, Law and Social Change**, n. 69, p. 283-305, 2018. Disponível em: <https://edisciplinas.usp.br/pluginfile.php/4653744/mod_folder/content/0/Aula%2012%20-%20Criptomoedas%20e%20lavagem%20de%20dinheiro.pdf>. Acesso em: 17 jun. 2022.

CANALTECH. **Infográfico**: veja como funciona uma transação Bitcoin. 16 fev. 2015. Disponível em: <https://canaltech.com.br/e-commerce/Infografico-veja-como-funciona-uma-transacao-bitcoin>. Acesso em: 17 jun. 2022.

CANELLIS, D. **76% of Laundered Cryptocurrency was Washed With an Exchange Service**: Money Launderers also Used Mixing Services and Bitcoin ATMs. 29 Jan. 2019. Disponível em: <https://thenextweb.com/hardfork/2019/01/29/cryptocurrency-laundering-chainalysis>. Acesso em: 16 jun. 2022.

CAPITAL NOW. **SPB**: saiba como funciona o sistema de pagamentos brasileiro. 13 nov. 2019. Disponível em: <https://www.capitalresearch.com.br/blog/investimentos/spb-saiba-como-funciona>. Acesso em: 17 jun. 2022.

CARAVINA, A. **Bitcoins e altcoins**: fácil, prático e completo. 2017. Edição do autor.

CARTA de Princípios do Comércio Eletrônico. 2010. Disponível em: <https://www.conjur.com.br/dl/carta-principios-comercio-eletronico.pdf>. Acesso em: 16 jun. 2022.

CARVALHO, T. Golpe com boleto bancário: conheça três fraudes comuns na Internet. **TechTudo**, 18 out. 2018. Disponível em: <https://www.techtudo.com.br/listas/2018/10/golpe-com-boleto-bancario-conheca-tres-fraudes-comuns-na-internet.ghtml>. Acesso em: 10 jun. 2022.

CASTELLS, M. **A sociedade em rede**. São Paulo: Paz e Terra, 2009.

CASTRO, F. de. Nova norma sobre lavagem de dinheiro influencia entrada do brasil na OCDE. **Agência Estadão Conteúdo**, 23 jan. 2020. Disponível em: <https://economia.uol.com.br/noticias/estadao-conteudo/2020/01/23/nova-norma-sobre-lavagem-de-dinheiro-influencia-entrada-do-brasil-na-ocde-diz-bc.htm>. Acesso em: 17 jun. 2022.

CAZAVECHIA, W. R. **A educação para além da sala de aula no pensamento do intelectual Herbert Marshall Mcluhan (1911-1980)**. Dissertação (Mestrado em Educação) – Universidade Estadual de Maringá, Maringá, 2017. Disponível em: <http://www.ppe.uem.br/dissertacoes/2017/2017%20-%20William%20Robson%20Cazavechia.pdf>. Acesso em: 8 jun. 2022.

CGI.BR – Comitê Gestor da Internet no Brasil. **Cartilha de segurança para internet**. São Paulo: CGI.BR, 2012. versão 4.0. Disponível em: <https://cartilha.cert.br/livro/cartilha-seguranca-internet.pdf>. Acesso em: 8 jun. 2022.

CGI.BR – Comitê Gestor da Internet no Brasil. **Princípios para a governança e uso da internet**. Disponível em: <https://principios.cgi.br>. Acesso em: 8 jun. 2022.

CIBERATAQUE faz sistema do Tribunal de Justiça de SP cair; sites do MP e do TRT também saem do ar. **G1 São Paulo**. 12 maio 2017. Disponível em: <https://g1.globo.com/sao-paulo/noticia/sites-do-governo-de-sp-do-tj-e-do-mp-saem-do-ar-apos-ciberataques-em-larga-escala.ghtml>. Acesso em: 10 jun. 2022.

CHAPMAN, C. Kenya Passes Controversial Cybercrime Bill. **The Daily Swig**, 29 May 2018. Disponível em: <https://portswigger.net/daily-swig/kenya-passes-controversial-cybercrime-bill>. Acesso em: 13 jun. 2022.

CHAVES, B. O que é scam no universo das criptomoedas? Confira! **BitcoinTrade**, 16 dez. 2019. Disponível em: <https://blog.Bitcointrade.com.br/o-que-e-scam>. Acesso em: 16 jun. 2022.

CHAVES, C. H. P. C.; MONTES, A. **Detecção de backdoors e canais dissimulados**. 2005. Disponível em: <http://mtc-m16c.sid.inpe.br/col/dpi.inpe.br/hermes2@1905/2005/10.03.12.10/doc/dbcc_worcap_2005.pdf>. Acesso em: 9 jun. 2022.

CHILE. Ministerio del Interior y Seguridad Pública. **Gobierno envía proyecto de Ley de Delitos Informáticos**. 25 oct. 2018. Disponível em: <https://www.interior.gob.cl/noticias/2018/10/25/gobierno-envia-proyecto-de-ley-de-delitos-informaticos>. Acesso em: 13 jun. 2022.

CHOPRA, A.; WILLIAMS, H. Leveraging AI to Proactively Detect, Track and Minimize Data Loss Threats. **Corporate Compliance Insights**, 29 May 2019. Disponível em: <https://www.corporatecomplianceinsights.com/leveraging-ai-to-proactively-detect-track-and-minimize-data-loss-threats>. Acesso em: 8 jun. 2022.

CIVITARESE, J.; MARTINS, A. N. G. L. O papel da lei no século XXI à luz da cibernética. **Revista de Informação Legislativa**: RIL, Brasília, DF, v. 56, n. 223, p. 171-189, jul./set. 2019. Disponível em: <https://www12.senado.leg.br/ril/edicoes/56/223/ril_v56_n223_p171>. Acesso em: 14 jun. 2022.

CODE MONEY. **O que é mobile payment?** Disponível em: <www.codemoney.com.br/blog/o-que-e-mobile-payment>. Acesso em: 17 jun. 2022.

COINMARKETCAP. **Bitcoin Charts**. 31 jul. 2020a. Disponível em: <coinmarketcap.com/currencies/Bitcoin>. Acesso em: 31 jul. 2020.

COINMARKETCAP. **Ethereum Charts**. 31 jul. 2020b. Disponível em: <https://coinmarketcap.com/currencies/ethereum>. Acesso em: 31 jul. 2020.

COINMARKETCAP. **XRP Charts**. 31 jul. 2020c. Disponível em: <https://coinmarketcap.com/currencies/xrp/>. Acesso em: 31 jul. 2020.

COINTIMES. **Banimento da mineração de Bitcoin pela China abre portas para ataque**. 9 abr. 2019. Disponível em: <https://cointimes.com.br/banimento-do-Bitcoin-pela-china-abre-portas-para-ataque>. Acesso em: 15 jun. 2022.

CONHEÇA as Leis ao redor do mundo no combate às 'fakes news'. **UOL Tilt**, 13 jul 2018. Disponível em: <https://www.uol.com.br/tilt/ultimas-noticias/afp/2018/07/13/conheca-as-leis-ao-redor-do-mundo-no-combate-as-fake-news.htm> Acesso em: 13 jun. 2022.

COOK, S. 2018-2020: Ransomware Statistics and Facts. **CompariTech**, 30 May 2020. Disponível em: <https://www.comparitech.com/antivirus/ransomware-statistics>. Acesso em: 10 jun. 2022.

CORAZZA, G. Os bancos centrais e sua ambivalência público-privada. In: ENCONTRO NACIONAL DE ECONOMIA, 29., 2001, Salvador. **Anais**... Niterói: Anpec, 2001. Disponível em: <http://www.anpec.org.br/encontro2001/artigos/200101032.pdf>. Acesso em: 14 jun. 2022.

COSTA, L. C. L. da; COSTA, V. L. da. Regulamentação da proteção de dados pessoais no Brasil: breve histórico, impactos legais e realidade brasileira. In: CONGRESSO DE DIREITO, PROPRIEDADE INTELECTUAL E DESENVOLVIMENTO ECONÔMICO--SOCIAL, 1., 2018, Franca. **Anais**... Franca: Unesp, 2018. Disponível em: <https://www.franca.unesp.br/Home/Publicacoes/i-geppides.pdf>. Acesso em: 10 jun. 2022.

CRESPO, M. Ainda sobre as criptomoedas: considerações em face do sistema financeiro nacional. **JusBrasil**, 21 ago. 2016a. Canal Ciências Criminais. Disponível em: <https://canalcienciascriminais.jusbrasil.com.br/noticias/218855850/ainda-sobre-as-criptomoedas-consideracoes-em-face-do-sistema-financeiro-nacional>. Acesso em: 10 jun. 2022.

CRESPO, M. Crimes digitais: do que estamos falando? **Canal Ciências Criminais**, 17 jun. 2016. Disponível em: <https://canalcienciascriminais.com.br/crimes-digitais--do-que-estamos-falando>. Acesso em: 10 jun. 2022.

CRESPO, M. X. de F. **Crimes digitais**. São Paulo: Saraiva, 2011.

DAOUN, A. J. **Direito & internet**: aspectos jurídicos relevantes. São Paulo: Quartier Latin, 2007. v. 2.

DELFIM, R. B. Ataques hackers que pedem resgate em Bitcoins expõem falhas de prefeituras e empresas no Brasil. **Portal do Bitcoin**, 9 nov. 2019. Disponível em: <https://portaldoBitcoin.uol.com.br/ataques-hackers-que-pedem-resgate-em-Bitcoin-expoem-falhas-de-prefeituras-e-empresas-no-brasil>. Acesso em: 13 jun. 2022.

DIAS, G. N. L. de S. **Riscos de lavagem de dinheiro associados a tecnologias "peer-to-peer"**: os desafios do facebook messenger. 2017. 41 f. (Pós-Graduação Lato Sensu em Direito dos Mercados Financeiros e Capitais – LL.M) – Insper, São Paulo, 2017.

DINIZ, B. **O fenômeno fintech**: tudo sobre o movimento que está transformando o mercado financeiro no Brasil e no mundo. Rio de Janeiro: Alta Books, 2020.

DINIZ, M. H. **Curso de direito civil brasileiro**: responsabilidade civil. 24. ed. São Paulo: Saraiva, 2009. v. 7.

DIORIO, R. F. et al. Segurança da informação e de sistemas computacionais: um estudo prático sobre ataques utilizando *malwares*. In: CONGRESSO SUL BRASILEIRO DE COMPUTAÇÃO, 9., 2018, Criciúma. **Anais**... Criciúma: SBC – Sociedade Brasileira de Computação, 2018. Disponível em: <http://periodicos.unesc.net/sulcomp/article/view/4795/4385>. Acesso em: 8 jun. 2022.

DISTRITO. **Mobile Payment**: o que é, como funciona e tendências no Brasil. 4 mar. 2019. Disponível: <https://distrito.me/mobile-payment-o-que-e-como-funciona-e-tendencias-no-brasil>. Acesso em: 17 jun. 2022.

DROZHZHIN, A. **DarkHotel**: campanha de espionagem em hotéis de luxo da Ásia. Kaspersky daily, 11 nov. 2014. Disponível em: <https://www.kaspersky.com.br/blog/darkhotel-campanha-de-espionagem-em-hoteis-de-luxo-da-asia/4342/>. Acesso em: 4 abr. 2022.

ECBR – E-Commerce Brasil. **E-commerce brasileiro cresce 22,7% com faturamento de R\$ 75 bi em 2019**. 14 fev. 2020. Disponível em: <https://www.ecommercebrasil.com.br/noticias/e-commerce-brasileiro-cresce-2019-compreconfie>. Acesso em: 10 jun. 2022.

ECBR – E-Commerce Brasil. **Gangue do boleto desvia R\$ 8,2 bi, causando prejuízo a brasileiros**. 18 jul. 2014. Disponível em: <https://www.ecommercebrasil.com.br/noticias/gangue-boleto-desvia-r-82-bi-causando-prejuizo-brasileiros>. Acesso em: 10 jun. 2022.

ENCCLA – Estratégia Nacional de Combate à Corrupção e à Lavagem de Dinheiro. Disponível em: <https://www.justica.gov.br/sua-protecao/lavagem-de-dinheiro/enccla>. Acesso em: 16 jun. 2022.

ENLINK. **Deep web, a internet que o google não vê**. Disponível em: <https://www.agenciaenlink.com.br/blog/deep-web-a-internet-que-o-google-nao-ve>. Acesso em: 13 jun. 2022.

ENTENDA a crise na Grécia. G1, 29 jun. 2011. Economia. Disponível em: <http://g1.globo.com/economia/noticia/2011/06/entenda-crise-grecia.html>. Acesso em: 15 jun. 2022.

ERICKSON, J. **Hacking**: the art of exploitation. São Paulo: Digerati Books, 2009.

ESTADÃO. **E-wallets**: por que as carteiras digitais são tão valorizadas? Disponível em: <http://patrocinados.estadao.com.br/pagamentosdigitais/e-wallets-por-que-as-carteiras-digitais-sao-tao-valorizadas>. Acesso em: 17 jun. 2022.

ETHERUM.ORG. **O que é a Ethereum?** Disponível em: <https://ethereum.org/pt-br/what-is-ethereum>. Acesso em: 17 jun. 2022.

FATAFTA, M. Jornalistas palestinos são os primeiros alvos da controversa lei contra crimes cibernéticos. Tradução de Ricardo Ilton Martins. **Global Voices**, 20 ago. 2017. Disponível em: <https://pt.globalvoices.org/2017/08/20/jornalistas-palestinos-sao-os-primeiros-alvos-da-controversa-lei-contra-crimes-ciberneticos>. Acesso em: 13 jun. 2022.

FEBRABRAN – Federação Brasileira de Bancos. **Pesquisa Febraban de tecnologia bancária 2020**: ano-base 2019. [s.l.], 2020. Disponível em: <https://cmsarquivos.febraban.org.br/Arquivos/documentos/PDF/Pesquisa%20Febraban%20de%20Tecnologia%20Banc%C3%A1ria%202020%20VF.pdf>. Acesso em: 17 jun. 2022.

FERREIRA, I. S. A criminalidade informática. In: LUCCA, N. de; SIMÃO FILHO, A. (Coord.). **Direito e internet**: aspectos jurídicos relevantes. Bauru: Edipro, 2000.

FLETES, M. B. Tipologia: uso de criptomoedas em crimes de lavagem de dinheiro. **IPLD**, 16 mar. 2020. Disponível em: <https://www.ipld.com.br/tipologia-uso-de-cripto moedas-na-ld/tipologia-o-uso-de-criptomoedas-em-crimes-de-lavagem-de-dinheiro-parte-1>. Acesso em: 13 jun. 2022.

FONSECA, F. Gestão de vulnerabilidades e atualizações de segurança In: CABRAL, C.; CAPRINO, W. (Org.). **Trilhas em segurança da informação**: caminhos e ideias para a proteção de dados. Rio de Janeiro: Brasport, 2015.

FREITAS, M. C. P. de. A evolução dos bancos centrais e seus desafios no contexto da globalização financeira. **Estudos Econômicos**, São Paulo, v. 30, n. 3, p. 397-471, jul./set. 2000. Disponível em: <https://www.revistas.usp.br/ee/article/view/117651/115330>. Acesso em: 14 jun. 2022.

GIL, A. de L. **Fraudes informatizadas**. 2. ed. São Paulo: Atlas, 2000.

GO2WEB. **Geração Z traz novos desafios para os anunciantes e marcas**. Disponível em: <http://www.go2web.com.br/pt-BR/blog/geracao-z-traz-novos-desafios-para-os-anunciantes-e-marcas.html>. Acesso em: 17 jun. 2022.

GOMES, D. O que é vulnerabilidade de software e vulnerabilidade de dia zero na segurança de computadores? **Notas Técnicas**, 12 dez. 2019. Disponível em: <https://www.noticiastecnicas.com/o-que-e-vulnerabilidade-de-software-e-vulnerabilidade-de-dia-zero-na-seguranca-de-computadores/>. Acesso em: 10 jun. 2022.

GONÇALVES, M. **Introdução à economia**. 2019. (Série administração de empresas: livro 7).

GONÇALVES, V. Mobile banking cresce e se consolida como preferido dos correntistas. **Consumidor Moderno**, 8 maio 2019. Disponível em: <https://www.consumidor moderno.com.br/2019/05/08/mobile-banking-preferido-correntistas/>. Acesso em: 4 abr. 2022.

GRAGNI, C. de; VOLPINI, S. Escambo volta com a crise. **Estadão**. Disponível em: <https://infograficos.estadao.com.br/focas-economicos-13/escambo.shtml>. Acesso em: 17 jun. 2022.

HAKMEH, J. **Cybercrime and the Digital Economy in the GCC Countries**. The Royal Institute of International Affairs, 2017. Disponível em: <https://www.chathamhouse.org/sites/default/files/publications/research/2017-06-30-cybercrime-digital-economy-gcc-hakmeh.pdf>. Acesso em: 13 jun. 2022.

HARARI, Y. N. **Sapiens**: uma breve história da humanidade. Porto Alegre: L&PM Editores, 2015.

HEINISCH, C. 1956: Primeiro cabo telefônico através do Atlântico. **DW**, 25 set. 2019. Disponível em: <https://www.dw.com/pt-br/1956-primeiro-cabo-telef%C3%B4nico-atrav%C3%A9s-do-atl%C3%A2ntico/a-268244>. Acesso em: 8 jun. 2022.

HOFFERT, A. **Criptonomia**: dos primórdios do dinheiro à economia pós-blockchain. Publicação independente, 2019.

HOLLINS, S. **Bitcoin para iniciantes**: o guia definitivo para aprender a usar Bitcoin e criptomoedas. 2018. Edição do autor.

HORD, J. How Electronic Payment Works. **Howstuffworks**. Disponível em: <https://money.howstuffworks.com/personal-finance/online-banking/electronic-payment.htm>. Acesso em: 16 jun. 2022.

HUBERMAN, L. **História da riqueza do homem**. 22. ed. Rio de Janeiro: LTC, 2017.

IBGE – Instituto Brasileiro de Geografia e Estatística. **Produto Interno Bruto – PIB**. Disponível em: <https://www.ibge.gov.br/explica/pib.php>. Acesso em: 8 jun. 2022.

IBRAHIM, K. Uma combinação letal: como os países do Oriente Médio e Norte da África usam leis de crime cibernético e programas de espionagem para atacar ativistas. Tradução de Priscila Caral. **Global Voices**, 3 out. 2018. Disponível em: <https://pt.globalvoices.org/2018/10/03/uma-combinacao-letal-como-os-paises-do-oriente-medio-e-norte-da-africa-usam-leis-de-crime-cibernetico-e-programas-de-espionagem-para-atacar-ativistas/>. Acesso em: 13 jun. 2022.

IT FORUM. **Ifood recebe liberação da Anac e faz testes de entrega com drones**. 13 ago. 2020. Disponível em: <https://itforum.com.br/noticias/ifood-recebe-liberacao-da-anac-e-faz-testes-de-entrega-com-drones>. Acesso em: 17 jun. 2022.

JACHEMET, B. **A regulação dos pagamentos eletrônicos**: interoperabilidade e desafios jurídicos. 149 f. Dissertação (Mestrado em Direito) – Escola de Direito de São Paulo, Fundação Getulio Vargas, São Paulo, 2018. Disponível em: <https://bibliotecadigital.fgv.br/dspace/bitstream/handle/10438/22025/TCC_Capa%20Azul%20Com%20ficha_com%20nova%20regra%20FGV_segunda%20alteracao.pdf>. Acesso em: 16 jun. 2022.

JENKINSON, G. GPUs e ASICs: uma batalha sem fim para a supremacia da mineração. **Cointelegraph Brasil**, 18 abr. 2018. Disponível em <https://cointelegraph.com.br/news/gpus-and-asics-a-never-ending-battle-for-mining-supremacy>. Acesso em: 16 jun. 2022.

JESUS, D. E. de. **Direito penal**: parte especial. São Paulo: Saraiva, 2000.

JUNQUEIRA, F. Microsoft vai corrigir vulnerabilidade do Windows 10 informada pela NSA. **CanalTech**, 14 jan. 2020. Disponível em: <https://canaltech.com.br/seguranca/microsoft-vai-corrigir-vulnerabilidade-do-windows-10-informada-pela-nsa-159083>. Acesso em: 10 jun. 2022.

KAPERSKY. **Engenharia social**: definição. Disponível em: <https://www.kaspersky.com.br/resource-center/definitions/what-is-social-engineering>. Acesso em: 13 jun. 2022.

KREMER, R. L.; CORAZZA, G. **Friedman e o monetarismo**: a velha teoria quantitativa da moeda e a moderna escola monetarista. 2003. Disponível em: <https://www.ufrgs.br/fce/wp-content/uploads/2017/02/TD01_2003_kremer_corazza.pdf>. Acesso em: 17 jun. 2022.

KUNRATH, J. C. T. M. **A expansão da criminalidade no cyberespaço**. Feira de Santana: Universidade Estadual de Feira de Santana, 2017. Disponível em: <https://seufuturo.com/wp-content/uploads/2019/02/A-EXPANSAO-DA-CRIMINALIDADE-NO-CIBERESPACO-JOSEFA-CRISTINA-KUNRATH.pdf>. Acesso em: 10 jun. 2022.

LA CHAPELLE, B. de; FEHLINGER, P. Jurisdiction on the Internet: From Legal Arms Race to Transnational Cooperation. **Internet** & **Jurisdiction**, 2016. Disponível em: <https://www.internetjurisdiction.net/uploads/pdfs/Papers/IJ-Paper-Jurisdiction-on-the-Internet-PDF.pdf>. Acesso em: 17 jun. 2022.

LEMOS, A. D. Troca de serviços: saiba como ela funciona!. **Empreender Dinheiro**, 17 jun. 2019. Disponível em: <https://empreenderdinheiro.com.br/blog/troca-de-servicos>. Acesso em: 17 jun. 2022.

LI, X. Regulation of Cyber Space: an Analiysis of Chinese Law on Cyber Crime. **Internacional Jounal of Cyber Criminology**, v. 9, n. 2, July/Dec. 2015. Disponível em: <https://www.cybercrimejournal.com/Li2015vol9issue2.pdf>. Acesso em: 13 jun. 2022.

LIMA, G. de F. **Manual de direito digital**: fundamentos, legislação e jurisprudência. Curitiba: Appris, 2016.

LOBO, A. P. Brasil está no top 3 dos países mais afetados por fraudes. **Convergência Digital**, 29 maio 2019. Disponível em: <https://www.convergenciadigital.com.br/cgi/cgilua.exe/sys/start.htm?UserActiveTemplate=site&UserActiveTemplate=mobile%252Csite&infoid=50819&sid=18>. Acesso em: 8 jun. 2022.

LOPEZ, B. O que é o PCI DSS e quais são seus requisitos? **PagBrasil**, 24 ago. 2017. Disponível em: <https://www.pagbrasil.com/pt-br/insights/pci-dss-requisitos>. Acesso em: 17 jun. 2022.

LOTUFO, L.; OLIVEIRA, V. C. de. Crimes digitais: uma análise de Direito Internacional Comparado. **Revista de Direito Digital**, v. 1, n. 1, set. 2019.

LUCCHETTI, M. Cybercrime legislation in Africa: regional and International Standarts. **GLACY+** – Global Action on Cybercrime Extended, 12 Apr. 2018. Disponível em:<https://au.int/sites/default/files/newsevents/workingdocuments/34122-wd-05.pres_cybercrime_legislation_in_africa_12apr2018_matteo_l.pdf>. Acesso em: 13 jun. 2021.

MACÊDO, D. O que é interoperabilidade? **Diego Macêdo**: um pouco de tudo sobre T.I., 8 maio 2012. Disponível em: <https://www.diegomacedo.com.br/o-que-e-interoperabilidade>. Acesso em: 16 jun. 2022.

MAFFEI, F. A. **Educação**: qualquer coisa me ligue! O uso do celular. Disponível em: <http://www.projetos.unijui.edu.br/matematica/capacitacao/capacitacao/ccpmem/fabiana/fabiana_comput.htm>. Acesso em: 8 jun. 2022.

MAGEE, T. Conheça os grupos hackers mais perigosos do mundo. **ItForum**, 22 jun. 2018. Disponível em: <https://itforum.com.br/noticias/conheca-os-grupos-hackers-mais-perigosos-do-mundo/>. Acesso em: 8 jun. 2022.

MALAQUIAS, R. A. D. **Crime cibernético e prova**: a investigação criminal em busca da verdade. 2. ed. Curitiba: Juruá, 2015.

MALLIK, A. Man-in-the-middle attack: understanding in simple words. **Cyberspace**: Jurnal Pendidikan Teknologi Informasi, v. 2, n. 2, p. 109-134, Okt. 2018. Disponível em: <https://jurnal.ar-raniry.ac.id/index.php/cyberspace/article/view/3453/2707>. Acesso em: 10 jun. 2022.

MARTINS, E. O que é World Wide Web? **TecMundo**, 17 out. 2008. Disponível em: <https://www.tecmundo.com.br/web/759-o-que-e-world-wide-web-.htm>. Acesso em: 10 jun. 2022.

MASSADAR, R. Pirâmides de Bitcoin: como funciona e como evitar. **FinanceOne**, 21 nov. 2019. Disponível em: <https://financeone.com.br/piramides-de-Bitcoin-como--funciona-e-como-evitar>. Acesso em: 16 jun. 2022.

MASSON, C. **Direito penal esquematizado**. 7. ed. São Paulo: Método, 2015. v. 2.

MCCROSSAN, S. **Combating the Proliferation of Mobile and Internet Payment Systems as Money Laundering Vehicles**. CAMS-FCI, 2015.

MELLO, A. P. P.; MESQUITA, H.; VIEIRA, C. E. **Introdução à interoperabilidade**: módulo 1. Brasília: Enap, 2015. Disponível em: <https://repositorio.enap.gov.br/bitstream/1/2399/1/M%C3%B3dulo_1_EPING.pdf>. Acesso em: 16 jun. 2022.

MENDONÇA, M. J. Uma análise crítica da teoria quantitativa da moeda. **Economia e Tecnologia**, Curitiba, ano 7, v. 25, p. 1-13, 2011. Disponível em: <http://www.economiaetecnologia.ufpr.br/revista/25%20Capa/Mario%20Jorge%20Mendonca.pdf>. Acesso em: 8 jun. 2022.

MENDONÇA, R. Inteligência artificial: uma abordagem histórica. **It Forum**, 14 mar. 2022. Disponível em: <https://itforum.com.br/coluna/inteligencia-artificial-uma-abordagem-historica/>. Acesso em: 8 jun. 2022.

MERKLE, R. C. **Protocols for Public Key Cryptosystems**. 1980. Disponível em: <http://www.merkle.com/papers/Protocols.pdf>. Acesso em: 15 jun. 2022.

MICHAELIS – Dicionário Brasileiro da Língua Portuguesa. Disponível em: <https://michaelis.uol.com.br/moderno-portugues>. Acesso em: 8 jun. 2022.

MIES, J. C. Carteiras digitais: o próximo passo da mobilidade. **Ecommerce Brasil**, 8 jan. 2019. Disponível <https://www.ecommercebrasil.com.br/artigos/carteiras-digitais>. Acesso em: 17 jun. 2022.

MIES, J. C. O que é PCI e quais são as normas dos cartões de crédito na internet? **Ecommerce Brasil**, 11 nov. 2014. Disponível em: <https://www.ecommercebrasil.com.br/artigos/o-que-e-pci-e-quais-sao-as-normas-dos-cartoes-de-credito-na-internet>. Acesso: 17 jun. 2022.

MONET-NET. **Empresária do reality 'Shark Tank' cai em golpe na internet e perde mais de R$ 1,7 milhão**. 27 fev. 2020. Disponível em: <https://revistamonet.globo.com/Noticias/noticia/2020/02/empresaria-do-reality-shark-tank-cai-em-golpe-na-internet-e-perde-mais-de-r-17-milhao.html>. Acesso em: 10 jun. 2022.

MPDFT – Ministério Público do Distrito Federal. MPDFT consegue aumento da pena de envolvidos no esquema da Kriptacoin. **MPDFT**, 9 out. 2019. Disponível em: <https://www.mpdft.mp.br/portal/index.php/comunicacao-menu/sala-de-imprensa/noticias/noticias-2019/11328-operacao-patrik-mpdft-consegue-aumento-da-pena-de-envolvidos-no-esquema-da-kriptacoin>. Acesso em: 16 jun. 2022.

MPF – Ministério Público Federal. **MPF e Safernet indetificam mais de 6 mil sites de pornografia infantil**. São Paulo, 5 set. 2018. Disponível em: <http://www.mpf.mp.br/sp/sala-de-imprensa/noticias-sp/mpf-e-safernet-identificam-mais-de-6-mil-sites-de-pornografia-infantil>. Acesso em: 17 jun. 2022.

MPF – Ministério Público Federal. **MPF/GO obtém condenação por crime de racismo na internet**. 2013. Disponível em: <https://mpf.jusbrasil.com.br/noticias/100133277/mpf-go-obtem-condenacao-por-crime-de-racismo-na-internet>. Acesso em: 13 jun. 2022.

MURINO, T. B. Do sal às criptomoedas: os desafios da regulamentação das moedas virtuais. **Migalhas**, 16 out. 2017. Disponível em: <https://www.migalhas.com.br/depeso/267056/do-sal-as-criptomoedas-os-desafios-da-regulamentacao-das-moedas-virtuais>. Acesso em: 14 jun. 2022.

MURPHY, R. P. A origem do dinheiro e de seu valor. **Mises Brasil**, 2010. Disponível em: <https://www.mises.org.br/Article.aspx?id=209>. Acesso em: 14 jun. 2022.

MUSARDO, F. **Primeiro computador digital eletrônico**: Eniac. 31 ago. 2013. Disponível em: <https://fernandamusardo.com.br/primeiro-computador-digital-eletronico-eniac/>. Acesso em: 8 jun. 2022

NAKAMOTO, S. **Bitcoin**: um sistema de dinheiro eletrônico peer-to-peer. Tradução de Rodrigo Silva Pinto. Disponível em: <https://bitcoin.org/files/bitcoin-paper/bitcoin_pt_br.pdf>. Acesso em: 15 jun. 2022.

NEUMANN, J. V. **The Theory of Self-Reproducing Automata**. Urbana: University of Illinois Press, 1966. Disponível em: <http://cba.mit.edu/events/03.11.ASE/docs/VonNeumann.pdf>. Acesso em: 8 jun. 2022.

NOGAMI, O.; PASSOS, C. R. M. **Princípios de economia**. 7. ed. São Paulo: Cengage Learning, 2018.

NUBANK. **O que é fintech e por que esse termo ficou tão popular?** 2020. Disponível em: <https://blog.nubank.com.br/fintech-o-que-e>. Acesso em: 17 jun. 2022.

OLHAR DIGITAL. **Deep web**: o que é, como entrar e o que acontece na parte sombria da internet. 18 ago. 2019. Disponível em: <https://www.taysamweb.com.br/9-artigos-e-noticias/2-deep-web-o-que-e-como-entrar-e-o-que-acontece-na-parte-sombria-da-internet.html>. Acesso em: 17 jun. 2022.

ORTEGA, P.; NETTO, P. R.; VASSALLO, L. Juíza manda Metrô explicar riscos de sistema de reconhecimento facial de R$ 58 mi. **UOL**, 13 fev. 2020. Estadão Conteúdo. Cotidiano. Disponível em: <https://noticias.uol.com.br/ultimas-noticias/agencia-estado/2020/02/13/juiza-manda-metro-explicar-riscos-de-sistema-de-reconhecimento-facial-de-r-58-mi.htm>. Acesso em: 10 jun. 2022.

OSTEC. **Entendendo a vulnerabilidade KRACK no protocolo WPA2**. 17 out. 2017. Disponível em: <https://ostec.blog/geral/vulnerabilidade-krack-wpa2>. Acesso em: 10 jun. 2022.

PALFREY, J.; GASSER, U. **Nascidos na Era Digital** – entendendo a primeira geração de nativos digitais. Porto Alegre: Grupo A, 2011.

PARKER, D. B. **Fighting Computer Crime**: A New Framework for Protecting Information. New Jersey: John Wiley & Sons, Inc., 1998.

PARNO, B.; KUO, C.; PERRIG, A. Phoolproof Phishing Prevention. In: DI CRESCENZO, G.; RUBIN, A. (Org.). **Financial Cryptography and Data Security**. Berlin: Springer, 2006. Disponível em: <https://doi.org/10.1007/11889663_1>. Acesso em: 10 jun. 2022.

PAUS, L. ¿Cúales son las leyes argentinas más importantes em delitos informáticos? **We Live Security**, 2017. Disponível em: <https://www.welivesecurity.com/la-es/2017/02/10/leyes-argentinas-delitos-informaticos/>. Acesso em: 13 jun. 2022.

PAYÃO, F. Mais de 100 mil PCs Windows podem estar infectados com backdoor da NSA. **TecMundo**, 24 abr. 2017. Disponível em: <https://www.tecmundo.com.br/ataque-hacker/116086-100-mil-pcs-windows-infectados-backdoor-nsa.htm>. Acesso em: 9 jun. 2022.

PAZ, N. Prevenção à lavagem de dinheiro: o que faz e qual é o perfil de um profissional de PLD?. **Id Blog**, 19 mar. 2019. Disponível em: <https://blog.idwall.co/lavagem-de-dinheiro-profissional-de-pld>. Acesso em: 16 jun. 2022.

PECK, P. Regulamentação da web. **Cadernos Adenauer XV: Cibersegurança**, n. 4. Rio de Janeiro: Fundação Konrad Adenauer, jun. 2015. Disponível em: <https://www.kas.de/c/document_library/get_file?uuid=ed6be5d1-dd4c-2ec8-0fff-ee8f5dcf3226&groupId=265553>. Acesso em: 17 jun. 2022.

PECK, P.; ROCHA, H. **Advocacia digital**. São Paulo: Thomson Reuters, 2018.

PEREIRA NETO, L. Breves considerações sobre o crime de lavagem de dinheiro no Brasil e os métodos de autolavagem, lavagem simultânea e lavagem invertida. **Migalhas**, 10 maio 2019. Disponível em: <https://www.migalhas.com.br/depeso/301991/breves-consideracoes-sobre-o-crime-de-lavagem-de-dinheiro-no-brasil-e-os-metodos-de-autolavagem-lavagem-simultanea-e-lavagem-invertida>. Acesso em: 17 jun. 2022.

PCI – Security Standars Council. **Indústria de cartões de pagamentos (PCI)**: padrão de segurança de dados – procedimentos de auditoria de segurança – versão 1.1. Set. 2006. Disponível em: <https://www.pcisecuritystandards.org/pdfs/portuguese_pci_dss_audit_procedures_v1-1.pdf>. Acesso em: 17 jun. 2022.

PINHEIRO, P. P. **Direito digital**. 6. ed. São Paulo: Saraiva, 2016.

PINHEIRO, P. P.; WEBER, S. T.; OLIVEIRA NETO, A. A. de. **Fundamentos dos negócios e contratos digitais**. São Paulo: Thomson Reuters, 2019.

PINHEIRO, V. Com aval da justiça, Microsoft desmonta campanha de phishing. **Olhar digital**, 7 jul. 2020. Disponível em: <https://olhardigital.com.br/noticia/com-aval-da-justica-microsoft-desmonta-campanha-de-phishing/103192>. Acesso em: 10 jun. 2022.

PRADO, J. O que é blockchain? [indo além do Bitcoin]. **Tecnoblog**, 2018. Disponível em: <https://tecnoblog.net/227293/como-funciona-blockchain-Bitcoin>. Acesso em: 15 jun. 2022.

PRIBERAM. Dicionário. Disponível em: <https://dicionario.priberam.org>. Acesso em: 8 jun. 2022.

PUCCINELLI JÚNIOR, A. **Manual de direito civil**: volume único. São Paulo: Saraiva, 2015.

PULJIZ, M. Moeda virtual falsa foi usada por quadrilha em 'pirâmide financeira' no DF e em goiás. **G1**, 21 set. 2017. Disponível em: <https://g1.globo.com/distrito-federal/noticia/policia-civil-do-df-desarticula-esquema-de-piramide-financeira-que-movimentou-r-250-milhoes.ghtml>. Acesso em: 16 jun. 2022.

PWC BRASIL – Prince Water House Coopers Brasil. **Metade das empresas brasileiras foi vítima de crimes econômicos nos últimos dois anos**. Disponível em: <https://www.pwc.com.br/pt/sala-de-imprensa/noticias/metade-das-empresas-brasileiras-foi-vitima-de-crimes-economicos-nos-ultimos-dois-anos.html>. Acesso em: 13 jun. 2022.

RAGAZZO, C. **Regulação de meios de pagamento**. São Paulo: Thomson Reuters, 2020.

REIS, T. SPB: como funciona o sistema de pagamento brasileiro? **Suno Artigos**, 10 jun. 2019. Disponível em: <https://www.sunoresearch.com.br/artigos/sistema-de-pagamento-brasileiro>. Acesso em: 14 jun. 2022.

RENGEL, B.; STUDER, K. Economia solidária: a moeda social e o caso de palmas. **Politize!**, 19 dez. 2018. Disponível em: <https://www.politize.com.br/economia-solidaria-moeda-social-caso-de-palmas>. Acesso: 17 jun. 2022.

RFI. Reino Unido diz ter certeza de que Rússia tentou hackear dados de pesquisas de vacina contra Covid-19. **G1**, 19 set. 2020. Disponível em: <https://g1.globo.com/mundo/noticia/2020/07/19/reino-unido-diz-ter-certeza-de-que-russia-tentou-hackear-dados-de-pesquisas-de-vacina-contra-covid-19.ghtml>. Acesso em: 8 jun. 2022.

RICHARDSON, R.; NORTH, M. M. Ransomware: Evolution, Mitigation and Prevention. **International Management Review**, v. 13, n. 1, 2017. Disponível em: <https://digitalcommons.kennesaw.edu/cgi/viewcontent.cgi?article=5312&context=facpubs>. Acesso em: 10 jun. 2022.

RIGON, D. Retrospectiva: as maiores premiações de 2019. **ESPN**, 24 dez. 2019. Disponível em: <https://www.espn.com.br/esports/artigo/_/id/6456805/retrospectiva-as-maiores-premiacoes-de-2019>. Acesso em: 17 jun. 2022.

ROCHA, L. Falha em chip DDR3 permite que hackers ganhem acesso de administrador a PCs. **Tecmundo**, 12 mar. 2015. Disponível em: <https://www.tecmundo.com.br/seguranca-de-dados/76458-falha-chip-ddr3-permite-hackers-ganhem-acesso-administrador-pcs.htm>. Acesso em: 10 jun. 2022.

RODRIGUES, A. C. Como funciona um esquema de pirâmide financeira? **SuperInteressante**, 24 ago. 2016. Disponível em: <https://super.abril.com.br/mundo-estranho/como-funciona-um-esquema-de-piramide-financeira>. Acesso em: 14 jun. 2022.

RODRIGUES, F. L. Ata notarial: um breve esboço sobre a adaptação entre as normas de direito estrangeiro, brasileiro e a prática profissional. **Migalhas**, 20 jan. 2006. Disponível em: <https://www.migalhas.com.br/depeso/20192/a-ata-notarial -um-breve-esboco-sobre-a-adaptacao-entre-as-normas-de-direito-estrangeiro brasileiro-e-a-pratica-profissional>. Acesso em: 14 jun. 2022.

RODRIGUES, G.; KURTZ, L. **Criptomoedas e regulação antilavagem de dinheiro no G20**. Belo Horizonte: IRIS, 2019. Disponível em: <https://irisbh.com.br/wp-content/uploads/2019/09/criptomoedas_e_regulacao_antilavagem_de_dinheiro_no_G20_IRIS_0.pdf>. Acesso em: 14 jun. 2022.

ROHR, A. China avalia proibir atividades de mineração de Bitcoin no país. **G1**, 11 abr. 2019. Economia. Disponível em: <https://g1.globo.com/economia/tecnologia/blog/altieres-rohr/post/2019/04/11/china-avalia-proibir-atividades-de-mineracao-de-bitcoin-no-pais.ghtml>. Acesso em: 15 jun. 2022.

ROLFINI, F. Brasil teve mais de 1,6 bilhão de ataques cibernéticos em três meses. **Olhar Digital**, 7 maio 2020. Disponível em: <https://olhardigital.com.br/fique_seguro/noticia/brasil-teve-mais-de-1-6-bilhao-de-ataques-ciberneticos-em-tres-meses/100420>. Acesso em: 10 jun. 2022.

ROMANO, R. Overview: tudo sobre regulamentação das moedas digitais no Brasil em 10 tópicos. **Justificando**, 18 jan. 2019. Disponível em: <http://www.justificando. com/2019/01/18/overview-regulamentacao-moedas-digitais-brasil>.Acessoem:16jun. 2022.

ROMÃO, M. Relembre o caso da moeda digital Kriptacoin, um dos maiores esquemas fraudulentos do Brasil. **Criptonizando**, 13 nov. 2019. Disponível em: <https:// criptonizando.com/2019/11/13/relembre-o-caso-da-moeda-digital-kriptacoin-um-dos-maiores-esquemas-fraudulentos-do-brasil>. Acesso em: 16 jun. 2022.

ROQUE, A. V. A tecnologia blockchain como fonte de prova no processo civil. **Jota**, 15 out. 2018. Disponível em: <https://www.jota.info/opiniao-e-analise/artigos/a-tecnologia-blockchain-como-fonte-de-prova-no-processo-civil-15102018>. Acesso em: 14 jun. 2022.

RUSSO, R. S.; CRUZ, L.; SALOMÃO, R. P. Banco Central divulga nova norma de prevenção aos crimes de lavagem de dinheiro e de financiamento ao terrorismo. **Migalhas**, 20 fev. 2020. Disponível em: <https://www.migalhas.com.br/depeso/320706/banco-central-divulga-nova-norma-de-prevencao-aos-crimes-de-lavagem-de-dinheiro-e-de-financiamento-ao-terrorismo>. Acesso em: 16 jun. 2021.

SAFERNET. DataSafer. **32.579 atendimentos e 4.291.500 denúncias**. Disponível em: <https://indicadores.safernet.org.br/indicadores.html>. Acesso em: 10 jun. 2022.

SANTOS, E. L. dos. **Do escambo à inclusão financeira**: a evolução. São Paulo: Linotipo Digital, 2014.

SANTOS, J. FBI alerta para aumento de esquemas usando criptomoedas. **CriptoFácil**, 16 jul. 2020. Disponível em: <https://www.criptofacil.com/fbi-alerta-para-aumento-esquemas-usando-criptomoedas>. Acesso em: 16 jun. 2022.

SCHJOLBERG, S. The History of Global Harmonization on Cybercrime Legislation: the Road to Geneva. **Cyber Crime Law**, 2008. Disponível em: <https://cybercrimelaw. net/documents/cybercrime_history.pdf>. Acesso em: 13 jun. 2022.

SEBRAE – Serviço Brasileiro de Apoio às Micro e Pequenas Empresas. **Instrumentos eletrônicos de pagamento**: informações essenciais. 2015. Disponível em: <http:// www.bibliotecas.sebrae.com.br/chronus/ARQUIVOS_CHRONUS/bds/bds.nsf/e7a6 da2e34ade1b6145c42651b2e15f3/$File/7126.pdf>. Acesso em: 17 jun. 2022.

SEBRAE – Serviço Brasileiro de Apoio às Micro e Pequenas Empresas. **Meios eletrônicos de pagamento**: benefícios para seu negócio. 12 mar. 2013a. Disponível em: <https://sebraemg.com.br/blog/meios-eletronicos-de-pagamento-beneficios-para-seu-negocio>. Acesso em: 17 jun. 2022.

SEBRAE – Serviço Brasileiro de Apoio às Micro e Pequenas Empresas. **Meios de pagamento digitais**. Brasília, 2012. Disponível em: <https://bibliotecas.sebrae.com.br/chronus/ARQUIVOS_CHRONUS/bds/bds.nsf/f461a294c6f8d476344c398c326 6349f/$File/4547.pdf>. Acesso em: 17 jun. 2022.

SEBRAE – Serviço Brasileiro de Apoio às Micro e Pequenas Empresas. **O que são meios de meios eletrônicos e plataformas de pagamentos?** 2020. Disponível em: <https://sebraeatende.com.br/artigo/o-que-sao-meios-eletronicos-e-plataformas-de-pagamentos#:~:text=Estes%20meios%20s%C3%A3o%20instrumentos%20 para,%E2%80%9D%2C%20mantendo%20o%20seu%20valor.>. Acesso em: 17 jun. 2022.

SEBRAE – Serviço Brasileiro de Apoio às Micro e Pequenas Empresas. **O que são meios eletrônicos de pagamento?** 27 dez. 2013b. Disponível em: <https://www.sebrae.com.br/sites/PortalSebrae/artigos/o-que-sao-meios-eletronicos-de-pagamen tos,3a085415e6433410VgnVCM1000003b74010aRCRD>. Acesso em: 17 jun. 2022.

SÊMOLA, M. **Gestão da segurança da informação**: uma visão executiva. Rio de Janeiro: Elsevier, 2003.

SILVA, A. K. C. O estudo comparado dos crimes cibernéticos: uma abordagem instrumentalista-constitucional acerca da sua produção probatória em contraponto à jurisprudência contemporânea brasileira. **Âmbito Jurídico**, 1º fev. 2013. Disponível em: <https://ambitojuridico.com.br/edicoes/revista-109/o-estudo-comparado-dos-crimes-ciberneticos-uma-abordagem-instrumentalista-constitucional-acerca-da-sua-producao-probatoria-em-contraponto-a-jurisprudencia-contemporanea-brasileira/>. Acesso em: 8 jun. 2022.

SILVA, A. L. M. da. **Direito dos mercados financeiros**. 2015. v. 2 e 3. Edição do autor.

SILVA, C. R. F. da. Análise das leis n. 12.735/2012 e 12.737/2012 e a (des) necessidade de uma legislação específica sobre crimes cibernéticos. **Jus.com**, 26 set. 2014. Disponível em: <https://jus.com.br/artigos/32265/analise-das-leis-n-12-735-2012-e-12-737-2012-e-a-des-necessidade-de-uma-legislacao-especifica-sobre-crimes-ciberneticos>. Acesso em: 8 jun. 2022.

SILVA, M. A. G. T. da. Sistemas telefônicos. Rio de Janeiro: IFF, 2010. Apostila. Curso Técnico de Telecomunicações. Disponível em: <http://portalantigo.iff.edu.br/campus/campos-centro/cursos/ensino-superior/cursos-de-tecnologia/eixo-tecno logico-informacao-e-comunicacao-2/arquivos/ApostilaSistemaTelefonico.pdf>. Acesso em: 8 jun. 2022.

SILVA, R. R. da. Brasil é o segundo país do mundo a passar mais tempo na internet. **CanalTech**, 1° fev. 2019. Disponível em: <https://canaltech.com.br/internet/brasil-e-o-segundo-pais-do-mundo-a-passar-mais-tempo-na-internet-131925>. Acesso em: 8 jun. 2022.

SISTEMA de pagamentos brasileiro (SPB). Disponível em: <https://proeducacional.com/ead/preparatorio-conteudo-brasileiro-cnpi/capitulos/sistema-financeiro-nacional-3/aulas/sistema-de-pagamentos-brasileiro/>. Acesso em: 14 jun. 2022.

SKILL CORE. Disponível em: <https://skillcore.io>. Acesso em: 17 jun. 2022.

SLERCA, L. R. **Bitcoin**: quanto custa? Compreendendo os principais drivers de um ativo financeiro digital especulativo ao longo de sua breve existência. Trabalho de Conclusão de Curso (Graduação em Ciências Econômicas) – Instituto de Ensino e Pesquisa (Insper Instituto de Ensino e Pesquisa), São Paulo, 2016.

SPYD3R. The History of Hacking. **HelpNetSecurity**, 2002. Disponível em: <https://www.helpnetsecurity.com/2002/04/08/the-history-of-hacking>. Acesso em: 8 jun. 2022.

SYDOW. S. T. **Curso de Direito Penal Informático**. Salvador: JusPodivm, 2020.

SZABO, N. Bit Gold. **Unenumerated**, 2008. Disponível em: <https://unenumerated.blogspot.com/2005/12/bit-gold.html?m=1>. Acesso em: 14 jun. 2022.

TADEU, E. 5G promete pagamentos e transações em tempo real. **Noomis**, 16 out. 2019. Disponível <https://noomis.febraban.org.br/temas/internet-das-coisas/5g-promete-pagamentos-e-transaces-em-tempo-real>. Acesso em: 17 jun. 2022.

TAKAR, L. Regra do BC ameaça inovação em meios de pagamento, diz estudo. **Uol**, 25 jun. 2018. Disponível em: <https://economia.uol.com.br/noticias/redacao/2018/06/25/interoperabilidade-meios-de-pagamento.htm>. Acesso em: 16 jun. 2022.

TAKAR, T.; MARINS, L. Pirâmide financeira: o que é, como identificar e o que fazer se for vítima. **Uol**, 19 set. 2019. Disponível em: <https://economia.uol.com.br/noticias/redacao/2019/09/19/piramide-financeira-o-que-e-como-identificar-o-que-fazer-se-for-vitima.htm>. Acesso em: 16 jun. 2022.

TAPSCOTT, D.; TAPSCOTT, A. **Blockchain revolution**: como a tecnologia por trás do Bitcoin está mudando o dinheiro, os negócios e o mundo. São Paulo: Ed. do Senai-SP, 2016.

TERADA, F. **Missao Dencker**: criptomoedas e blockchain: o potencial de inovação no sistema financeiro, as implicações jurídicas e regulatórias e os principais elementos que sustentem tais tecnologias. 2017. 99 f. (Especialização em Direito e Tecnologia da Informação) – Escola Politécnica da Universidade de São Paulo, São Paulo, 2017.

TJDFT – Tribunal de Justiça do Distrito Federal e dos Territórios. **Princípio da harmonia nas relações de consumo**. 15 jun. 2021. Disponível em: <https://www.tjdft.jus.br/consultas/jurisprudencia/jurisprudencia-em-temas/cdc-na-visao-do-tjdft-1/principios-do-cdc/principio-da-harmonia-nas-relacoes-de-consumo>. Acesso em: 16 jun. 2022.

TJMG – Tribunal de Justiça de Minas Gerais. Apelação Cível n. 1000020050794500. Rel. Fernando Caldeira Brant. **Diário da Justiça**, Belo Horizonte, 15 jun. 2020. 2019. Disponível em: <https://tj-mt.jusbrasil.com.br/jurisprudencia/839236684/recurso-inominado-ri-10003432420188110015-mt>. Acesso em: 17 jun. 2022.

TJMT –Tribunal de Justiça do Mato Grosso. Recurso Inominado n. 10003432420188110015. Rel. Sebastiao de Arruda Almeida. **Diário da Justiça**, Cuiabá, 19 nov. 2019. Disponível em: <https://tj-mt.jusbrasil.com.br/jurisprudencia/839236684/recurso-inominado-ri-10003432420188110015-mt>. Acesso em: 17 jun. 2022.

TJSP – Tribunal de Justiça de São Paulo. Agravo de Instrumento n. 2237253-77.2018.8.26.0000. Rel. Fernanda Gomes Camacho. **Diário da Justiça**, São Paulo, 19 dez 2018a. Disponível em: <https://tj-sp.jusbrasil.com.br/jurisprudencia/661192846/agravo-de-instrumento-ai-22372537720188260000-sp-2237253-7720188260000/inteiro-teor-661192900>. Acesso em: 17 jun. 2022.

TJSP – Tribunal de Justiça de São Paulo. Apelação n. 1004604-31.2016.8.26.0291. Rel. Soares Levada. **Diário da Justiça**, São Paulo, 21 maio 2018b. Disponível em: <https://tj-sp.jusbrasil.com.br/jurisprudencia/896398592/apelacao-civel-ac-100 46043120168260291-sp-1004604-3120168260291>. Acesso em: 13 jun. 2022.

TJSP – Tribunal de Justiça de São Paulo. Apelação n. 1005716-75.2016.8.26.0019. Rel. Christine Santini. **Diário da Justiça**, São Paulo, 12 dez. 2018c. Disponível em: <https://tj-sp.jusbrasil.com.br/jurisprudencia/658268990/apelacao-apl-10057167520168260019-sp-1005716-7520168260019?ref=serp>. Acesso em: 13 jun. 2022.

TOLEDO, F. de A. **Princípios básicos de direito penal**. São Paulo: Saraiva, 1991.

TORRES, F. C. Conceitos e pincípios de segurança da informação. In: LYRA, M. R. (Org.) **Governança de segurança da informação**. Brasília: Edição do autor, 2015.

ULRICH, F. **Bitcoin**: a moeda na era digital. São Paulo: LVMa, 2017.

UNITED STATES. Federal Bureau of Investigations. **FBI Expects a Rise in Scams Involving Cryptocurrency Related to the COVID-19 Pandemic**. Washington, April 13, 2020. Disponível em: <https://www.fbi.gov/news/pressrel/press-releases/fbi-expects-a-rise-in-scams-involving-cryptocurrency-related-to-the-covid-19-pandemic>. Acesso em: 16 jun. 2022.

USUÁRIOS de internet na China ultrapassam os 649 milhões em 2014. O Globo, 3 fev. 2015. Disponível em: <https://oglobo.globo.com/economia/usuarios-de-internet-na-china-ultrapassam-os-649-milhoes-em-2014-15231412>. Acesso em: 13 jun. 2022.

VALENTE, J. Brasil se destaca em uso de pagamentos digitais, segundo pesquisa. **Agência Brasil**, 1º ago. 2019. Disponível em: <https://agenciabrasil.ebc.com.br/geral/noticia/2019-08/mais-de-60-dos-brasileiros-usam-meios-digitais-para-pagamentos>. Acesso em: 16 jun. 2022.

VASCONCELLOS, M. A. S. de. **Economia**: micro e macro. 2. ed. São Paulo: Atlas, 2001.

VELOSO, T. Pior botnet de spam do mundo é desligada com a ajuda da Microsoft. **Tecnoblog**, 18 mar. 2011. Disponível em: <https://tecnoblog.net/59736/pior-botnet-de-spam-do-mundo-e-desligada-com-a-ajuda-da-microsoft>. Acesso em: 9 jun. 2022.

VENTURA, F. Dieckmann × Azeredo: como se comparam os dois projetos de lei para crimes virtuais. **Gizmodo**, 3 nov. 2012. Disponível em: <https://gizmodo.uol.com.br/projeto-leis-dieckmann-azeredo>. Acesso em: 10 jun. 2022.

VIVIANI, A. K. Combate à lavagem de dinheiro. **Jus.com.br**, 2005. Disponível: <https://jus.com.br/artigos/6739/combate-a-lavagem-de-dinheiro>. Acesso em: 15 jun. 2022.

WALTRICK, R. Como criminosos usam Bitcoin para lavar dinheiro. **TecMundo**, 2 dez. 2018. Disponível em: <https://www.tecmundo.com.br/mercado/136630-criminosos-usam-Bitcoin-lavar-dinheiro.htm>. Acesso em: 13 jun. 2022.

WOLF, G. Brasil tem 230 mi de smartphones em uso. **Estadão Conteúdo**, 26 abr. 2019. Disponível em: <https://economia.uol.com.br/noticias/estadao-conteudo/2019/04/26/brasil-tem-230-mi-de-smartphones-em-uso.htm?>. Acesso em: 8 jun. 2022.

XIANG, Y.; CESARE, S. Classification of Malware Using Structured Control Flow. In: AUSTRALIAN COMPUTER SCIENCE COMMUNICATIONS, 8th., Brisbane, Australia. **Proceedings**... Disponível em: <https://crpit.scem.westernsydney.edu.au/confpapers/CRPITV107Cesare.pdf>. Acesso: 9 jun. 2022.

ZANFA. Mobile Payment e o jeitinho brasileiro. **Meiobit**, 22 maio 2013. Disponível: <https://tecnoblog.net/meiobit/124869/mobile-payment-e-o-jeitinho-brasileiro>. Acesso em: 17 jun. 2022.

Patricia Peck Pinheiro, PhD. Advogada especialista em Direito Digital, Propriedade Intelectual, Proteção de Dados e Cibersegurança. Graduada e Doutorada pela Universidade de São Paulo, PhD em Direito Internacional. Professora de Direito Digital da ESPM. Conselheira titular nomeada para o Conselho Nacional de Proteção de Dados (CNPD). Membro do Comitê Consultivo do Movimento Transparência 100% do Pacto Global da ONU. Pesquisadora convidada do Instituto Max Planck de Hamburgo e Munique e da Universidade de Columbia de NYC, nos EUA. Professora convidada da Universidade de Coimbra, em Portugal, e da Universidade Central do Chile. Professora convidada de Cibersegurança da Escola de Inteligência do Exército Brasileiro. Ex-presidente da Comissão Especial de Privacidade e Proteção de Dados da OAB-SP. Membro do Conselho da Iniciativa Smart IP Latin America do Max Planck Munique para o Brasil. Advogada Mais Admirada em Propriedade Intelectual de 2007 a 2022. Ganhadora dos prêmios Best Lawyers 2020/2021; Leaders League 2021/2020/2019; Compliance Digital pelo LEC em 2018; Security Leaders em 2012 e 2015; Nata dos Profissionais de Segurança da Informação em 2006 e 2008; Excelência Acadêmica – Melhor Docente da Faculdade FIT Impacta em 2009 e 2010. Condecorada com 5 medalhas militares: Medalha da Ordem do Mérito do Ministério Público Militar em 2019; Ordem do Mérito da Justiça Militar em 2017; Medalha de Ordem do Mérito Militar, pelo Exército, em 2012; Medalha Tamandaré, pela Marinha, em 2011; Medalha do Pacificador, pelo Exército, em 2009. Árbitra do Conselho Arbitral do Estado de São Paulo – CAESP. Autora/coautora de 35 livros de Direito Digital. CEO e sócia-fundadora do escritório Peck Advogados. Presidente do Instituto iStart de Ética Digital. Programadora desde os 13 anos. Certificada em Privacy e Data Protection EXIN.

Impressão: Reproset
Junho/2023